U0564055

本书是国家社科基金教育学重点课题"地方高校转型发展研究"
（项目号：AIA150008）的重要成果

北京大学教育经济研究所
北京大学教育学院

中国地方高校转型发展的逻辑

郭建如 等 / 著

LOGIC OF THE TRANSFORMATIONAL
DEVELOPMENT
OF CHINESE LOCAL UNIVERSITIES AND COLLEGES

社会科学文献出版社
SOCIAL SCIENCES ACADEMIC PRESS (CHINA)

序　言

自 1999 年高等教育大扩招以来，我国高等教育系统一直在进行着重大的变革和重构。在 20 年左右的时间内，我国高等教育系统由最初的以学科教育为主、以学术研究型大学为引领的单一系统逐步分化出新的轨道，即以产教融合、校企合作，培养应用型人才的新系统：大专层次的高职教育、本科层次的应用型教育以及研究生层次的专业学位教育。我国高等教育逐步呈现双轨运行的特点。

围绕新系统的形成和发展演变，我同北京大学教育学院、教育经济研究所的一些同事和感兴趣的博士生组成了较紧密的研究团队，在过去的 10 多年间对新系统持续进行了跟踪和伴随式研究。从 2009 年开始，我们就特别关注大专层次院校如何从"普通本科教育的压缩式饼干"脱胎换骨，以服务为宗旨、以就业为导向，通过产教融合、校企合作培养与企业"无缝"衔接的高素质技术技能人才。这项研究得到教育部人文社会科学重点研究基地北京大学教育经济研究所的重大项目"高职院校组织转型、培养模式变革与毕业生就业能力提升研究"（项目号：12JJD880003）的支持。我所在的研究团队，包括青年教师、博士后、全日制博士生和在职的 Ed. D 博士生，围绕该项目开展了大量的研究工作，发表了系列论文，探讨了高职院校的组织转型、培养模式变革、毕业生素质能力（包括就业能力）的变化以及这三者的关系。

2010 年后，随着我国产业结构转型升级，在国家强有力的政策引导下，一些地方普通本科高校开始向应用型转型。2013 年上半年，教育部有关领导明确提出新建本科高校向应用型转型发展。2015 年 10 月，教育部、国家发展改革委和财政部联合发布《关于引导部分地方普通本科高校向应用型转变的指导意见》，地方高校转型发展和应用型高校建设就成为高等教育发展的重要任务。2015 年底，我牵头的研究团队承担了国家社科基金重点项目"地方高校转型发展研究"（项目号：AIA150008）。在研究中，我们深切认识到：地方高校转型的核心是人才培养模式变革，这是判断地方高校是否真转型的试金石；要实现人才培养模式的变革，关键在于建立产教融合和校企合作的平台与机制；要把人才培养模式真正建立在产教融合和校企合作上，必须进行高校的组织制度变革，以组织制度变革引领和支撑培养模式变革；学生的发展，特别是能力与素质的变化以及就业的表现既是转型结果，也是判断转型效果的重要依据。地方高校转型是系统性的变化，既可以从组织制度角度开展研究，也可以从在校生能力素质发展和毕业生在劳动力市场就业的角度开展研究。长期以来，这三个研究角度是分离的，而要真正把地方高校转型发展的问题研究透彻，就需要把这些研究角度很好地结合起来。这本书就是我们研究团队继高职教育研究项目后，将这三种研究角度相结合的再一次尝试。

在研究方法上，研究团队形成了自己的研究风格和研究路径。从 2015年开始的 5 年内，研究团队每年都会选择一些省份开展田野调查，并在田野调查的基础上进行深入的案例研究，在案例研究基础上再进一步开展问卷调查和定量研究。其间，2016 年和 2017 年研究团队在全国范围内进行了大型问卷调查，聚焦于高校的组织转型和学生发展，获得了丰富的数据资料。

本书是国家社科重点课题"地方高校转型发展研究"的最终结项成果，由"转型背景""理论探讨""组织转型""培养模式变革"等部分构成。本书针对我国地方高校转型发展的核心问题进行了系统研究，特别是通过大量的调查和实证分析，探讨了地方高校转型发展的主要层面及其效果，解释了中国地方高校转型发展的内在逻辑。

在"转型背景"部分，重点是将地方高校放在高等教育分层系统中进行考察，讨论地方高校在这样的系统中遭遇的结构性困境，分析这类高校的优势和可能的出路。接着通过定量分析，将地方高校与高等教育分层系统中的其他类型高校进行比较，发现地方高校在人才培养方面，特别是最核心的教学过程中存在的突出问题，并在此基础上强调地方高校应将应用型作为改革发展的方向。

在"理论探讨"部分，针对地方高校向应用型转型的五个核心问题进行探析，回答转型困惑，接着又对两个容易引起误解的问题进行辨析：第一个问题是应用型高校和研究型大学所讲的"一流"在实质内涵以及指标上的差异；第二个问题是职教本科与应用型本科的区别。对这些核心问题的剖析会对地方高校的应用型转型实践起到一定的指引作用，特别是明确提出转型核心要素之间的关系，为地方高校转型构建了基本的分析框架；区分应用型高校同普通本科高校、职业本科高校的差异，分析一流应用型高校的内涵和特征，有助于制定科学合理的评估标准。

"组织转型"部分有两个重点，首先是探讨地方高校的转型策略，既包括对外部环境的适应和管理的策略，也包括高校内部的结构调整以及结构功能的发挥；其次是对转型中学校层次和二级院系层次的协同进行考察，分别探讨组织转型对作为转型突破口的校企合作的影响，对双师型师资队伍建设的影响以及对应用型教学和应用型科研的影响。组织转型是地方高校转型发展在组织结构、组织形态、组织行为和组织机制上的体现，对地方高校的转型起着重要的支撑作用。其中，校企合作被认为是地方高校转型发展的突破口，双师型师资被认为是地方高校转型发展的难点。

"培养模式变革"部分重点探讨作为地方高校转型核心和试金石的人才培养模式变革被学生感知到的情况以及培养模式变革对学生发展的影响。学生发展是地方高校转型效果的最重要的评估维度。通过问卷调查发现，转型试点新建本科高校在人才培养和学生能力素质方面，都与老的地方本科高校和非转型试点新建本科高校存在明显差异，但在就业方面的一些指标上呈现负相关；通过倾向值匹配法发现，样本越具有可比性，转型试点新建本科高校学生的能力素质以及就业状况就越有较好的表现。在此基础上，这部分探讨了培养模式变革对学生学业成就和学生发展的影响机制。

目前，国内关于地方高校转型发展的实证研究还相对缺乏，尽管限于研究者的水平，本书可能还存在需要完善的地方，地方高校转型发展的相关问题还需要进一步深入地研究，但本书的出版，可在学界起到抛砖引玉的作用。特别期待有更多的学界同人关注地方高校向应用型转型和应用型高校建设的重大实践，能够更多地投身于地方高校转型和应用型高校建设的研究中，并以扎实的研究成果更有效地指导实践。是为序。

第一编 转型背景

第二编 理论探讨

第三编 组织转型

第四编 培养模式变革

第五编 总结讨论

第一编
······

转型背景

第一章　地方高校的困境、
比较优势与出路

一　问题的提出

1. 高等教育系统的分层

自 1999 年高等教育大扩招以来，我国高等教育快速进入大众化阶段。高等教育大众化，其外在特征是高等教育供给规模的扩大，内在特征则是高等教育结构与体系的变革（潘懋元、肖海涛，2008：26～31）。随着我国高等教育大众化的发展，高等教育供给形式更加多样化，高等教育体系出现了新特征，即呈现出较明显的等级化圈层结构。在高等教育圈层结构体系中，由里到外，第一圈共有 10 所高校（C9 联盟加中国科学院大学），其目标是建设成世界一流的高水平大学；第二圈是除第一圈 10 所高校外的其他"985 工程"高校（以下简称"985"高校），共 29 所，其目标是建设成国内外高水平的知名大学；第三圈是除"985"高校外的所有"211工程"高校（以下简称"211"高校），共 73 所；第四圈为老本科高校，即在 1999 年之前具有本科招生资格的高校，共 435 所，这类高校大多数拥有硕士学位授权，少部分高校还拥有博士学位授权；第五圈为新建本科高校，即在 1999 年以后通过创建、升格、转设或合并而来的高校，主要进行本科生教育，一般没有研究生学位点，这类高校在本科高校中数量最多，2015 年达 673 所（包含独立学院 283 所）；第六圈，也是最外一层，即1341 所高职高专院校。①

---

① 根据《中国教育统计年鉴（2015）》和相关年份教育部发布的《全国教育事业发展统计公报》计算得到。

2. 地方高校的转型选择问题

本书所称的地方高校除非特别说明，一般是指由各省、自治区、直辖市、地级市政府或社会力量举办，由地方教育部门主管，承担着为地方培养人才、提供服务的非"211"高校的普通本科高校，主要集中在第四圈和第五圈。地方高校的兴办自改革开放以来主要集中在三个时期：20世纪70年代末到80年代初中期、90年代中后期、1999年高等教育扩招后至今。恢复高考后，高等教育需求旺盛，基于社会经济发展对人才的需要，一些省份开始筹办本科高校，这类高校目前有100多所，大多已成为省属重点高校或省部共建高校。90年代中后期，随着我国高等教育管理体制的调整和改革，在"共建、调整、合作、合并"方针的指导下，一批原隶属中央各部委管理的高等院校划归地方政府管理，共有250所左右。这些高校具有较强的行业资源优势和较雄厚的办学实力，多数已成为省部共建高校或省属重点高校。1999年开始，为满足扩招需要，除新建本科高校外，一大批具有鲜明行业特色的专科院校、高职院校、成人院校等经过合并、重组，升格为本科高校，独立学院在此期间也获得较大发展，这些院校统称为新建本科高校，是地方高校的重要组成部分。2015年，我国地方高校总量达到1108所，其中不含独立学院的新建本科高校有352所。[①]

地方高校本应定位于服务地方经济社会的发展，但长期以来与研究型大学办学定位趋同、专业设置雷同，课程设置老化、人才培养模式单一、"重理论、轻实践"，难以培养地方经济社会发展所需要的人才，就业的结构性问题突出（应用技术大学（学院）联盟、地方高校转型发展研究中心，2013）。针对地方高校的发展现状和问题，2014年3月，教育部相关领导明确提出部分地方高校向应用技术教育和职业教育方向转型；2014年6月，国务院印发《关于加快发展现代职业教育的决定》，明确提出要引导一批普通本科高校转型发展；2015年10月，教育部、国家发展改革委和财政部等三部委联合发布《关于引导部分地方普通本科高校向应用型转变的指导意见》（以下简称《指导意见》），推动地方普通本科高校转型发展。截至2016年3月，全国已有20多个省份的200多所高校在开展转型

---

① 根据《中国教育统计年鉴（2015）》和相关年份教育部发布的《全国教育事业发展统计公报》计算得到。

试点工作。① 地方高校转型是我国政府顺应经济社会发展需求变化做出的高等教育战略性结构调整（钟秉林、王新凤，2016：19～24）。尽管国家层面对地方高校的转型发展指出方向，进行政策引导，但转型主体是高校，是否转型取决于这些高校的自愿选择。在转型启动期，无论是在全国层面、省级层面，还是在院校层面，都对地方高校转型发展存在一定争议，"向哪里转"、"为何转"、"转什么"、"如何转"和"如何评价"等问题对地方高校转型发展政策的制定者、执行者和实践者仍造成不少困扰（郭建如，2017：1～11），有不少高校对于是否选择转型还在彷徨摇摆。学术界从宏观层面思辨性地谈论地方高校转型的较多，基于数据支持的实证研究还较少。为此，本章基于大规模调研数据分析和讨论地方高校面临的困境、拥有的优势及发展方向的选择，重点集中于资源与规模、生源特征和培养过程等方面的比较。

3. 数据来源

本章的数据来源主要是 2014 年教育部高教司委托北京大学教育学院开展的针对全国高等理科本科教育的学生调查（即"高等教育改革本科生问卷调查"）。该调查采用三阶段强度抽样②，问卷发布和收集使用北京大学现代教育技术中心网络问卷调查平台，共回收有效问卷 100941 份。本次调查为理科专业的强度抽样，为得到和全国各专业同等比例的调查数据，基于教育部全国高等学校学生信息咨询与就业指导中心等编著的《全国高校毕业生就业状况（2011）》和《中国教育统计年鉴（2011）》的数据，抽取性别比例合宜的样本，删除个案数小于 50 的高校，清洗后共得到有效样本 41554 份，样本中人文、社科、理科和工农医比例分别为 17.8%、29.8%、9.4% 和 43.0%；在抽取的样本中，学生在各年级的分布较均匀。

"高等教育改革本科生问卷调查"样本中共有 85 所高校，其中"985"高校 18 所、"211"高校 10 所、地方高校 57 所。样本中"985"高校学生3608 人，占比为 8.68%；"211"高校学生 5896 人，占比为 13.71%；地

---

① 《袁贵仁：全国两百多个高校正在积极稳妥地推进转型试点工作》，人民网，2016 年 3 月 10 日，http://lianghui. people. com. cn/2016npc/n1/2016/0310/c403020 - 28189119. html。

② 第一阶段以本科高校为初级抽样单位，根据教育部全国高等学校学生信息咨询与就业指导中心等编著的《全国高校毕业生就业状况（2011）》的数据，确定邀请高校名单；第二阶段以学科专业为二级抽样单位，理科专业强度抽样并兼顾学科专业代表性和不同高校间学科专业可比性；第三阶段为分年级平均抽样。

方高校学生 32241 人，占比为 77.62%。地方高校中，省部共建高校 28
所、一般本科高校 17 所，新建本科高校 12 所。各类型高校数量和调查的
学生数见表 1-1。

表 1-1　"高等教育改革本科生问卷调查"高校学生结构

高校类型		高校数量（所）	全国高校数量（所）	学生数（人）	学生数占比（%）
"985" 高校		18	39	3608	8.68
"211" 高校		10	73	5896	13.71
地方高校	省部共建高校	28	189	16301	39.26
	一般本科高校	17	246	8831	21.25
	新建本科高校	12	364	7109	17.11

二　地方高校的结构困境与比较优势

1. 体制约束与地方高校的结构困境

（1）资源与规模

在我国高等教育系统中，公办高校的办学经费主要来自财政拨款，办
学经费单一、评价标准单一，容易造成高校的趋同现象；即便是主要依靠
财政拨款，央属高校、省属高校、地市所属高校因为举办者财力的差异，
办学经费的差异也比较大，因此形成高校的分层现象。高校的圈层结构不
只是高校的目标设定不同、学位点授权资格不同，还更多地体现在资源获
得的差异上。

为更全面地对不同类型高校的资源差异进行比较，表 1-2 统计了调查
样本中 2013 年不同类型高校经费收入和经费支出情况。

表 1-2　2013 年不同类型高校的经费水平和规模均值

	"985"高校	"211"高校	地方高校			
			整体	省部共建高校	一般本科高校	新建本科高校
经费总收入（亿元）	40.03	15.15	7.49	15.15	9.62	6.78

	"985"高校	"211"高校	地方高校			
			整体	省部共建高校	一般本科高校	新建本科高校
财政收入（亿元）	20.97	8.96	4.58	8.96	5.90	4.12
学费收入（亿元）	5.58	2.64	1.67	1.98	1.70	0.88
经费总支出（亿元）	36.51	13.60	7.00	8.80	6.69	3.29
事业性经费支出（亿元）	35.29	13.45	6.93	8.68	6.64	3.28
公用支出（亿元）	20.28	7.63	3.68	4.66	3.43	1.75
人员支出（亿元）	15.01	5.82	3.25	4.02	3.21	1.53
生均经费支出（千元）	46.92	30.40	23.29	25.14	20.97	21.91
学生数（人）	81455	46742	31687	36817	32309	19145

资料来源：教育部：全国教育经费统计基层报表数据，2013。

从经费总收入看，2013年"985"高校平均经费总收入为40.03亿元，"211"高校为15.15亿元，地方高校只有7.49亿元，三类高校经费总收入差异明显。从地方高校内部看，省部共建高校、一般本科高校和新建本科高校经费总收入差异明显，省部共建高校平均经费总收入与"211"高校持平，新建本科高校平均经费总收入只有6.78亿元。从经费收入结构看，在财政收入上，"985"高校平均为20.97亿元，占其平均经费总收入的52.4%；"211"高校为8.96亿元，占其平均经费总收入的59.1%；地方高校为4.58亿元，占其平均经费总收入的61.1%。很明显，地方高校的经费收入更依赖财政拨款。"985"高校、"211"高校和地方高校学费收入占比分别为13.9%、17.4%和22.3%，地方高校学费收入占比明显高于"985"高校和"211"高校。地方高校在经费来源上对财政拨款和学费收入的依赖，说明这些高校在经营收入、捐赠收入等方面明显低于"985"高校和"211"高校。在"211"高校和"985"高校之间，经费总量差异显著；地方高校内部分化也很明显，省部共建高校经费总量和"211"高校相当，而地方高校中的新建本科高校经费总量最小，与省部共建高校差异明显。

从经费总支出看，样本中"985"高校、"211"高校和地方高校平均经费总支出分别为 36.51 亿元、13.60 亿元和 7.00 亿元。从经费支出结构看，事业性经费支出比例均在 95% 以上，其中新建本科高校比例最高。在事业性经费支出中，"985"高校、"211"高校、省部共建高校、一般本科高校和新建本科高校的人员支出比例分别为 42.5%、43.3%、46.3%、48.3% 和 46.6%，一般本科高校和新建本科高校人员支出所占比例相对较高。

高校的经费和学生规模关系密切，特别是对实行生均拨款的公办本科高校而言。表 1 - 2 显示，"985"高校、"211"高校、省部共建高校、一般本科高校和新建本科高校平均学生规模分别为 81455 人、46742 人、36817 人、32309 人和 19145 人，[①] 其中新建本科高校学生规模最小。在生均经费支出上，"985"高校生均经费支出为 4.7 万元，新建本科高校只有 2.2 万元，不到"985"高校的一半。一般本科高校和新建本科高校的生均经费支出差异不大，在统计意义上并不显著（显著性结果均进行了方差分析等统计检验）。

在学费收入占比（即学费收入依赖性）上，民办高校和公办高校差距非常明显，民办高校学费收入占比达到 87%，公办高校则不到 30%，且高校层级越高，学费收入占比越低。进一步分析发现，民办高校相对于新建本科高校（公办）办学规模更小，只有 9732 人，学生规模在一定程度上是高校发展状况的反映，尤其对民办高校来讲，有学生就有资源。

在科研经费拨款上，"985"高校、"211"高校、一般本科高校和新建本科高校 2013 年平均财政科研拨款数分别为 3.52 亿元、0.71 亿元、0.067 亿元和 0.017 亿元，方差分析发现四类高校两两之间差异显著，新建本科高校科研拨款只有"985"高校的 1/200，"211"高校的 1/42。

（2）生源特征

高考入学分数与家庭背景变量可以分别说明生源质量和学生家庭所属的社会阶层情况。为使高考分数在各省份、各学科上具有可比性，本研究

---

① 在校学生数按照学生当量计算，具体方法是：学生数 = 博士生 ×3 + 硕士生 ×2 + 普通本专科生（高职生）+ 函授夜大生 ÷3 + 来华留学生 ×2.5。

采用高考成绩百分等级①得分。五类高校高考原始平均得分分别为594.8分、560.3分、523.4分、509.2分和479.9分；高考可比分数分别为96.8分、92.4分、85.7分、78.5分和73.4分。这五类高校在高考可比分数上具有显著性差异，高考可比分数从"985"高校到新建本科高校逐渐下降，形成了明显的层次梯队，新建本科高校处于普通高等本科高校中的末位。

在家庭背景变量上，综合已有研究结果，选择家庭所在地的城乡类型、代表家庭文化资本的父母受教育程度、代表家庭社会资本的父母职业和代表家庭经济资本的家庭收入。在变量操作化时，城乡类型为虚拟变量，1为城市、0为农村；父母受教育程度参照CFPS（2010）对受教育年数的处理方式②，处理为连续性变量，数值代表受教育年数；父母职业参照吴晓刚（2009：88～113）对国际社会经济指数（ISEI）的处理，选取父母职业阶层中更高的一个，得到家庭ISEI得分；家庭收入处理为三分类变量，分别为低收入家庭、中等收入家庭和高收入家庭。

从五类高校城市学生比例看，自"985"高校到新建本科高校，城市学生比例逐渐降低，"985"高校、"211"高校、省部共建高校、一般本科高校、新建本科高校城市学生比例分别为61.5%、50.0%、43.7%、40.4%和32.5%。方差分析显示，五类高校两两之间在城市学生比例上存在显著性差异。在家庭ISEI得分上，五类高校得分分别为40.6分、34.2分、31.8分、30.8分和26.4分，呈现阶梯式下降。进一步统计分析发现，五类高校在家庭ISEI得分上存在显著性差异，五类高校平均得分为31.8分，与首都高校样本平均得分的50.1分（叶晓阳、丁延庆，2015：193～220）相比，明显整体上偏低，说明家庭ISEI得分可能在地区间差异较大。在父亲受教育年数上，五类高校分别为10.8年、9.7年、9.3年、9.0年和8.6年；在母亲受教育年数上，五类高校分别为9.7年、8.4年、8.1

---

① 高考成绩百分等级是从高考分数的实际分布出发，建立跨省跨年度跨学科高考分数可比性指标，其基本思路是，对于高考分数段表（一分一段/五分一段/十分一段）可得的省份，计算每一分数的固定百分等级；对于高考分数段表不可得的省份，使用高等教育改革本科生问卷调查全样本数据估算其随机百分等级，其基本公式为 $prscore = 100pr = [(c\_i + 0.5f\_i)/N] \times 100$，其中，$c\_i$ 是低于某一高考分数的人数总和，f_i 是在某一高考分数上的人数，N 是某一省份某年文/理科考生人数总和。

② 参照CFPS（2010）对受教育年数的处理方式，将不识字或未上学、小学、初中、普通高中或中等职业学校、大专、本科、硕士和博士受教育年数分别操作化为0、5、8、11、13、15、18、21，可知最高受教育年数为21，父母受教育年数平均值最高也为21，最低为0。

年、7.8 年和 7.2 年。整体上，父亲和母亲受教育年数均较低，平均受教育年数分别为 9.3 年和 8.1 年，处于初高中受教育水平。统计分析表明，五类高校间父亲受教育年数和母亲受教育年数都存在显著性差异。

表 1-3 给出了不同类型高校学生家庭收入情况，发现高校层次越低，来自高收入家庭的学生占比越低，来自低收入家庭的学生占比越高。"985"高校低收入家庭学生占比为 42.28%，新建本科高校则达到 74.00%。家庭收入变量和高校类型变量具有一定的等级性，均可作为定序分类变量，采用 spearman 分析发现，家庭收入和高校类型（层次）存在显著负相关，可以认为家庭经济背景越好，进入低层次高校（如新建本科高校）的概率越低。

表 1-3 不同类型高校学生家庭收入情况

单位：%

	"985"高校	"211"高校	地方高校			
			整体	省部共建高校	一般本科高校	新建本科高校
低收入家庭	42.28	58.38	62.94	60.76	57.95	74.00
中等收入家庭	39.92	31.24	28.19	29.28	32.43	20.52
高收入家庭	17.80	10.38	8.87	9.96	9.62	5.48

（3）高校的层级化差异

总的来看，在资源与规模、生源方面，地方高校与"985"高校、"211"高校差异明显。在资源上，自"985"高校到新建本科高校，高校平均的经费总收入和高校规模整体上不断降低。五类高校在收入结构上存在差异，相比"985"高校、"211"高校，地方高校的经费收入更依赖财政收入和学费收入，民办高校依赖学费收入最明显，其他方面的资源渠道开拓明显不足。在生源特征上，五类高校自"985"高校到新建本科高校，形成明显的层次梯队。高校层次越低，代表学生认知能力的高考分数越低、家庭背景状况相对越弱，即学生来自农村的比例越高、家庭 ISEI 得分越低、父母受教育年数越短和低收入家庭比例越高。这说明在我国的高等教育体系中，高校出现了明显的分层分化，新建本科高校处于高等教育体系的末端。

对新建本科高校来讲，办学资源的多少、生源所属的社会阶层与生源质量的优劣，乃至高校的隶属关系（相当一部分高校坐落于地市级城市，其中有不少新建本科高校是由所在地的地市举办的），都不是高校能够自主决定的，更多地受到高等教育体制的影响。在这种体制下发展，按照单一的标准去衡量和排队，新建本科高校就会陷入"困境"，始终面临资源少、生源差的问题，在原有体制中难以超越更有优势的老本科高校、"211"高校和"985"高校。

2. 培养过程

（1）课程设置

高校的人才培养"过程"一直被视为"黑箱"，主要涉及课程设置、教师教学行为、教学管理、学生参与等。课程是人才培养的依托和载体，课程设置反映了人才培养取向，可以从结构性、前沿性和实践性等维度进行分析（朱红等，2015：76~80）。本研究通过探索性因子分析和验证性因子分析检验了相关维度的有效性，并结合地方高校转型相关内容对课程设置量表中的"就业导向"进行分析，图1-1展示了不同类型高校课程设置的得分情况。

从课程设置的三个维度看，在结构性上，"985"高校得分相对较高，与其余四类高校存在显著性差异，但其余四类高校间不存在显著性差异，说明"985"高校更重视知识的体系性和完整性；在前沿性上，新建本科高校得分最高，说明新建本科高校能够及时跟踪前沿发展，及时进行相关课程调整，"211"高校的得分相对最低，统计分析发现"985"高校与"211"高校和省部共建高校在课程设置前沿性上不存在显著性差异；在实践性上，自"985"高校到新建本科高校，得分不断增加，新建本科高校得分显著高于其余四类高校，课程设置实践性与地方高校定位密切相关。在课程设置的三个维度上，实践性维度差异最大，可以看出地方高校，尤其是新建本科高校在课程设置上有着明显不同于"985"高校和"211"高校这些研究型大学的特征。具体在课程设置实践性维度上，从课程就业导向的得分看，与课程设置实践性维度是一致的，自"985"高校到新建本科高校，得分不断增加，进一步统计分析发现，在课程就业导向上，新建本科高校和其余四类高校也存在显著性差异。

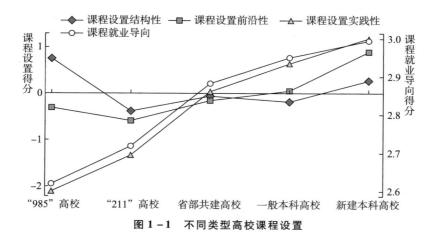

图 1-1　不同类型高校课程设置

（2）教师教学行为

教师教学行为可以划分为传统型、互动型、研究型和创新型，图 1-2 是五类高校在教学行为各维度因子上的得分情况。整体上，高校层次越低，学生自评的教学行为得分越高。不同类型的高校，其教师教学行为的主导特点并不一样："985"高校、"211"高校在研究型教学行为上更明显，省部共建高校和一般本科高校主要呈现为传统型教学行为，而新建本科高校在创新型和互动型教学行为上表现突出，传统型教学行为在新建本科高校教学行为各维度得分中是最低的。这可能说明在我国高等教育教学改革中，新建本科高校改革的效果更明显。

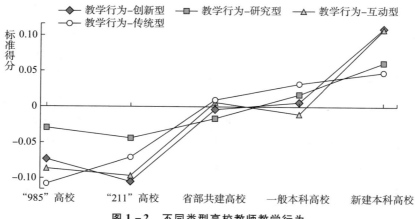

图 1-2　不同类型高校教师教学行为

（3）教学管理

不同类型高校的学生对教学管理制度的满意度见表1-4。可以看出，"985"高校在院校、课程选修制度、教学和实验设施等方面的满意度是最高的，"211"高校在各类学生满意度得分上均最低，新建本科高校学生在专业、成绩评定制度和专业人才培养目标与自身发展预期的吻合度上的满意度最高，这说明新建本科高校在专业人才培养目标、专业建设以及成绩评定方面更为学生接受。

表1-4　不同类型高校学生对高校或所在专业教学管理制度满意度评价

单位：分

	"985"高校	"211"高校	省部共建高校	一般本科高校	新建本科高校
课程选修制度	2.78	2.65	2.74	2.76	2.77
教学和实验设施	2.86	2.68	2.75	2.74	2.74
社团文体活动	2.86	2.77	2.85	2.82	2.82
方法和态度课程	2.68	2.63	2.76	2.78	2.84
成绩评定制度	2.73	2.70	2.81	2.82	2.83
专业人才培养目标与自身发展预期的吻合度	2.69	2.63	2.74	2.77	2.82
专业	2.91	2.84	2.91	2.90	2.93
院校	3.03	2.87	2.93	2.91	2.90

注：满意度评价选项分值分别为1~4分，得分越高表示越满意。

（4）学生参与

借鉴以往的研究（鲍威、张晓玥，2012：20~28），本研究将学生的学业参与分为课程参与、规则参与和主动参与三个维度，通过探索性因子分析和验证性因子分析得到三个维度的得分，并对效度进行检验，图1-3呈现的是不同类型高校学生学业参与情况。在规则参与上，五类高校差别较小，"985"高校得分稍微高于其他类型高校；在课程参与和主动参与上，新建本科高校得分最高。统计分析表明，在规则参与上，五类高校不存在显著性差异，而在课程参与和主动参与上存在显著性差异。

为进一步比较学生在校参与情况，表1-5统计了学生对课外时间的安排。可以看到，"985"高校学生课后自习的时间最长，新建本科高校学生用于课后自习的时间最短；新建本科高校在勤工助学及兼职活动上花费的时间最长，明显高于"985"高校和"211"高校，在统计意义上显著。学

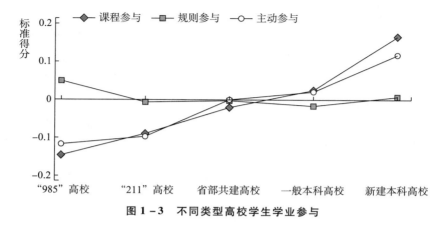

图 1 - 3　不同类型高校学生学业参与

生在学术竞赛或自主研究、参与教师课题研究上用的时间，一般本科高校
和新建本科高校相对更长，可能与这些高校没有研究生，教师更重视本科
生的科研参与或学科竞赛有关。

表 1 - 5　每周的平均课后时间安排

单位：小时

项目	"985"高校	"211"高校	地方高校				F 值	P 值
			整体	省部共建高校	一般本科高校	新建本科高校		
课后自习	3.74	3.47	3.37	3.37	3.37	3.34	45.6	0.000
社团活动	2.65	2.80	2.84	2.84	2.82	2.86	18.5	0.000
勤工助学及兼职	1.81	2.05	2.28	2.19	2.31	2.47	156.5	0.000
学术竞赛或自主研究	1.78	1.96	1.99	1.92	2.04	2.08	44.4	0.000
参与教师课题研究	1.68	1.79	1.86	1.77	1.90	2.02	64.6	0.000

（5）新建本科高校的"逆袭"

在高校人才培养过程中，并没有像资源、生源特征那样出现了明显的
层级化现象，甚至出现了"逆向化"，新建本科高校在人才培养重要方面
的得分有不少是最高的。尤其值得注意的是，新建本科高校在人才培养方
面体现出了自身特征。

在课程设置方面，"985"高校、"211"高校侧重课程设置的结构性，

强调的是知识的体系性和完整性，其次强调的是课程设置的前沿性，相对来讲，课程设置的实践性和就业导向，尤其是实践性是最不看重的；而地方高校，尤其是新建本科高校，课程设置的实践性和就业导向更明显，而课程设置的结构性得分相对较低。

在教师教学行为方面，新建本科高校重视的是创新型和互动型教学方式，传统型教学方式的得分最低。

在教学管理方面，新建本科高校专业人才培养目标与学生自身发展预期的吻合度高，学生的专业满意度较高。结合本次调查中关于学生职业动机的调查结果，地方高校，尤其是新建本科高校学生的经济动机相对最高，可以认为学生对专业的满意度、对专业人才培养目标的评价同课程的实践性和就业导向有关。

在学生参与方面，地方高校，尤其是新建本科高校学生的主动参与更明显，循规蹈矩的规则参与较低，这与学生课后时间的分配特点是一致的。在五类高校中，新建本科高校学生用于课后自习的时间最少，而用于社团活动、勤工助学及兼职、学术竞赛或自主研究、参与教师课题研究的时间相对较多。

结合课程设置、教师教学行为、教学管理、学生参与、学生课后时间安排这些院校经历过程中的主要方面和基本环节来看，地方高校，尤其是新建本科高校可能已针对学生特点发展出了具有较强实践性特点的培养方式，这与以"985"高校为代表的研究型大学是很不同的。在一定程度上，也可以说地方高校，尤其是新建本科高校已经初步具有了自己的比较优势。

三　"矛盾的结果"与地方高校转型的选择

高校人才培养的结果最终会体现在学生身上。在学生发展指标上，本研究选择了学生能力素质和就业起薪两个维度。能力素质为学生对学生成就的自我增值评价，本研究根据学生学业成就量表将学生能力素质分为专业能力、创新能力、公民素养、认知能力和非认知能力。统计发现，"985"高校和"211"高校学生在创新能力、公民素养、认知能力等方面自我增值评价得分低于一般本科高校，而在专业能力方面得分高于一般本科高校。图1-4显示了不同类型高校学生能力素质增值自我评价的结果。

进一步分析表明，除专业能力外，新建本科高校和一般本科高校均与"211"高校和省部共建高校在能力素质各维度上存在显著性差异；而新建本科高校和一般本科高校，除创新能力外，在其余能力素质各维度上不存在显著性差异。

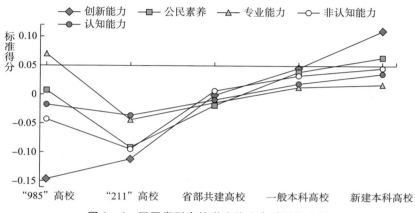

图 1 - 4　不同类型高校学生能力素质增值比较

在就业起薪上，"985"高校、"211"高校、省部共建高校、一般本科高校和新建本科高校平均起始月薪分别为 5146 元、3889 元、3512 元、3553 元和 2987 元。方差分析显示，一般本科高校和省部共建高校在统计上不存在显著性差异，而其余高校间在起始月薪上存在显著性差异，新建本科高校起始月薪显著低于其他各类高校。

对比学生能力素质增值和就业起薪，对新建本科高校来讲，毕业生就业起薪与学生能力素质增值存在强烈反差：为什么培养方式获得肯定，学生能力素质增值高，而毕业生就业起薪反而低呢？或者说学生能力素质的增值为什么体现不到就业起薪上呢？

第一，关于新建本科高校学生能力素质增值评价的问题。需要说明的是，对于能力素质增值的评价，本研究主要基于学生的主观评价，没有进行客观测量；对一些指标，如创新性等，同样的词语偏重学术性的"985"高校的学生与偏重实践性的新建本科高校的学生可能在理解上会存在差异。即便如此，如果把新建本科高校培养过程的一些评价联系起来，就会发现学生能力素质增值高与培养过程评价高是一致的，以学生的创新能力增值而言，可以看到在培养过程中新建本科高校的课程设置强调实践性，教师教学方式最重视的是创新型和互动型，学生循规蹈矩式的规则参与最低，尤其是在学生课后时间的安排上，学生用在社团活动、勤工助学及兼职、学术竞赛或自主研究、参与教师课题研究的时间都是最多的，这些因素可能会有效地提高学生的创新能力。

第二，关于能力素质增值在等级化的圈层结构中，层级远高于新建本科高校的"211"高校表现却较差，甚至出现了明显的"塌陷"现象（马莉萍、管清天，2016：56～61），一个可能的解释是：相比于"985"高校，"211"高校在教师质量、资源、学生学习支持体系等方面显著低于"985"高校，学生入学后的能力素质增值相比"985"高校这类名牌大学较低；相比地方高校，"211"高校学生在入学特征上相对更优，学生能力素质起点水平较高，因此增值空间相对于地方高校学生较小，且相比地方高校，"211"高校在人才培养模式变革等方面相对缓慢和滞后，这也进一步影响到学生能力素质的增值。

第三，如何解释新建本科高校在培养方式上有着比较优势而在就业市场上的表现却不如人意呢？是否能因此认为新建本科高校无论进行怎样的人才培养模式变革都不会取得劳动力市场上的正向回报呢？两者形成反差主要是因为在劳动力市场就业起薪的决定上，高校的牌子仍发挥着重要的信号作用。在等级制圈层结构中，处于较高圈层的高校在招生上具有较高的选拔性，这些高校的学生通常被认为拥有较高的智力和能力，这些高校在劳动力市场中拥有较高的声望；另外，这些高校比较重视学生专业能力的培养，这些因素都可能会对毕业生的就业起薪产生重要影响。新建本科高校尽管在能力素质增值的自我评价上很多指标得分较高，却不能够直接反映在劳动力市场上。但这并不意味着地方高校，尤其是新建本科高校学生能力素质的提升并不能改善毕业生的就业状况（第十四章专门探讨）。

综合以上分析，地方高校，尤其是新建本科高校处在等级制圈层结构底端，财政拨款，包括科研经费拨款，生源质量以及行政隶属关系都受制于体制，地方高校要走出结构限制所带来的困境，就必须发挥比较优势，走分类发展的差异化道路。如在经费获取上，在目前以"分灶吃饭""各家孩子各家抱"为主要特征的高等教育财政体制下，新建本科高校，尤其是地市级政府或社会力量举办的本科高校要想获得中央财政拨款的大幅度增加几乎是不可能的，要获得更多办学资源，就需要积极面向地方、面向产业，通过服务获得支持，使资源获得渠道多元化；在生源质量较差的情况下，大力进行人才培养模式变革，向应用型转型，提升应用型、实践性人才培养质量，有效地促进学生能力素质的增值。学生的能力素质，包括专业能力不断提升后，就会逐步打破劳动力市场上已有的刻板效应，形成区别于普通本科教育的应用型教育的品牌与形象，从而有助于提升应用型高校毕业生的就业起薪。有了高质量的就业，毕业生相应的收入和职业声望就会提高，这样就会提升应用型高校毕业生群体拥有的社会地位，有效地打破阶层固化，这也是地方普通本科高校促进社会公平、推动向上的社会流动的重要渠道。在某种意义上可以说，地方高校，尤其是新建本科高校向应用型转型，跳出原有的由单一标准划分的等级制圈层结构，走分类发展之路，无论是对学校自身影响力的提升，还是对学生的培养和发展，都具有重大而深远的意义。

第二章 地方高校的教学质量
与毕业生起薪

一 问题的提出

高校教学质量问题和高校毕业生①的就业问题是高等教育扩招后备受关注的两大突出问题。然而，学术界对这两个问题的研究还存在一定程度的割裂。关于高校毕业生就业的研究大多倾向于强调学生的个体努力程度（特别是强调个体性的人力资本）（周春平，2014）或个体的社会经济背景（家庭的社会资本）对就业结果的影响（李宏彬等，2012），或者是比较这两者对就业结果影响的强弱（孟大虎等，2012），据此提供的政策建议要么是把就业责任放在学生个体身上，要么是放在短时期内难以改变的一些社会性的先赋性影响因素上，对高校教学过程在毕业生就业方面所起的作用关注不多。这些研究没有关注到高校主要是通过系统化的教学过程来培养学生相应的知识和能力这一重要现实，也忽略了教育部近些年花费巨资实施"高等学校教学质量和教学改革工程"的事实。一些关注高等教育教学过程的研究虽然注意到教学质量对教学效果及学生的知识学习与能力养成的影响，却没有进一步讨论教育教学质量同毕业生就业之间的关系；同时，相关研究没有考虑到学生对教学过程的参与情况（鲍威，2008）。

一些学者试图把高校教学改进、质量提升同毕业生的就业结果联系起来，以弥合这两方面相对割裂的状态。邓峰基于北京大学教育经济研究所2011年"全国高校毕业生就业状况调查"数据，利用多层线性模型，从个体层面、学校层次和地区层面综合考察毕业生起薪的影响因素后发现，同个体的人力资本和家庭背景相比，学校类型和学生对学校教育质量的评价

---

① 高校毕业生指的是处于毕业季但尚未取得毕业证的大学生，全书同。

是影响毕业生起薪的更加重要的因素（邓峰，2013）。但这项研究并未深入高等教育的生产过程（包括高校的课程设置与教学过程），没有关注到不同类型、不同层次的高校在课程体系、教学过程上存在的差异。就高职院校而言，自 2006 年以来高职教育的课程体系、教学方式等方面发生了根本性变化，已经是作为一类不同的高等教育样貌出现。郭建如、邓峰（2013，2014，2015）围绕高职院校培养模式变革对高职毕业生就业能力、就业机会和起薪的影响分别进行了研究，发现培养模式变革对高职毕业生就业能力的提升、就业概率的提高和起薪的增加有着显著效果，培养模式变革的某些举措也会对找工作有显著作用。但高等教育质量的提高离不开学生的积极参与，这些研究并没有将高等教育的最主要参与者，即学生考虑进来。

在有关高等教育质量的研究中，一些学者已开始关注到学生视角的重要性，甚至倡导"学生中心主义"。这种观点认为随着高等教育市场化进程的加快，高等教育机构正在从以往的"知识的共同体"逐步转化为"知识的经营体"（鲍威，2007），高等教育教学方式正经历着从"教师中心"向"学生中心"的范式转换和重构（鲍威，2014），高校管理者也会采取消费者至上的服务理念。这些研究试图探索高校教学体系和教学质量与学生的教学满意度及相关能力发展之间的关系。但实际上，高校的教育教学过程是教师与学生的互动过程，片面地强调"学生中心"和"消费者取向"可能会牺牲高校教育教学的质量，忽视高校作为一种社会制度对公共产品提供的价值。在现实中，高校教学质量与效果的改进是需要教师和学生两个主体共同参与的。石卫林（2012）基于北京大学教育经济研究所关于首都高校学生发展 2008 年调查数据发现，课程体系的改进对学业成就的影响存在直接效应和间接效应，但以直接效应为主；教学方式的改进对学业成就的影响是通过学生参与的间接效应实现的。这项研究借鉴了卡尔博纳罗（Carbonaro，2005）对学生学业参与类型的划分方式，即分为规则性参与、程序性参与和主动性参与三类，发现在通过教学方式改进学业成绩时，程序性参与的效应更大，规则性参与的作用是负向的（石卫林，2012）。但在当前的评价体系中，不同层次和类型的高校采用的评价方式存在差异，学生的学业成就具有相对性，不能作为衡量高等教育质量的主要指标，因此有必要将就业结果作为学生参与高等教育质量效果的评价指标。

　　鉴于以上情况，本章在以往研究的基础上，尝试把高校的课程与教学、学生的学业参与、就业这三个方面直接联系起来进行考察。高校对学生就业的影响可以分解为三个层面：第一，在不考虑高校的课程设置及教学质量的情况下，高校声誉就能在劳动力市场发出信号对毕业生就业产生影响。通常情况下声誉高的高校意味着选拔性更严，学生的素质和能力更强，这些高校的毕业生能够比较容易地得到就业机会，就业的质量，特别是起薪可能会更高。第二，高校主要是通过课程设置以及教师的教学活动向学生传授知识与能力，课程的质量和教学活动的质量会影响学生的知识掌握与能力培养，进而会影响最终的就业结果。第三，教学过程是教与学的统一，学生知识的掌握、能力的培养同学生的学业参与情况有着密切关系。

二　数据与变量

　　本研究使用的数据来自北京大学教育经济研究所承担的北京市教工委委托的2012年"首都高等教育质量与学生发展监测项目"，调查问卷于当年5月底发放，7月中旬回收。2011年北京市高校本、专科生在校生总数为577828名，结合本专科生比例、学科分布、学年分布等因素，2012年本科生的抽样比例在3.7%左右，专科生在3.5%左右，并做相应微调，最终确定的样本总量为42560名学生，回收的有效问卷为32714份，问卷回收率为76.9%。

　　本研究的因变量是毕业生的起薪。在调查中，由已经确定就业单位的毕业生对自己的起薪进行报告，有效样本为7073人。在毕业生中，确定工作单位在省会和京沪广一线城市的毕业生占到75.3%，其中选择在京沪广一线城市就业的占到54.9%，其中又以选择在北京就业的比例最高，这同调研的北京市属高职院校、市属本科高校的生源主体来自北京有关。2012年北京高校毕业生平均起始月薪为4168元，中位数是3000元。影响首都高校毕业生起薪水平的因素是多维和复杂的。学校层次的因素包括学校类型（"985"高校、"211"高校、一般公办本科高校、独立学院和高职高专院校）以及硬件设施水平（由学生对学校图书馆的专业书籍、电脑网络设备以及教学实验设备的评价经由因子分析获得）。

　　院系层次的变量首先包括学科类别，分为文史哲、教经法管、工学、理农医四大类。课堂教学是学校教育工作的最重要组成部分，建立规范、科学且有效的教学质量评价体系，是高等教育可持续发展的需要，也是为社会和经济发展培养高素质人才的需要。当教学目标确定后，教师需要采用合适的教学方法将教学内容向学生传授，以提升学生学习兴趣、强化教学成效、保障教学质量。学生是有思想、有主观判断能力的成年人，是教学质量好与坏的直接体现者。近些年，欧盟、美国和澳大利亚等开始将学生作为高等教育需求的主体之一纳入教学质量的保障体系中。本研究所使用的教学质量评价指标来自学生评价，具体包括学生对所在院系教学质量的总体评价（使用李克特五分量表测量，1为不满意，5为满意），学生对任课教师的总体评价（使用李克特五分量表测量，1为不满意，5为满意），学生对课程内容的系统性评价（由学生对教学内容在拓宽知识面、介绍学科发展前沿动向以及注重学科间的交叉与融合等方面的评价经由因子分析获得）和应用性评价（由学生对教学中实践和理论知识的结合以及注重培养学生动手能力等方面的评价经由因子分析获得），学生对课堂教学是否采用学生互动式教学方法（由学生对教学中提问互动环节、案例讨论、学生报告以及小组讨论环节频率的汇报经由因子分析获得）和兴趣导向式教学方法（由学生对教师采用启发式教学、激发学生学科兴趣以及鼓励学生创新思维等教学方法频率的报告经由因子分析获得）的评价。

本研究中毕业生层面的起薪影响因素包括个体的受教育经历，即学历（本科毕业生 =1，专科毕业生 =0）；个体人口学特征，即性别（男性 =1，女性 =0）和民族（少数民族 =1，汉族 =0）；家庭背景因素，包括生源地（省会或直辖市、地/县级市以及农村地区）和家庭社会经济地位（由父母的受教育背景、职业层次以及家庭收入计算所得，是一个平均值为0、标准差为1的复合变量）；人力资本指标，即成绩排名是否在班级前25%，是否担任过学生干部，是否为党员，是否有实习经历等。

本研究还对学生参与高等教育过程的努力质量进行测量。在分析学生学业参与行为时，本研究采用鲍威、张晓玥（2012）在卡尔博纳罗的学生学业参与类型划分基础上改进的划分方法，把学生学业参与分为规则性参与、过程性参与和自主性参与三种。规则性参与要求学生必须遵守学校最基本的规则和规范，例如按时完成作业，上课时无上网聊天行为，无抄袭作业或研究报告以及逃课行为等；过程性参与，要求学生尽量满足教师在特定课程上提出的特定要求，例如课前预习，课堂上提问或主动回答问题，在课堂上做汇报，认真做课堂笔记，积极参与小组合作学习或课堂讨论等，过程性参与对学生的要求高于规则性参与；自主性参与在本研究中主要是指学生在课堂外针对自己的兴趣和职业发展需要而开展的与课程相关的学习或者与课程无直接关联的自主性学习，以及与职业资格、升学、留学相关的考试学习，与毕业论文（设计）相关的学习等。

三　研究方法与模型

本调查的抽样采用分层方法，各阶段抽样单位为：第一阶段以北京地区高校为初级抽样单位，获得74个高校级初级抽样单元；第二阶段以学术院系为二级抽样单位。在选择抽样高校和院系时，根据各校学科分布情况，以典型/代表性学科为重点，兼顾其他特殊学科为抽样原则。实际调查高校总计67所，其中"985"高校8所、"211"高校17所、一般公办本科高校28所、民办本科高校（含独立学院）4所、高职高专院校10所。从高校主管部门来看，央属高校回收样本数占53.3%、市属高校样本数占30.6%、民办高校样本数占16.1%。从学历层次来看，专科学生占19.4%，本科学生占77.7%（缺失值所占比例为2.9%），这与北京地区高校学生的学历层次分布基本一致。此外，在学科分布上，文史哲为14.1%、教经法管为38.6%、工学为35.2%、理农医为11.1%（缺失值所占比例为1.1%），与全国高校学生的学科分布结构基本吻合。

该项目所使用的分层抽样方法使得本研究使用的数据存在复杂的嵌套结构，个体嵌套于所在院系，院系又嵌套于所在高校。毕业生的起薪水平既受所在高校办学声誉的影响，又受所在院系的教学质量等因素的影响。这样，高校毕业生的就业数据就同时包含个体层面的变量和组织层面的变量，以往研究常用的处理策略是使用OLS方法在个体层面对起薪的影响因素进行分析，但同一学校的学生不是互相独立的，他们受相同组织变量的影响，这就违反了观测的独立性假定，而多层线性模型（Hierarchical Linear Models，HLM）可以很好地处理具有嵌套结构的数据。本研究建立了三层线性模型，高校毕业生是第一层次，专业院系为第二层次，学校为第三层次。具体模型为：

层一模型

$$Y_{ijk} = \pi_{0jk} + \pi_{1jk} \times (\text{学历层次})_{ijk} + \pi_{2jk} \times (\text{个体特征})_{ijk} + \pi_{3jk} \times (\text{家庭背景})_{ijk} +$$

$$\pi_{4jk} \times (\text{人力资本})_{ijk} + \pi_{5jk} \times (\text{学生参与})_{ijk} + e_{ijk}$$

层二模型

$$\pi_{0jk} = \beta_{00k} + \beta_{01k} \times (\text{学科类型})_{jk} + \beta_{02k} \times (\text{教学质量评价})_{jk} + \beta_{03k} \times (\text{教师评价})_{jk} +$$

$$\beta_{04k} \times (\text{课程评价})_{jk} + \beta_{05k} \times (\text{教学方法评价})_{jk} + r_{0jk}$$

$$\pi_{pjk} = \beta_{p0k}$$

层三模型

$$\beta_{00k} = \gamma_{000} + \gamma_{001}(\text{学校类型})_k + \gamma_{002}(\text{硬件设施评价})_k + u_{00k}$$

$$\beta_{0pk} = \gamma_{0q0}$$

$$\beta_{p0k} = \gamma_{q00}$$

四　实证结果分析

本研究将毕业生的对数起薪作为因变量，并将影响首都高校毕业生起薪的因素分步加入多层线性模型中，对相应的问卷数据进行处理，结果见表 2 - 1。

表 2 - 1　北京市 2012 届高校毕业生起薪影响因素的多层线性模型分析结果

变量	模型一	模型二	模型三	模型四	模型五
截距，γ_{000}	8.303***	8.304***	8.306***	8.307***	8.307***
高职高专校，γ_{001}	-0.045	-0.001	-0.014	-0.009	-0.011
独立学院，γ_{002}	-0.078**	-0.081**	-0.083**	-0.085*	-0.083*
"211" 高校，γ_{003}	0.065	0.063	0.063	0.060	0.062
"985" 高校，γ_{004}	0.066	0.071	0.081	0.083	0.042
硬件设施评价，γ_{005}	0.033	0.031	0.028	0.030	0.025
人文学科：文史哲，β_{01}	-0.107	-0.084	-0.090	-0.090	-0.076
社会学科：教经法管，β_{02}	0.0002	0.018	0.0368	0.035	0.049
自然学科：理农医，β_{03}	0.007	0.008	0.012	0.014	0.014
院系教学总体评价，β_{04}	—	0.171**	0.174**	0.208**	0.191**
任课教师总体评价，β_{05}	—	-0.308**	-0.272**	-0.302**	-0.128*

续表

变量	模型一	模型二	模型三	模型四	模型五
高职高专校，γ_{001}	—	—	—	—	0.341**
独立学院，γ_{002}	—	—	—	—	−0.063
"211"高校，γ_{003}			—		−0.246*
"985"高校，γ_{004}					−0.216*
课程：系统性，β_{06}		0.206*	0.246*	0.252*	0.212*
课程：应用性，β_{07}		0.109	0.080	0.066	0.008
教学过程：强调互动，β_{08}		−0.103	−0.134	−0.128	−0.114
教学过程：激发兴趣，β_{09}		0.106	0.110	0.106	0.097
规则性参与，π_1			0.022	−0.015	−0.012
院系教学质量评价，β_{11}				0.106*	0.108*
过程性参与，π_2			0.040	−0.030	−0.003
院系教学质量评价，β_{21}				0.151**	0.151**
自主性参与，π_3			−0.030	0.004	−0.003
院系教学质量评价，β_{31}				0.061	0.061
本科生，π_4	−0.052	−0.052	−0.044	−0.046	−0.037
男性，π_5	0.040	0.040	0.040	0.042	0.041
少数民族，π_6	0.040	0.040	0.011	0.017	0.017
独生子女，π_7	0.048	0.048	0.054	0.049	0.049
家庭社会经济地位 SES，π_8	0.021	0.021	−0.023	0.023	−0.023
生源地：省会和直辖市，π_9	0.028	0.028	0.014	0.013	0.014
生源地：地县市，π_{10}	−0.085*	−0.085*	−0.078*	−0.080*	−0.080*
成绩排名前25%，π_{11}	−0.027	−0.027	−0.026	−0.026	−0.027
学生干部，π_{12}	−0.021	−0.021	0.026	0.028	0.028
党员，π_{13}	−0.054	−0.056	−0.056	−0.074*	−0.075*
实习，π_{14}	0.038	0.038	0.049	0.054	0.054

* $p<0.05$，** $p<0.01$，*** $p<0.001$。

将以往高校学生起薪差异研究文献经常讨论的因素加入模型一，这些变量包括高校类型（以一般公办本科高校作为参照组）、学科分类（以工科毕业生作为参照组）以及个体层面的学历层次、人口学特征、家庭背景以及人力资本特征。结果表明，对首都高校毕业生起薪水平有显著预测作用的指标很少。就高校类型而言，只有独立学院毕业生起薪水平显著低于一般公办本科高校毕业生（γ_{002} = -0.078），其他类型高校毕业生之间的起薪没有显著性差异；以学科和学历层次而言，不同学科大类之间的毕业生起薪没有显著性差异，本、专科毕业生之间的起薪也没有显著性差异；在个体层面上，本研究没有发现性别在起薪上存在显著性差异，毕业生的家庭社会经济地位对毕业生起薪水平的影响也不强。上述变量对毕业生起薪影响的不显著可能同北京地区高校毕业生的就业市场是以北京地区为主有关。北京作为首都，不仅对北京地区的高校毕业生具有很强的吸引力，也吸引着全国其他地方高校的大量毕业生，各种类型和各种层次高校毕业生的云集造成了供大于求的毕业生就业市场，劳动力市场难以进行细分，这使得高等教育在起薪方面的作用大大减弱，也使得个人资本的某些标志性指标的作用变得不显著。

模型二是将一组直接测量学校和院系教育质量的指标加入进来。结果表明，毕业生对学校硬件设施水平的评价对起薪没有显著作用（γ_{005} = 0.033）。在院系层次，所在院系教学质量的总体评价满意度每增加一个单位，毕业生起薪提高约 17%（β_{04} = 0.171）；院系课程内容系统性评价满意度每增加一个标准差，毕业生起薪提高约 20.6%（β_{06} = 0.206）。但是，毕业生的起薪与对院系任课教师总体评价的满意度呈负向关系，评价满意度每降低一个单位，毕业生起薪就提高约 30.8%（β_{05} = -0.308）。

模型三是将毕业生的规则性参与、过程性参与以及自主性参与都代入模型，从模型结果看，这三个指标对毕业生的起薪水平都没有显著的预测作用。

模型四是在模型三的基础上将毕业生的院系教学质量的总体评价同学习性投入进行交叉，其交叉的具体模型为：

$$\pi_1 = \beta_{10} + \beta_{11} \times （教学质量评价） + r_1$$
$$\pi_2 = \beta_{20} + \beta_{21} \times （教学质量评价） + r_2$$
$$\pi_3 = \beta_{30} + \beta_{31} \times （教学质量评价） + r_3$$

结果表明，学习性投入的效果依赖于院系层次的教学质量。对具有一定学习性投入水平的毕业生而言，所在院系教学质量评价满意度每增加一个单位，其规则性参与对起薪的作用就提高约 10.6%（β_{11} = 0.106），过程性参与对起薪的作用提高约 15.1%（β_{21} = 0.151），自主性参与对起薪的作用不显著（β_{31} = 0.061）。

从实证分析看，院系教学质量评价高的毕业生其起薪水平相应地比较高。就院系教学质量与学生参与对起薪的影响来看，如果不考虑院系的教学质量，只是考虑学生参与的不同类型，对就业的起薪而言没有显著的预测作用。学生参与只有同院系的教学质量结合起来，对起薪的作用才是显著的。简言之，高等教育质量的提高是增加毕业生起薪的根本因素，学生参与是高等教育质量对毕业生起薪影响力的倍增器。如果忽视了高等教育质量的改善而单纯追求提高学生对教育的参与度，则是舍本逐末之举。

值得注意的是，毕业生对任课教师的总体评价同其劳动力市场的起薪水平存在负相关，这同毕业生对院系教学质量评价与起薪的关系是不一致的，这意味着任课教师的质量与院系的教学质量之间可能存在不一致。这种不一致在本科高校，尤其是在"211"高校和"985"高校这些研究型高校中可能是较普遍的现象（原春琳，2012）。早先用同样数据进行的有关毕业生就业期望匹配的研究发现，在校成绩好的毕业生其就业期望匹配的程度反而低，而那些在校成绩好且有实习经历的毕业生其就业期望匹配的程度高，也说明了劳动力市场的要求与学校的评价标准之间可能存在不一致（蒋承等，2014）。为进一步分析原因，本研究将高校毕业生对任课教师总体评价设为因变量，将学校类型设为自变量，考察不同类型高校的学生对任课教师总体评价对起薪预测作用的差异，由此建立模型五：

$$\beta_{05} = \gamma_{050} + \gamma_{051} \times （高职高专校） + \gamma_{052} \times （独立学院） +$$
$$\gamma_{053} \times （"211"高校） + \gamma_{054} \times （"985"高校） + u_{05}$$

结果表明，不同类型高校毕业生对任课教师总体评价对起薪的预测作用存在显著性差异：一般公办本科高校毕业生对任课教师总体评价与起薪存在显著负相关（$\gamma_{050} = -0.128$）；然而高职高专院校毕业生对任课教师总体评价与其起薪呈正相关，系数为 0.213（$\gamma_{050} + \gamma_{051} = -0.128 + 0.341$）；"211"高校和"985"高校毕业生对任课教师总体评价与起薪的相关系数分别为 -0.374（$\gamma_{050} + \gamma_{053} = -0.128 - 0.246$）和 -0.344（$\gamma_{050} + \gamma_{054} = -0.128 - 0.216$）。该结果反映了不同类型高校任课教师同劳动力市场的关系以及不同类型高校毕业生对任课教师评价标准的差异。

高职高专院校经过多年改革，教育教学以就业为导向，教师的双师型比例较高，教师们以教学为主，教师的能力与劳动力市场中工作岗位的能力要求是吻合的，水平越高的教师其实践能力越强，对教师满意度越高的毕业生其起薪越高，两者是一致的。本科层次高校重视的是学科教育，尤其是北京地区的"211"高校和"985"高校，教师更关注学术研究，教学仅仅是这些教师工作的一部分，教师们在教学过程中较少关注劳动力市场对本科毕业生知识与能力的要求，毕业生评价教师的学术标准与劳动力市场对毕业生的要求不一致，教师的高质量并不能有效地转化为毕业生在劳动力市场上的能力，因此会出现起薪越高的毕业生对教师的满意度评价越低的现象。这种现象与模型一发现的成绩排名前 25% 与起薪呈负向关系、模型二发现的课程应用性对起薪的作用呈正向关系是一致的（尽管成绩排名、课程应用性对起薪的影响均未达到统计上的显著程度）。

五 政策建议

综合上述分析和发现可以看到，对高校毕业生起薪而言，高校提供的课程的系统性以及教学质量对毕业生的起薪有着独立的、直接的重要影响。单纯是学生参与，无论是哪种形式，如果不考虑院系提供的教学质量的话，其对起薪并没有直接影响。在一定的院系教学质量的保障下，学业参与，尤其是过程性的学业参与对毕业生的起薪影响最大。也就是说，如果高校提供的课程的系统性高、教学质量高，同时学生能够积极地参与到学校的教学过程中，则有比较高的起薪；如果忽视了高校内在的教学质量的提升，只是单纯地追求提高学生参与度，对改善毕业生的就业质量并无实际意义。

从本章的研究看，高校在解决毕业生的就业方面具有重要的责任和影响力。高校加强课程的系统性建设、重视教学过程的作用；教师重视教学工作，了解劳动力市场对毕业生知识与能力的要求，并将这些要求融入教学中；学生在校期间认真积极参与教学过程，这些因素能有效地提升毕业生的就业质量。目前，在高等教育系统中，就毕业生就业率而言，地方普通本科高校相较于"985"高校和高职高专院校而言，处在"塌陷"的低谷，这些高校更应该强调教师对行业企业的了解，更应该强调教师的应用型科研能力和应用型教学能力，如此才能更加有效地提升教学过程对毕业生就业质量的影响程度。这也是地方普通本科高校向应用型转型的内在要求。

第二编

理论探讨

第三章 地方高校转型发展的
核心问题探析

一 问题提出的背景

自 1999 年我国高等教育扩招以来，地方高校①成为满足高等教育大众化需求的重要力量。尽管地方高等教育出现了大规模扩张，但高校的多样性并未随之上升，相反，出现了地方高校同研究型高校办学定位趋同、专业设置雷同、人才培养模式相近，"重理论、轻实践"、科研活动"重科学、轻技术"等现象（杨钋、井美莹，2015），难以培养地方社会经济发展所需要的人才。同时，地方高校与所在区域的经济发展需要脱节，毕业生就业难的问题日益凸显。针对上述问题，2014 年 3 月，教育部相关领导明确提出鼓励部分地方高校向应用型转型，发展我国的应用科技大学/学院。一些省份，如山东、河南、云南等主动开展地方高校转型发展的试点，应用技术大学/学院联盟在教育部相关司局的指导下成立，推动着地方高校的转型发展。2015 年 10 月，教育部、国家发改委和财政部联合下发《关于引导部分地方普通本科高校向应用型转变的指导意见》（以下简称《指导意见》）后，地方高校转型的步伐有加快趋势。

从全国来看，各省的进展差异较大，地方高校的转型并不均衡；即便是同一省份，地方高校之间在转型发展的进度上也不一致，普遍面临转型定位、教育内涵、组织变革、政府引导政策与评价方法等方面的问题。第一，地方高校转型发展是定位于建立现代职业教育体系，还是定位于单一体制的高等教育系统内的人才培养模式变革，这一问题既涉及教育层次，也涉及教育类型。第二，地方高校在转型发展中应该如何处理与职业本科

---

① 本文中所指的地方高校，除非特别说明，一般指地方普通本科高校。

教育①、普通高等教育之间的关系，即在教育内容方面，地方高校要教给学生什么类型的知识，培养学生具有什么样的能力，以及如何来培养学生，这涉及教育内涵的界定。第三，转型意味着人才培养模式、培养流程、教师的科研导向以及高校相应的组织结构和运行机制的变化。地方高校怎么才能有效地促进组织变革呢？第四，地方高校转型发展还涉及现有的高等教育行政管理体制的调整，如拨款制度以及招生制度等，也涉及地方政府的政策引领与支撑问题。第五，如何评价地方高校转型的成效。以上这些问题归根结底涉及地方高校向哪里转（目标与标准）、为何转（转型的合法性与必要性）、转什么（转型的内容，如培养模式、组织运行机制等）、如何转（转型的途径与方式、政府的引导），以及如何评价这五个维度。在现实中，这五个维度的问题已对地方高校转型发展政策的制定者、执行者和实践者形成了普遍困扰，如果不能正确地认识这些问题，就难以有效推动地方高校的转型发展。

二　核心问题探析

讨论上述地方高校转型发展中的五个核心问题可以从不同层面进行，如国际层面、全国层面、省级层面、高校层面及社会层面，尽管这五个问题都可以在这些层面展开，但在不同层面上聚焦的问题可能会有所不同。如国际层面重点讨论发达国家如何在理论和现实中处理普通高等教育、应用型高等教育、职业高等教育之间的关系；全国层面、省级层面主要关注政府是如何考虑地方高校转型发展的，政府为地方高校的转型发展提供了哪些政策和制度支持；高校层面主要分析转型发展的空间、转型发展的途径以及如何通过组织变革实现转型发展；地方高校的转型既需要各级政府、高校内部各主要群体的支持，还要取得社会重要利益相关者的支持，并对利益相关者产生作用，对转型效果的评价也要注意到这些利益相关者的关切。

1. 地方高校转型发展的目标与定位：高教体系抑或职教体系

我国地方高校在转型发展目标与定位上往往纠结于如何辨识和正确看

---

① 职业本科教育，往往是在强调职业教育与其他教育区别时使用；本科职业教育，更多是在强调职业教育层次时使用，与专科职业教育、研究生职业教育对应。因此，本书对"职业本科教育"与"本科职业教育"不做严格区分。

待学科/学术导向、应用导向与技术技能导向的高等教育的差别与联系。联合国教科文组织根据课程属性对高等教育进行了分类，依据 1997 年版的《国际教育标准分类法》，高等教育实际上包括技能型（如 5B，一般学制较短，面向实际，适应具体职业，主要是使学生获得从事某个职业、行业所需的实际技能和知识，完成 5B 学业的学生一般具备进入劳务市场的能力和资格）、应用型（5A2，根据行业或应用领域划分专业，"可从事高技术要求的职业"，如医学、牙科、建筑等）和学术型（5A1，根据学科划分专业）。5A 和 5B 的区别主要在于对理论要求程度的不同以及学制上的差异，把医学和建筑等应用型很强的教育列在 A 类主要是强调这些学科的人才培养需要有较高水平的理论训练（余祖光，1998）。《国际教育标准分类法 2011》① 则明确地将教育划分为普通/学术教育和职业/专业教育两类：2~5 级教育分为普通教育和职业教育（vocational education）两类，其中 5 级明确为短线的高等教育，大体对应于我国三年制的高职教育；6~8 级教育分别对应于学士、硕士和博士教育层次，每一层次都可再区分为学术教育和专业教育（professional education）两类。在这一框架下，学术教育可以看作普通教育的延伸，专业教育可以看作职业教育的延伸（和震、李玉珠，2014）。在 2011 年版的框架下，职业教育与高等教育在第 5 级有重叠，第 5 级的高等教育是职业教育，而 5 级以上的培养高技术要求的相关职业人才的教育被称为专业教育，这之间的区分就在于第 6 级的教育一般是以理论为基础的（陈飞，2012），即专业教育与职业教育课程的逻辑起点是不同的。

　　联合国教科文组织的教育标准分类法是基于国际上主要国家的实践制定的，但具体到不同的国家或地区，对技能型教育、应用型教育和专业教育的看法并不一样，处理方式也不一样，因此就形成了不同的教育体系。大体上，欧洲大陆的教育体系多采用双轨制，基础教育阶段分轨较早，分流为以学习学科知识为主和以学习工作技能为主的中学，高等教育则分为以学术为导向的普通高等教育与以应用为导向的应用科学大学或技术学院。后一类型的高等教育出现于 20 世纪六七十年代，以德国为最典型，目前德国应用科学大学的学生已占到大学生数量的 1/3，个别州还有以工

---

　　① 联合国教科文组织：《国际教育标准分类法 2011》，http://www.doc88.com/p-5819882090549.html。

（作）学（习）交替为特色的双元制本科大学。其他欧洲国家，如丹麦、荷兰等国家的应用科学大学在最近二三十年也有比较大的发展。欧洲应用科学大学可授予本科和硕士文凭，一些应用科学大学还可以与综合型大学联合培养博士生。按照联合国教科文组织 2011 年版的教育分类标准，这些应用型高校从事的是专业教育。但在欧洲系统中，这些高校并不属于综合型大学和工科大学的轨道，而是被称为大学部门（sector）之外的高等教育机构（Kyvik and Lepori，2010），是高等教育系统的另一轨。美国的高等教育并没有发展出双轨制，其两年制的社区学院最初功能是以转学教育为主，到了 20 世纪六七十年代，社区学院才转型为以职业教育为主。美国四年制本科高校并没有严格区分出学科导向和应用导向这两大类，而是根据教学和科研所占比例区分为研究型高校、教学研究型高校和教学型高校。但美国的高校，特别是公立高校，受赠地学院传统的影响，服务社会的意识和能力都很强。美国高校，特别是综合型大学往往会设有专业学院，如商学院、法学院、医学院、教育学院等，进行专业教育，培养专门人才。在亚洲，新加坡和我国台湾地区的高等教育也有各自的模式，新加坡南洋理工学院是三年制大专，以现代职业教育的理念与实践著称，被我国不少高职院校奉为学习榜样；我国台湾地区技术与职位教育体系在最近几年被看作大陆职业教育体系建设的重要参照，技术与职业教育体系包括职业学校、专科技术学院、科技大学等，学历层次包括中专、大专、本科、硕士以及博士研究生等，是与普通大学体系相并列的一个独立体系。

为什么不同国家和地区能够形成不同的教育体系呢？这主要是同各自的经济发展水平、发展策略、文化传统以及对教育的定位有关。学术定向的高校常常以追求学科知识和学术声誉为目标，较少关注产业或技术的应用，培养的人才与产业和企业的要求不匹配。这些高校的毕业生要达到企业的用人标准，可能需要企业花费更多的培训成本。通过改造高等教育体系，由一批高校承担应用型人才的培养任务，既可以为企业节省相应的培训成本，也会减少受教育者为适应产业或企业需求额外交付的费用。德国应用科学大学的兴起、新加坡和我国台湾地区发展高职教育，乃至建立独立的技术与职业教育体系同样是为了与快速发展的经济相适应。

推动地方高校向应用型转型同样是基于我国经济发展和产业升级的考虑。但国内学术界和实践界争论的焦点之一是地方高校转型是定位于普通高等教育系统内部的调整，还是定位于建立一个新的技职类的高等教育体系。对于这一问题，国家层次、地方政府和地方高校在认识上是有差异的。国务院 2014 年 5 月发布的《关于加快发展现代职业教育的决定》在"加快构建现代职业教育体系"一节中明确提出"引导一批普通本科高等学校向应用技术类型高等学校转型，重点举办本科职业教育"，显然是将地方高校的转型作为职业教育体系的重要组成部分，目的是建立一个与普通高校系列并存的职业高等教育体系。但这一设想在教育部各司局之间存在不同看法。职业教育与成人教育司（简称"职成司"，下同）虽然参与了现代职业教育体系相关文件的出台工作，但并不主导地方高校的转型，相关负责人对文件的解读是含混的，如认为"985"高校也可以转型为应用型高校。① 教育部发展规划司主导地方高校的转型发展，但考虑到地方高校的反对，并没有将这些新建本科高校称为职业教育本科高校，而是采取妥协方式，称之为应用技术大学/学院。在教育部发展规划司的推动下，一些转型或准备转型的高校成立的应用技术大学（学院）联盟成为推动转型的辅助性行业组织。高等教育司则有不同看法，媒体报道该司负责人公开讲："你听到了我讲'转型'吗？一个都没有。在其他讲话中也从没有出现'转型'。"② 高等教育司提出新建本科院校要建设成新型本科院校，③并积极推动新建本科高校联盟建立和开展相关活动。实质上，新型本科高校仍是应用型的。从这些话语的争论来看，教育部不同司局并没有很认真地将应用型高校建设与本科职业教育联系起来。有学者指出，在职业教育的语境下，普通本科高校转型的顶层设计很难落地，完善现代职业教育体系的初衷无法兑现（孙善学，2016）。

　　按照教育部要求，地方高校的转型发展是由省级负责统筹的，各省的态度对应用型高校的建设至关重要。一些省份在三部委《指导意见》出台前就已经在进行应用型高校建设的尝试，一些省份在《指导意见》正式颁布后出台了明确的政策给予引导，但是还有一些省份并没有出台具体政策。就已出台的政策来看，各省份对省内高校的分类也还存在不同看法，

---

① 葛倩：《教育部：211 和 985 名校也可能转为职教》，科学网，2014 年 6 月 27 日，https://news. sciencenet. cn/htmlnews/2014/6/297599. shtm。

② 李剑平：《教育部高教司长张大良否认"高校转型说"》，《中国青年报》2014 年 11 月 25 日，第 3 版。

③ 《张大良：把新建本科院校办成新型本科院校》，个人图书馆网站，2016 年 10 月 31 日，http://www. 360doc. com/content/16/1031/21/1097634_602873669. shtml。

如浙江省对省内高校的划分仍是采用教学/科研的维度。

在高校层面，除少数高校，如齐齐哈尔工程学院明确将其称为职业教育本科高校，愿意举起职业本科教育的旗帜外，多数高校不太认同职业高校的定位，认为这种定位会使本科高校"向下掉""向后退"；对于应用型或应用技术的提法也有不同看法，一些已升格为大学的省属高校有意识地同新建本科高校拉开距离，在定位于应用型的同时更强调其他层面，如定位于创新创业型大学（如临沂大学）；还有的高校认为应用技术难以包含一些文科类高校，应用技术大学或学院的名称容易使文科类高校或院系、专业陷入尴尬境地，所以更愿意认同教学服务型高校这样的名称，如贵州的铜仁学院。

尽管存在上述的混乱和争论，一些基本趋势和共识还是慢慢地显露出来，值得注意的是，关于应用型本科的层次定位以及主要的纳入对象已逐渐明确，省级政府在这方面起到了关键的推动作用。多个省市在相关政策文件中事实上把省市辖区内高校区分成研究型、应用基础型或应用研究型、应用型、技能型或技艺型四类，如上海市、重庆市，以及此后的吉林省等。研究型高校对应的是"985"高校和"211"高校；应用基础型或应用研究型高校多是省内一些老牌本科大学且行业特色较突出的高校，如工业大学、农业大学、师范大学等；应用型高校主要对应的是新建本科高校；技能型或技艺型高校则对应的是高职院校。这种分类方法采用的是学术型/应用型的维度。应用型高校被看作中专和大专层次的职业教育向上的延伸，这种做法与联合国教科文组织的划分是一致的。随着这种划分方法被接受，在某种程度上可能会先在省的范围内确立起高等教育双轨制，进而可能会在全国范围内确立起这样的双轨制。至于是否一定要坚持把本科及以上培养应用型人才的教育称为职业教育，纠结于职业教育、技职教育抑或专业教育这些名称，并没有太大的实质意义。但是，本科及以上培养应用型人才的教育被称为"职业教育"，或是被称为"应用型教育"，或者是"专业教育"，对教育内涵的界定会有重大影响。也就是说，"名"之下实际的教育内容和实际的教育方式的差别才是最重要的。

2. 地方高校转型的教育内涵：技能、技术、工程与科学

地方高校向应用型转型是"构型"的转变、"结构"的转变，最核心的是人才培养模式的转变，即教与学方面的转变。地方高校要传授给学生什么样的知识？要培养具有什么样的能力与素质的学生？以什么样的方式去传授知识与技能，去培养学生？地方高校的教师是否拥有传授新型知识与技能的能力？这种知识与能力是如何形成的呢？对学生来讲，地方高校的转型意味着要学什么样的知识，形成什么样的能力以及以什么方式学习。这些问题就涉及技能教育、技术教育、普通本科教育之间在教育内涵上的联系与区别。

在国务院发布的《关于加快发展现代职业教育的决定》中，现代职业教育体系包括不同层次的学历教育，即中职、大专、本科和研究生教育，这个划分模糊或者说淡化了以本科为分界的传统的专业教育与技能教育的差异。国内也有不少人出于各种原因有意识地或无意识地打"混战"或"乱战"，如有人认为应鼓励"985"高校和"211"高校以应用型的学科和专业为基础举办本科及以上层次的职业教育，这样能够比较快地建立起职业教育全学历层次的体系；但同样认为"985"高校的一些专业以培养实践人才、职业人才为目标，主张将"985"高校这些专业归为应用型的人士，对于职业教育体系则有不同看法，认为没必要再设立本科及以上层次的职业类型高校，将以从事职业教育为主的院校维持在大专和中专层次即可；更有甚者认为职业教育维持在中职层次就可，没必要延伸到高等教育阶段；还有一些人认为依托传统的研究型大学或教学科研型大学来构建现代职业教育体系是"换汤不换药"，很难指望这些大学能发生实质性改变，而是寄希望于以中高职院校为基础独立发展出从中职教育到博士教育的职业教育体系。这些不同的观点与不同的设计方案，大多有意或无意地把美国和德国作为最重要的参照系，但德国的应用科学大学与亚琛工业大学、慕尼黑工业大学并不是一类。联合国教科文组织《国际教育标准分类法2011》是将本科层次的以理论为基础的教育统称为专业教育，并没有将德国的两种类型区分出来。从国内一些省份的实践来看，已出台的分类管理办法绝大多数是将应用型高校与"985"高校和"211"高校区分开来，因此似乎有必要把与新建本科高校相对应的应用型与"985"高校、"211"高校相对应的专业型区分开来。

从国内目前的争论看，以技能训练为主的职业教育、以应用为导向的（工程）技术教育、以学术/学科为导向的学术教育之间的差别主要体现在对学科的认识上，把有无学科作为技能型高校与应用型高校的分界线，把以学科为导向还是以学科为基础以应用为导向作为学术型高校与应用型高校的分界线，学术型高校中应用性强的学科或专业的专业教育与应用型高校教育的区别在于对理论强调程度以及应用环境的复杂程度。中职和高职层次的职业教育以培养操作性技术技能人才为主，根据操作熟练程度、对操作原理的理解程度、处理技术故障的能力以及在复杂的工艺、设备情况下具有的操作能力，分为初级工、中级工、高级工，乃至技师、高级技师，这些主要是以现场操作为主，以实际经验以及实践智慧的增长为依据，强调对实践技艺的把握，以及伴随实践层次的不同而对相应层次的理论知识的把握。在以技术技能为主的教育阶段，理论知识的学习以必需和够用为原则，服务于对相关技能的掌握，也鼓励这些技术技能人员对技艺或工艺进行改进，但这种改进更多的是建立在经验以及部分对科学或工程原理理解的基础上。应用型高校的人才培养以学科为基础，但与以学术导向高校不同的是，所培养的人才主要从事在科学理论基础上面向应用的研发和找到问题解决方案；学术导向高校的专业教育以深厚的理论为基础，培养高技术职业所需要的、能在复杂应用情境中进行研究或研发的人才。如同样是工程教育，同样强调培养学生对现实问题进行抽象和建模的能力，以及运用高深理论解决复杂工程问题的能力，但学术导向高校会比应用型高校更重视对数学、物理和化学等基础学科理论的学习。上述划分依据的是不同教育的培养目标和培养定位的差异。具体来说，因为培养的目标、培养的规格不同，对人才的素质与能力的要求不同，相应的专业设置、教学模式、课程体系的构成、实践教学的内容、对师资的要求等诸方面就会有所不同。学术导向的本科教育目的是为学术研究和学科发展提供继续深造的人才，因此更偏重理论学习，强调发现学术问题和研究学术问题能力的培养；应用型高校培养的是在不确定环境下运用学科理论和科学方法（包括工程方法）创造产品或提供专业服务价值的人才；技术技能型职业教育培养的是掌握生产管理与服务一线岗位或岗位群的工作技能的人才。在专业设置上，技术技能型高校依据的是生产管理与服务一线岗位或岗位群的划分和相应技术技能要求，应用型高校依据的是工程或技术领域的分工，普通本科高校按学科的知识领域进行划分。在教学方式与培养流程上，对技术技能型职业教育而言，职业能力的培养是通过完成一系列典型的工作任务来实现的，因此特别强调基于工作过程重构课堂教学，实践教学环节所占比例远远超过应用型高校和学术型高校。应用型高校强调在学科理论基础上着重培养学生的技术开发和技术应用能力，实践性教学要比普通本科高校所占比例高。这些实践性教学包括实验教学、实践学习、项目教学、毕业设计和学术考察等环节，强调毕业论文选题来自实习企业的真实项目等（姚寿广，2011）。德国应用科学大学对教师的要求也不同于综合型大学，其聘任的教师除要有博士学位外，受聘者在科学知识与方法的应用或开发方面要至少具有 5 年的实践经验，且至少有 3 年是在高校以外的领域工作（孙进，2013）。

我国地方高校在向应用型高校转变的过程中普遍遇到的困惑是技能、技术、工程和科学（主要是理论知识）之间的联系与区别，究竟这些内容在人才培养上占有多大比例比较适宜呢？有的本科高校，如齐齐哈尔工程学院明确定位于职业本科教育，"坚定不移地走职业技术教育之路"，倾向于借鉴和学习高职院校在人才培养方面的做法，强调办学模式为"政校企合作、产学研一体、教学做合一"，旗帜鲜明地将"实践第一"作为学校的教育原则，强调学生作为企业的"预备队"，要"在真实的职业环境中真学、真做、掌握真本领，培养学生的'创新、创业'精神和'可雇佣性'的能力，实现与相关行业的'无缝衔接'"。机电工程系是齐齐哈尔工程学院最具特色的院系之一，该系将培养目标定位于"机电一体化设备操作员、自动化生产线操作员、机电设备的维修与调试人员、机电设备的售后服务人员、生产一线设备的安装与制造人员"，教学方式采用"工程任务课程化"方式，从第三学期开始学生要到校外基地实习 6 到 8 个月。①黄河科技学院在升格为本科高校后就在积极地探索本科教育与职业教育的结合，提出"本科教育 + 职业资格证书"的培养模式。许昌学院、常熟理工学院等建立起行业学院，同当地主要行业的龙头企业紧密合作，进行订单式人才培养。在校内缺乏师资、缺乏相关设施、缺乏应用型人才培养经验的情况下，一些高校在教育部相关机构的牵头下与中兴、华为、曙光科技等公司合作成立通信人才培养基地。还有一些高教集团从企业招聘有经验的高端人才作为教师，组织力量根据相关行业的实际要求研发应用型课程标准，在所属高校开展标准化的教学，如拥有云南工商学院等多家应用型高校的新高教集团。但还有些高校认为应该坚持普通本科以学科为导向的学习方式，只不过要增加些实习实训环节。

地方高校在理念、实践上的不同反映了这一类型高校内部存在的非均质化的特点，这种多元性和差异性也同地方高校涉及的范围较广有很大关

---

① 　齐齐哈尔工程学院官网，https://www.qqhrit.com/。

系，各高校的办学历史、办学传统、办学水平、师资水平、生源质量存在差异。在这些地方高校中，还可以根据升格为本科高校的节点和办学实力划分为不同的亚种类，如 1999 年高等教育扩招后新升格的本科高校，省属非"211"高校中行业特色鲜明的高校以及介于两者之间的高等教育扩招前升格的老本科高校等。有的省份，如山东省的高校分类管理明确将一些省内行业特色鲜明的老本科高校划入"应用基础类"，同新建本科高校所在的"应用技术类"区分开来。相对来讲，省属非"211"高校中行业特色鲜明的高学，如（理）工大、农大、师大，办学历史悠久，科研实力强，行业影响力大，拥有一些博士点，能够培养博士和硕士，设置的专业行业特点突出，服务行业的能力较强，在人才培养方面学科基础理论的训练所占比例较高；一些设有若干硕士点或有可能申请到硕士点的省属老本科高校对于学科的强调可能要弱于省属的行业旗舰大学，但对学生的技术应用能力的培养是比较重视的；新建本科高校可能更普遍强调学生的应用能力，有的高校可能会强化技能方面的训练，如齐齐哈尔工程学院。

无论是强化技术技能训练的职业类本科高校，还是强化应用能力的应用型高校，抑或是比较多地强调学科/学术训练的省内行业特色鲜明的旗舰大学，理论上都可以作为向应用型高校转型的对象。判断这些高校是否真正发生了转型，最关键的指标是人才培养模式是否发生了根本转变，即是否在根本上形成或实施了不同于普通本科高校以学科/学术为导向的知识学习和能力培养的模式。这种模式最明显的标志是是否实现了以"产教融合、校企合作"为特色的人才培养模式，其中理工科类较简单的判断标准是类似于卓越工程师的培养模式是否在高校的相关专业中真正地大范围地实施。换句话说，这些高校是否真正地把"产教融合、校企合作"作为人才培养的载体。如果真正实现了转型，最终会表现为课程、课堂与教师的改变，因此有高校的校长感叹："转到深入是课程，转到难处是教学，转到痛处是教师"（曹勇安，2016）。

3. 地方高校转型的发展潜力与发展空间：纵向、横向与全球维度

地方高校要实现转型发展必须要有内在动力，这种动力取决于转型后能否为学校带来更大的发展空间。如果转型后的发展空间和机遇较小，对地方高校自然就没有吸引力；如果发展空间和机遇大，吸引力和动力自然就会强。

地方高校转型发展的空间可以从纵向和横向两个维度来分析。从纵向看，主要是指地方高校在办学层次上能否上升，特别是能否"升硕"，即获得硕士研究生培养授权，开展硕士研究生教育，甚至将来进一步发展到博士研究生教育；从教育管理部门获得更多的招生名额，在专业设置等方面争取更多自主权，甚至是经费方面得到更大力度的支持等。在这方面，国家相关部委的政策文件以及教育部考核评估的导向已经有一定的体现，但政策能否落实，落实的力度大小直接影响到吸引力大小。

从横向看，地方高校转型后的发展空间主要取决于其能否从行业企业以及所在地政府获得进一步发展的资源。一些应用型院系的转型动力比所在的高校还强，一些有较高实践能力的教师转型的动力比院系领导，甚至校领导的动力还足，关键就在于这些单位或个人看到了利用自身能力可以从产业和企业中获得更多的发展资源，也能够在当地产业界确立起该专业和教师的地位，高校甚至能够在社会服务中增强其在当地经济社会发展中的话语权。

地方高校向应用型高校转型对自身的意义还应该放在知识生产方式转变的背景下来分析。在知识经济时代，高校的知识生产已逐渐摆脱过去封闭性的象牙塔方式，更强调知识生产的情境性、跨界性、应用性和多方评估，更强调高等教育要服务于社会经济发展的需求（吉本斯等，2011）。高校只有更好地开展与当地政府、产业和企业的合作，才能抓住知识生产的需求，才能获得用于知识生产的地方资源。在这些方面，研究型大学在更大范围内，如在全球和全国的合作上享有优势，而地方高校则必须依赖于当地的可能的资源。

从我国的经验看，经济发达地区的地方政府、高校与产业已经形成了非常密切的关系，高校已经成为当地经济与社会发展的重要支撑。这些地方的政府仍在不断地引进和举办更多高校，典型的如深圳和苏州。位于苏州的常熟理工学院在向应用型转型发展过程中，得到了省与所在市的大力支持，省市签订共建协议。在河南，许昌学院虽是省属高校，但积极与所在地的许昌市政府合作，并获得许昌市政府承诺的 3 亿元支持。许昌市政府也在积极推动政府、企业与高校的人员交流，高校教师或干部可以到政府或企业挂职，企业人员和政府官员也可以到高校兼职，很好地解决了兼职教师队伍建设的问题。许昌学院还同全国假发制品的龙头企业、当地上市公司瑞贝卡集团共同建立行业学院，培养发制品方面的人才。许昌学院在这场转型中真正获得了发展，成为河南省转型试点的优秀高校。同样，位于经济落后地区的黄淮学院依靠向应用型转型，在办学实力、生源质量，以及在全国的影响力方面都有了较大提升，成为教育部树立的应用型高校转型的一面旗帜，黄淮学院所在的驻马店市成为教育部规建中心主办的产教融合国际论坛每年春季会议的永久驻地。

4. 地方高校转型发展的途径与突破口：校企合作与驾驭核心

地方高校转型的核心是人才培养模式的变革，应用型高校人才培养模式与普通高校的差异就在于它是建立在"产教融合、校企合作"的基础上的，因此"产教融合、校企合作"就成为转型的突破口。教育部、国家发展改革委和财政部2015年发布的关于转型的《指导意见》对此非常明确，校企合作是转型的关键枢纽所在，具有牵一发而动全身的作用。

首先，校企合作的可能性会直接影响高校专业/学科布局与调整。专业/学科是高校人才培养活动的重要架构，高校内部重要资源的配置，如学生、教师、设施、经费分配等主要是围绕专业/学科进行的，地方高校要转为应用型，就需要对专业/学科结构进行调整，而这种调整主要是增加或扩大可以与产业对接、与企业合作的专业/学科，减少或缩小难以与产业对接、与企业合作的专业/学科。

其次，校企合作是人才培养的主要平台和载体，应用型人才培养不能封闭在高校由高校独自完成，必须要通过校企合作才能实现。可以说，校企合作的人才培养模式和企业的培养环节是应用型人才培养中必不可少的。专业人才培养方案的变革需要校企合作提供支持，这种支持既包括实习机会、有经验的兼职教师、毕业论文选题与相关科研环境，还包括对校内课程内容的改造与重构等。三部委的《指导意见》明确要求建立行业校企的合作平台，希望行业、企业全方位、全过程参与学校管理、专业建设、课程设置、人才培养和绩效评价，争取"地方、行业、企业的经费、项目和资源在学校集聚，合作推动学校转型发展"，没有校企合作平台，单纯靠地方高校自身是完成不了这一转型的。

最后，校企合作关乎应用型高校的科研与服务能力。一些有实力的高职院校在发展过程中已经认识到教学立校、科研兴校、服务强校的道理，积极支持教师参与企业的科技研发。对本科高校来讲，科研更是汲取行业企业乃至政府资源的重要工具。在这一问题上，一些高校还存在认识误区。如老本科高校按照科研与教学比重往往会分为研究型高校、研究教学型高校、教学研究型高校、教学型高校等，对新建本科高校来讲，因为其科研力量较弱，很容易被归入教学型高校，认为这类高校以教学为主，不必从事科研，即便从事科研，也主要应该关注教学的科研，即研究教学改革等。不少高校在实践中认识到，如果教师只从事教学，没有科研作为服务地方政府和企业的支撑，那么高校就难以吸引企业的注意力，难以吸引政府的注意力，也就难以吸引资源，难以维持校地和校企的合作；只有科研能力变强了，企业和政府认识到高校的服务能力，校企合作、校地合作才会顺利开展。一些高校在教学型高校基础上提出向教学服务型高校发展。这种提法和定位忽视了科研在教育与服务之间的桥梁作用。实际上，服务功能是以教师的科研水平为基础的。有的高校，一方面提出要建设高水平的教学型高校，另一方面提出要建设应用型高校，这种定位选择看似兼顾了各方面的诉求，但同样没有认识到，建设应用型高校在中国的情境中更需要依赖教师的应用科研水平才能实现。教师也只有参与企业研发和承接政府委托项目，才能更好地将科研成果转化为教学内容，进而改善教学质量，有效地培养学生的应用能力。

当然，把校企合作作为应用型高校建设的枢纽，提升作为整体的高校组织、院系、教师等各层次开展校企合作的能力并不是一件容易的事情，特别是在外部环境未必友好、教师习惯于从课本到课本的教学方式的情况下，如何推动转型对高校领导人而言是很大的挑战。地方高校是转型的主体，政府起引导作用，强制性力量相对较弱，相应的支持力量可能会不足。因为高校转型涉及其基本运行模式的转变，涉及高校组织内部许多惯例与制度的变更，以及校内外复杂的利益调整，没有强有力的驾驭核心是很难实现的。高职示范校建设如此（郭建如、周志光，2014），本科高校更是如此，因为教师的学历程度更高，教师工作的个体性更强，学校领导的行政权威相对于高职院校来讲更弱一些。

从众多的实践来看，地方高校转型的顺利与否、成功与否、可持续与否在很大程度上取决于高校能否有一个稳定的、持久的、坚强的驾驭核心。现实中，即便是同一所学校、同一任期的主要领导对于转型可能都会有不同的看法。高校领导团队的不同看法自然会影响高校内部相关部门的政策，特别是评职称与考核的政策，进而会影响院系教师的积极性。因此，经常可以看到同一所高校前、后任主要领导对转型看法存在差异，导致高校转型过程起起伏伏。有些已经在转型路上进行了很多卓有成效的探索的高校，因新上任的领导抱有办普通大学的梦想而转型夭折，这也可能是国家三部委《指导意见》强调"通过广泛的思想动员，将学校类型定位和转型发展战略通过学校章程、党代会教代会决议的形式予以明确"，防止因人而废的缘故。

5. 地方政府推动转型的激励机制与促进转型的政策工具

与高职示范校建设不同的是，三部委明确提出地方高校转型的"责任在地方"。"地方"指的是地方政府，特别是省级政府，因为省级政府承担着统筹管理本省高等教育的职责。但实际上，一些地方高校是地市级政府举办的，还有一些省属高校坐落在地市而非省会城市，这些地市级政府对地方高校的转型而言，同样是重要的推动力量。省级和地市级政府对地方高校转型发展的支持可以采用的工具是比较多的，如财政政策、税收政策、招生政策、人事招聘考核政策等。

对新建本科高校而言，最直接的帮助是与所在地市政府、市域内主导产业的龙头企业建立起有效的政行企校的合作关系。从全国高职院校组织转型的实践来看，政行企校有效合作的关键在于政府（郭建如，2015）。政府以什么态度、以什么政策推动高校和企业的合作是破解目前校企合作困局的关键。在高职教育发展比较好的地方，地方政府能够以各种正式的或非正式的方式巧妙地降低校企合作的交易成本；在高职教育发展较缓慢或落后的地方，往往可以看到地方政府的不作为，或者是不懂得如何运用政策工具有效地作为。

在地方高校的发展中也有类似情况，如江苏省教育厅与常熟市政府签订共建常熟学院的协议，常熟市政府与常熟学院签订市校合作协议；河南省教育厅与许昌市政府签订共建许昌学院的协议，许昌市政府承诺对许昌学院投入 3 亿元进行建设。铜仁学院在当地企业资源相对不足的情况下，提出要盯着地方政府领导的眼球转，想领导之所想，如成立梵净山学院，积极参与梵净山生态资源的研究、保护与开发；为配合地方政府的生态旅游战略，提出"桃源在武陵，深处是铜仁"的观点，该校领导亲自组织力量主编相关著作进行论证；[①] 该校还积极邀请一些技术性较强的政府职能部门，如食品安全部门，将食品安全的技术检验楼建在校园内，为学生提

---

① 铜仁学院侯长林校长专门为此主编了《桃源在武陵 深处是铜仁》的著作（科学出版社，2011）。

供相应的实习环境。政府在解决高校教师到职能部门挂职、企业人员到高校担任兼职教师方面发挥着关键作用。这些不同机构之间人员的流动自然地就会带来资源的流动，社会网络的形成可有效地降低建立政行企校合作关系的成本。当然，近些年，随着问责及监察制度的不断强化，存在地方政府的一些职能部门把高校当成附属部门进行管理的现象，可能会对高校及相关教师从事校企合作的积极性产生较大束缚。

6. 地方高校转型效果评价

我国不少省份出台相关政策，引导地方高校向应用型转型，在教育部相关司局支持下，应用技术大学（学院）联盟和新建本科高校联盟都已成立，联盟中有一批高校已在应用型高校的建设上进行了卓有成效的探索。在全国推进高等教育分类管理的过程中，制定应用型高校的评估标准对这些地方高校转型可能会具有极强的引导作用。一些新建本科高校在是否向应用型转型的问题上犹豫不决，原因之一就是搞不清楚高校的评估标准，担心在评估标准没有改变的情况下，教育部有关部门会按照传统的评估标准对这些转型高校进行评估，那么这些转型的高校可能就会处于不利位置。有的高校甚至把黄淮学院在第一次本科评估中获得的"黄牌"结果作为前车之鉴，认为其原因就在于评估专家是按传统观念和标准进行评估的。为解决地方高校向应用型转型的后顾之忧，国家和省级政府应尽快出台应用型高校的设置与评估标准，同时要给予被评估高校自主权，相关评估应以发展性为导向。

在制定此类高校设置和评估标准时，要特别关注标志着应用型高校的关键指标，如人才培养模式是否真正发生了变化，即学生的应用技术能力的培养是否建立在校企合作的平台上，课程是否体现了应用技术的导向和侧重，课堂的教与学是否紧密地围绕应用能力的培养来进行，教师应用技术的能力与素质是否有了真正提高；还需要重点考察实训实习环节在培养流程中是否达到了较高比例，实训实习质量是否得到切实提高，实习企业是否真正给实习生以技术指导，学生毕业论文在多大程度上来自企业的实践课题；还需要考察教师在校企合作、校地合作中的表现，以及相应的科研成果是否转化为教学内容。

另外，需要强调的是，地方高校转型是一个系统性的整体变化，组织的各个部分之间存在紧密联系。一些高校可能为了顺应转型的大形势而被迫做出样子，刻意突出应用型转型的某些指标，如与企业的合作、与政府的合作以及横向应用型课题的获得，或者只是加强校内实训基地建设，增加学生在校内实训的机会和次数，或者简单地拉一些企业组成专业指导委员会或董事会，其他主要环节仍保持不变，这样的做法更多是点缀性的、盆景式的、拼凑式的。这些方面的成果在非转型普通高校中也是可以做到的，甚至可能会把一些指标做得更好，如在应用型科研课题的获得方面，在与企业和政府的合作方面，在实训条件的建设方面。在真正开展了转型的地方高校，这些方面应该构成一个有机的整体、各个环节联通，是经过整体设计的，而不是片段状或裂片式的，这是在评估中需要特别关注的。

应用型高校设置与评估标准的制定要考虑到状态、过程、结果和机制等方面。所谓状态主要是指高校构成要素的基本情况，如生源质量、师资结构与水平、应用型专业设置、实训课程占比、校企合作和校地合作数量、横向课题数量及占比等，状态指标有助于判断高校在什么样的程度上是一所普通的学科导向的高校，在什么样的程度上是一所应用导向的高校。过程评估则是对转型过程的变化进行测量，主要是教学与科研过程以及具体的活动性支持，如教学方式、校内实训活动和校外的实习活动等。结果评估可以从学生、教师、组织等多个方面设计指标。在学生方面，除了解在校生的能力与素质的变化外，最重要的是测量毕业生在劳动力市场的竞争能力，如求职时间、起薪高低、工作满意度，以及那些难以通过短期的劳动力市场检验的能力与素质等；在教师方面，主要考察教师在应用型教学和应用型研究方面的能力与素质的变化、相应的科研成果等；在组织方面，主要考虑作为一个组织的高校的成长、影响力的变化、获取资源能力的变化等。机制评估则要关注组织各部分之间以及各种活动之间的内在联系。

三 进一步的讨论

综上所述，在地方高校转型发展的过程中，向哪里转、转什么、为什么转、如何转、如何评价转型效果是五个核心问题，我国地方高校在转型发展过程中的困惑大多与这五个问题有着紧密联系。本章试图厘清与这五个核心问题有关的误区，并认为在上述五个问题中，最核心的是人才培养模式的变革，这是判定一所高校是不是应用型的试金石；关键突破点是校企合作；决定性因素在于地方高校是否形成了稳定的、可持续的、坚强的驾驭核心；政府的支持，尤其是在良好的政行企校合作关系形成上是重要推动力；转型的最终效果既体现在毕业生的能力与素质方面，也体现在对当地经济社会发展的贡献方面。但是如何确定适合特定高校的人才培养模式，如何形成强有力的组织转型的驾驭核心，如何打造地方高校转型的校企合作平台，如何激励地方政府有更大的积极性参与到地方高校转型中去，还需要进一步探讨。

第四章　一流应用型高校特质、内涵与评估

一　应用型高校的"一流"情结

随着国家首批"双一流"建设高校名单公布，应用型高校发展方向的问题再次凸显出来，争论的核心是国家是否也应该提出建设一流应用型高校的目标，并出台相应的政策、设置相应的项目与安排相应的资金。近些年，教育部一直在推动我国高等教育的分类发展，并在2017年明确地将高校划分为研究型、职业技能型和应用型三类，研究型高校主要以培养学术研究的创新型人才为主，开展理论研究与创新，研究生培养占比较大；职业技能型高校主要从事生产管理服务一线的专科层次技能型人才培养，并开展或参与技术服务及技能应用型改革与创新；应用型高校主要从事本科及以上应用型人才培养，并从事社会发展与科技应用等方面的研究。① 应用型高校以省属地方高校为主体，绝大部分是1999年后新建的普通公办或民办高校。在较长时间内，这些地方高校以学科教育为主，服务地方的意识和能力比较弱。2015年10月，教育部等三部委明确提出引导部分地方普通本科高校向应用型转型。

入选国家"双一流"建设高校名单靠的是高校及相关学科的科研实力，尤其是在全球范围内的学术竞争力，因此入选高校主要是研究型大学。那么，应用型高校能否有自己的"一流"呢？尽管在国家层面上还没有"一流"应用型高校的建设计划或项目，但国家教育行政部门和地方政府已有"一流"应用型高校的提法或相应规划。2018年6月，时任教育部

① 《教育部关于"十三五"时期高等学校设置工作的意见》，教育部网站，2017年2月17日，http://www.moe.gov.cn/srcsite/A03/s181/201702/t20170217_296529.html。

部长陈宝生在新时代全国高等学校本科教育工作会议上提出"应用型也要加强一流本科建设",应用型高校要在"应用型人才培养上办出特色,争创一流"。①

相对于一流大学和一流学科有许多国际排行,几乎难以找到关于一流应用型高校的排行,这对界定何为世界一流应用型高校增添了难度。我国的应用型高校对应于德国的应用科学大学,在没有公认的应用型高校的排行和评价方法时,国内一些关于应用型高校的排行在相当程度上参照了学术型高校的评价标准,引起了众多混乱和质疑(应卫平,2017)。要对应用型高校进行排行,从中选出"一流",就必须准确地把握应用型高校的缘起、使命、任务和组织特征。

二 应用型高校的模式与特色

应用型高校的出现同高等教育功能的拓展有关。传统大学以保存和传授知识为主,通过教学活动培养人才是其最基本的功能,德国应用科学大学的崛起使科学研究成为大学的基本功能之一,此后美国大学将社会服务拓展为大学的第三项基本功能。美国赠地学院对社会服务有着明确承诺,著名的威斯康星思想就体现了大学服务于全州经济与社会发展的自觉意识。服务社会成为美国大学,特别是州立大学的一项重要传统,美国高校并没有应用型高校这种明确类型。美国在大学类型的划分上更多采用卡内基分类法,依据教学与科研的比重、培养博士生的多少而将大学划分为教学型、教学研究型、研究型等。

应用型高校明确作为一种类型出现,可以说是欧洲高等教育体系的突出特征。20 世纪 70 年代以来,德国、荷兰、芬兰、丹麦等国大力推动应用科学大学的发展,形成了欧洲模式。欧洲模式有一些显著特点:一是应用科学大学作为与学术研究型大学并列的高等教育部门存在,成为双轨高等教育体系的重要一轨;二是这些应用型高校教师具有丰富的实践经验,不仅要求其具有博士学位,而且还要求有 5 年以上的工作经验(不少于 3

---

① 《坚持以本为本 推进四个回归 建设中国特色、世界水平的一流本科教育——新时代全国高等学校本科教育工作会议召开》,教育部网站,2018 年 6 月 21 日,http://www.moe.gov.cn/jyb_xwfb/gzdt_gzdt/moe_1485/201806/t20180621_340586.html。

年的企业经验），有的国家甚至要求有 10 年以上的工作经历；三是生源来自职业学校的比例较高；四是无论是教学，还是科学研究，均强调应用型，而非纯粹的知识兴趣。欧洲国家的应用型高校并不属于职业教育系列，更强调科学的应用，是应用科学大学或学院。我国台湾地区的应用科技大学，其办学定位也是非常明确的，如龙华科技大学校长葛自祥在提到该大学的目标时就明确提出"两不要"和"两要"，"两不要"就是"不追求世界排名"和"不培养诺贝尔得主"，"两要"则是"要为企业培养优质实务人才"和"要为产业提供创新技术服务"。[①]

提到世界一流大学，人们常常会想到美国哈佛大学等常春藤名校，但在提到应用型高校时，除了更多地想起不同的国家和地区有不同的模式外，似乎很难有世界公认的一流应用型高校。这除了与应用型高校本身在高等教育体系的地位不像一流大学那样显赫耀目有关外，还可能与应用型高校本身的特质有直接关系。

三 应用型高校的地方性、行业型与国际化

1. 地方性

应用型高校与一流大学的目标指向不同，一流大学指向的是国际，是在国际范围内争高下。世界一流大学都是研究型高校，这些大学更倾向于关注和解决人类社会和自然界面临的重大和基本的问题，对于这些大学水平的衡量是对其解决这些重大和基本问题的贡献程度的衡量。相对来讲，科学研究成果、科学研究水平、具有影响力的拔尖科学家的数量、充足的科研经费、对全球优秀学生的吸引能力是非常重要的。应用型高校的指向则是地方性，服务于地方经济社会发展的目标，解决当地企业的技术问题，为当地培养应用型人才。这些高校要解决的通常并不是学术前沿问题，更多的是科学理论如何在现实中应用并加以改进的问题，虽然在解决问题的过程中也会产生新技术，但很难在科学层面产生新发现或者说不以追求新发现为目的。应用型高校的培养目标主要是培养解决现实问题的能力，而不是培养从事学术研究、发表学术论文的能力。当然，这并不是说

---

① 魏其濛：《新时代职业技术教育发展研讨会举办》，中青在线，2018 年 9 月 17 日，http://news. cyol. com/yuanchuang/2018 – 09/17/content_ 17589033. htm。

应用型高校不重视创新能力的培养，解决现实的问题常常还是需要创新性思维和创新性能力的。地方的多样性和异质性更突出，这就使得应用型高校的排名更复杂，需要考虑到不同的维度和指标，才能彰显其本质的特征和特色。

2. 地方性与行业型

在地方高校的转型发展中，有不少高校将自己定位于"地方性、应用型和国际化"，或者是定位于"行业型、应用型和国际化"，也有些高校定位于"城市型、应用型和国际化"。那么，地方性与行业型、城市型、国际化是什么关系呢？

其实，就应用型高校来讲，最重要的特性或者说本质属性是地方性。城市型和行业型都只是强调其服务的范围而已，城市型更强调其服务于所在城市的发展，解决其所在城市在发展中面临的问题，如北京联合大学提出建设成为"有北京味"的城市型高校。一些高校提出行业型定位主要是因为这些高校在历史上由行业主管部门创办，长期归这些行业主管部门管理，服务于行业的特色比较明显。但在高等教育管理体制改革中，原行业主管部门主办主管的行业高校大多已下放到地方，划归到教育行政部门管理，这些高校已经在很大程度上地方化了，所谓的服务某个行业主要是服务所在地的某个行业。换句话说，行业型也是有一定地理范围限定的。相对于行业型、城市型来讲，地方性的特点对于应用型高校具有更强的约束力，在很大程度上影响着应用型高校的服务范围与服务目标，甚至规定着应用型高校的发展潜力和发展方向。

3. 地方性与国际化

地方性是应用型高校最重要的特性。因为应用型高校与一流大学的面向不同，一流大学要面向国际，在国际范围内进行比较和排名；应用型高校要面向地方，主要服务于地方，但这并不意味着应用型高校可以不关注、不参与国际化。只是相对于研究型大学，应用型高校国际化的侧重点是不同的。应用型高校参与国际化重在师生的国际交流、重在学习国际先进的教学理念和人才培养模式、参与专业的认证或者国际的应用型科研合作等，国际交流的圈子主要是应用型或应用导向比较突出的高校，而非以学术研究为取向的高校。目前，国内一些应用型高校在强调国际化时，并没有强调应用型导向，只是为国际化而国际化，或者仅仅是让学生多一点留学经历，这就与普通高校没有什么区别。在这样的情况下，简单地强调国际化就会把应用型做"空"了。

四　应用型高校中的"一流"

一流是比出来的，没有比较就没有一流。尽管地方性会导致应用型高校呈现复杂的多样性和异质性，但并不是说在应用型高校之间就不可比较。只不过这个可比性在很大程度上受限于地域，超出一定的地域，其可比性就弱了。因为地域不同，各地产业不同，需求不一样，高校所能发挥的作用有很大的差别。前面提到，地方性是应用型高校最重要的特性，这个特性决定了应用型高校的服务范围和努力方向。如果应用型高校办得比较好，就必须扎根于地方，与当地经济社会的发展融为一体，成为当地经济社会发展有力的推进器。相应地，这就要求应用型高校必须具有鲜明的地方性特征，深深地打上地方性的烙印。

那么，如何判别应用型高校是否真的扎根地方，对地方的经济社会发展有重要影响呢？德国的拉思勒和齐格尔（Roessler & Ziegele，2017）强调大学排名应该采取多个维度，便于突出不同类型大学的特色。对于应用科学大学，他们特别强调与应用导向相关的两个领域：地方事务的参与和知识转移。拉思勒和齐格尔提出衡量应用科学大学地方事务参与度的六个指标，分别是：在本地（50公里邻近地区内）工作的本科毕业生占比；在本地工作的硕士毕业生占比；在本地完成实习的学生占比；高校教师与本地的一位作者共同发表著作占比；地方提供的资助在高校获得的第三方资助中的占比；与地方合作伙伴建立的战略型合作伙伴关系占比。他们还提出测量应用科学大学知识转移维度的九个指标：与企业员工共同完成并发表的学术著作占比；每一位学者拥有的来自非官方赞助者提供的第三方资助数量；取得专利的绝对数量（十年间）；十年间每千名学生取得的专利数量；与校外合作伙伴共同取得的专利占比（十年间）；每一位学者（全职工作的学者）拥有的衍生公司的数量；至少在一项国际专利里被引用的高校出版物的占比；高校基于培训活动取得的收入在学校总收入中的占比；毕业生创建企业的数量（每千名毕业生）。其实，应用型导向并不仅仅体现在这两个领域，还体现在教与学领域、科研领域、国际化领域。在这些领域，应用型高校都体现出与学术研究型高校不一样的特点。可以说，这五个方面是一个完整的有机的整体，共同构成了应用型高校的应用特色。

国家引导地方高校向应用型转型的主要目的是使这些高校能更好地为地方服务。与"一流"相关的评估和评价在国内高校建设和发展中是非常有效的动员和激励工具，一流的应用型高校应该能够在这种类型的主导功能发挥上起到表率和示范性作用，特别是体现在人才培养的理念和培养模式、应用型科研和服务于当地社会经济发展的努力上，也体现在校企合作与产教融合方面。在设定"一流"应用型高校的相关评估指标时，特别要注意突出这类高校应有的导向、使命和特征，有效地避免应用型高校的建设"名不副实""换汤不换药"的现象出现。

第五章 应用型本科、职教本科与高教体系

一 争议及其演变

2019 年以来，随着稳步发展本科层次的职业教育（"职教本科"）成为我国职教发展的一项重要政策，有关职教本科与应用型本科（教育）之间的关系成为实践界和学术界争论的一个热点。实际上，有关争议由来已久。相关争议是随着高等教育大扩招产生的，并随着高职教育的大发展而不断变化。大体而言，可以将相关的争议以 1999 年高等教育大扩招、2014 年国务院提出引导部分普通本科高校向应用型转型和建立现代职业教育体系、2019 年《国家职业教育改革实施方案》（又称"职教 20 条"）的发布与首批职业大学的设立为标志分为三个阶段。

在高等教育大扩招阶段，高职院校审批权下放到省级政府，激发了省级政府办学的积极性，高职教育蓬勃发展，一些学者开始探讨职教本科问题（朱利平，1999），一些省份的公办本科高校尝试开展本科层次的职业教育，如云南省昆明理工大学等（侯长林，2020），甚至清华大学在 2000 年到 2006 年还成立应用技术学院，尝试以第二学位方式培养职业本科人才（耿雪玉等，2020）。一批高职院校不安心于大专层次教育的定位，积极"升本"。为抑制高职院校的升格冲动，教育部在 2004 年、国务院在 2005 年先后明确专科层次高职院校不升格为本科院校（孙长远、齐珍，2014）。同时，为提升高职院校办学质量，教育部等三部委在 2006～2012 年启动了高职示范校和高职骨干校建设，要求项目校承诺建设期内不追求升格为本科高校。

2010 年后，在教育部时任副部长鲁昕推动下，关于构建现代职业教育体系的话题不断增多，职教本科成为重点探讨内容，部分办学质量较高的

高职院校与省内本科高校联合开展本科层次人才培养，实行"3 + 2"分段培养（孙慧娟，2017）或者是"2 + 2"（檀祝平、杨劲松，2014）、"4 + 0"①的四年一贯制高职本科培养，占本科高校招生名额，最终由本科高校授予学位，通过这种方式尝试构建职教发展的立交桥，解决"断头路"的问题。2014 年，国务院出台《关于加快发展现代职业教育的决定》，明确提出引导一批普通本科高等学校向应用技术类高等学校转型，重点举办本科职业教育。该决定在新建本科高校中引发了很大争议，一些高校领导人认为这会导致本科高校"降格"："向后退""向下掉"。2015 年，教育部等三部委联合发布的《指导意见》更多强调的是应用型，对职业教育并未给予特别强调。尽管有少数高校领导认为地方高校的转型就是向职业教育转变（刘晶晶、和震，2019），但除个别独立学院开展职业本科教育探索（于淞波等，2017）外，绝大部分的新建本科高校更愿意接受应用型定位，而非将自身定位于职业教育（侯长林，2020）。

2019 年 2 月，国务院发布《国家职业教育改革实施方案》，一方面鼓励大批普通本科高校向应用型转变，另一方面明确提出开展本科层次职业教育试点，并将应用型高校、职业本科高校以及普通本科高校中的应用技术类专业培养的人才都作为高层次应用型人才。此后，教育部在 2019 年、2020 年、2021 年先后批准 30 多所高职院校升格为职业大学。职业本科教育与应用型本科教育之间的关系再次成为热点，相关讨论进入新阶段。有的学者在 2019 年 4 月全国教育科学规划办、中国教育科学研究院组织的全国教育科研工作会议上提出，新建本科高校向应用型转变后，应进一步向职教本科转变；有的学者认为在发展职业本科教育时，应该把新建本科高校转变为职教本科高校作为重要途径；有的学者认为国家之所以推动职教本科试点，是因为新建本科高校或地方普通本科高校转变得不彻底，甚至认为转型是失败的，因此要从高职院校中升格出一批职教本科高校；还有的学者认为，高职院校升格为职教本科高校，就可以与专业学位硕士研究生教育、专业学位博士研究生教育相衔接，进而实现把职业教育体系作为一个完全平行于普通高等教育体系的独立体系的设想。

从过去 20 年的发展来看，围绕职教本科的一些基本问题没有厘清，既

---

① 《高职本科模式十年探索，"C 位出道"亦或沦为"炮灰"？（附院校名单）》，搜狐网，2018 年 12 月 21 日，https://www.sohu.com/a/283655205_214420。

影响到了职业教育本科的发展，也对地方高校的转型和应用型高校的建设造成了困扰，不利于我国高等教育体系的分类发展。基于这样的情况，本章尝试对相关争论进行梳理，并对争议的关键点进行分析。

二　职教本科的定位争议

1. 有关职教本科必要性的争论

长期以来围绕要不要发展职教本科有着不少争论。概括起来，赞成者的主要依据有以下四点。一是国际经验。一些论者认为国际上，特别是德国等发达国家的应用科学大学、双元制大学等本科及以上职业教育是经济发展的"秘密武器"，我国也应该发展本科及以上职业教育。二是从职业教育体系建构出发，认为既然职业教育与普通教育是具有同等地位的不同类型教育，职业教育也应该像普通高等教育一样建立起专科、本科、硕士和博士各层次的教育体系，如重庆机电职业技术大学的彭光斌（2020）认为，高等职业教育从学历层次来看，分为专科职业教育、本科职业教育和研究生职业教育（对应于专业硕士、专业博士）；山东外事职业大学耿雪玉等（2020）提出，职业本科教育除培养生产一线的技术技能型人才以外，还担负着面向专业硕士、专业博士的输送任务。三是认为产业发展对技术技能型人才提出更高的学历要求。四是认为尽管国家鼓励地方普通本科高校开展职业本科教育，但这些地方普通本科高校并不愿意接受职业教育的定位，因此认为地方高校的转型已失败，一些职业教育界人士抱着"你不上，我上！"的心态，积极主张发展本科职业教育。

针对以上四方面的理由，也有反对声音。有学者指出，国际上发达国家并没有本科层次的职业教育，一些论者所谓的本科层次职业教育是因对国外高等教育不了解而产生的误解，如不少论者将德国的应用科学大学，或者将以校企合作教育为特征的双元制大学作为职业教育来看待，强调要借鉴这些发达国家的做法建设我国的本科职业教育（彭宇玲、左文涛，2020）。对德国职业教育有较深入了解的国内学者姜大源（2013）明确指出，应用科学大学和双元制大学"这两种高等学校并不是职业教育体系内的学校，其培养目标均为'工程师'，依据联合国教科文组织1997年国际教育分类，属于普通高等教育（A类）而不属于高等职业教育（B类）范畴，不是中国意义上的高等职业教育"。认为国际发达国家存在本科及以上职业教育的论者，也有可能是把发达国家的国家学历框架与职业资格框架的互通性误解为一些国家开展了职业教育的本科及研究生教育。至于第二种理由，反对意见认为尽管职业教育是类型教育，但并不代表这种类型教育一定要有与普通高校同样的教育层次体系，特别是研究生教育是需要以较系统、扎实的学科知识为基础的，在学科理论指导下开展研究，且教育层次越高，对学科理论掌握程度的要求越高，如工程专业博士所要求的理论水平要高于学术性的工科类硕士。即便是研究生层次，国外发达国家有相当多的硕士学位是终结性学位，并不一定发展到博士层次。国内从实践中产生的技能大师，特别是非遗大师并不是靠高校教育培养出来的，未必需要很高的学术水平。对于以产业发展来论证职业本科教育合理性的，反对意见认为企业更需要的是高素质技术技能型人才，而高素质技术技能型人才的培养未必一定要在本科层次上，且本科层次技术人才的培养任务已由应用技术类高校承担。至于新技术和新产业的出现要求从业者具有更高素质，更多是需要通过深化教育内涵，而非追求学历层次来解决。

第四个理由涉及应用型本科教育与职业教育的关系。无论是政府官员、学术界还是实践界都普遍遭受因概念内涵界定不清而产生的困扰。这一问题也同前两个理由联系在一起，因此有必要首先厘清应用型本科教育和职业教育之间的关系。

2. 应用型本科教育是不是职业教育的争论

应用型本科教育是不是职业教育是相关争论的核心点之一。在 2014 年国务院发布《关于加快发展现代职业教育的决定》后，有相当多的期刊论文和新闻报道称多数本科高等学校将转型从事职业教育，如贺蓉蓉（2014）认为"新建本科高校在办学定位上，应从普通高等教育向职业高等教育转变；在培养目标上，应从培养学科应用型人才向培养高素质、高技能型人才转变"。但是也有反对意见，如金陵科技学院合作与发展规划处的黄洋就明确提出"本科院校进职业教育体系，不是世界经验，而是中国创造"，他在世界职教院校联盟（WFCP）2014 年世界大会和第七届中德应用型高等教育研究与发展研讨会上看到，来自加拿大、美国、英国、德国等国家职业教育领域的多位知名专家对我国将应用技术类型高等学校纳入现代职业教育体系的决策表示惊讶、质疑；来自有着较完整技职教育系统的我国台湾地区的学者普遍反映台湾的科技大学与普通大学越来越趋同，两个体系内的许多学校办学定位与发展战略已经在学习和模仿对方（黄洋，2015）。

2019 年"职教 20 条"公布后，也有一些学者呼吁应用型高校应转型为职业院校，新一届中国职业技术教育学会也将一些应用型高校纳为理事单位，一些应用型高校的校领导甚至还担任了中国职业技术教育学会的副会长；曾任广东省教育厅高教处处长的郑文（2020）则发现有些专家强调"职业教育"这个词语无法表述应用科技类大学的真实意义，呼吁中国各界在本科高校层面放弃"职业教育"的提法，改用"专业"或者"应用"的提法。

从实践上看，2014～2019 年，地方高校向应用型转型取得明显效果。据教育部发展规划司统计，截至 2019 年初，参与转型试点的地方高校达到 300 所，[①] 没有进入转型试点但事实上接受了应用型定位并按照三部委的《指导意见》进行改革的高校数量更多。某种意义上，应用型高校已成为我国高等教育的一个重要类型，应用型高校形成了有特定教育内涵的人才培养模式，虽然强调产教融合与校企合作，但很明显与高职教育代表的职教模式有着很大不同，许多转型的本科高校也更多地将自己认同为应用型教育而非职业教育，因此在这个时期，将应用型本科教育称为职业本科教育的声音并不突出。也可能是因为这个原因，一些媒体认为地方高校在转型为职业本科高校方面"犹犹豫豫"，与 2014 年国家提出将这些高校引导为职业本科教育的"轰动效应相比，目前各地本科院校的转型步伐并没有预期中的大"（李玉兰、练玉春，2017）。但媒体可能误解了地方高校实际的转型目标，把向应用型转型和向职业教育转型混在一起了。"职教 20条"再次强调引导一大批普通本科高校向应用型转型发展，同时把开展职业本科试点、发展产教融合专业学位研究生教育作为高层次应用型人才培养的重要措施。但"职教 20 条"并没有对应用型教育与职业教育进行清楚界定，围绕应用型本科是否为职业本科、职业本科是否属于应用型本科的争论再次活跃起来。

从整体上看，尽管有关职业教育发展的一些政府文件将应用型本科教育列在职业教育框架内，但并没有在事实上得到其他相关部委或司局的热切响应，也并没有得到具体政策的有力配合，在实践上也并没有得到大多数应用型高校的认可。因此，勉强将应用型本科教育划归到职业教育范

---

① 教育部发展规划司：《支持应用型高校发展有关工作情况》，教育部网站，2019 年 2 月 19日，http://www.moe.gov.cn/fbh/live/2019/50294/sfcl/201902/t20190219_370019.html。

围，并不会取得实质性的效果。应用型高校借鉴的对象主要是德国应用科学大学，如前所述，无论是德国专家，还是国内研究德国职教的专家都承认，德国的应用科学大学并不是职业教育。这样，自然就不能用职业教育的标准来衡量地方普通本科高校转型的成功与否。德国应用科学大学之所以不是职业教育，关键在于其教育的逻辑起点是在学科，而非职业，强调的是对学科/科学理论知识的应用；而职业教育的逻辑起点是职业的相关知识、能力与技术，这也是国内许多论者简单地将德国应用科学大学可以从事本科、硕士教育，甚至个别学校可以从事博士教育作为国内职业教育也可以开展本科、硕士和博士教育重要证据的谬误所在。

值得注意的是，国内有关职业教育的研究也常常将职业教育与专业教育混在一起，认为专业教育就是职业教育，专业教育有硕士教育和博士教育的层次，因此职业教育就应该有硕士教育和博士教育层次（曾令奇，2015）。依靠中文词语的模糊性而有意或无意地偷换概念，只是种障眼法。在英文中，职业教育与专业教育有着不同的专门词语，分别对应的是"Vocational education"和"Professional education"。专业教育通常需要高深的学科理论知识作为基础，主要提供研究生教育，即便是临床医学教育，也需要本科阶段较长时间的预科学习，美国医学院临床医学招生起点就是本科毕业生，这类教育不能因为其培养的人才能够对应于社会上明确的职业，而将其称为职业教育。如果因有明确的社会职业，大学有针对有志于从事这些职业的人员的教育，就把这些教育称为职业教育，就会出现因为科学家是职业，而把学术研究人才的培养也称为职业教育的荒谬。这样被泛化的职业教育概念，丧失了教育类型区分的实质意义，也丧失了指导高校进行人才培养的价值。况且，如果把职业教育作为专业教育，国内已有不少高水平的大学多年就在大规模地提供高水平的临床医生、律师、会计、工程师等专业人才的教育，因此就没有必要发展本科乃至研究生层次的职业教育了。国内高校的一些管理者，甚至是"985"高校的校长也并不完全了解专业教育与职业教育的区别，在发表的文章或在演讲中，存在将法学院、商学院的教育称为职业教育的现象，更加剧了这样的混乱；一些教育部官员认为老牌大学，包括"985"高校也可以转为职业教育（葛倩，2014）；一些媒体也认为"985"高校，甚至麻省理工学院也是开展职业教育的（储召生，2015）。这些看法只看到了职业教育与专业教育在人才培养形式上的相似性，而没有看到两者在培养过程和教育内涵上的实质性差别，或者是对中文的词语没有加以严格的界定而导致的。

尽管律师、医生、会计、企业经理、工程师等是社会职业，法学院、医学院、商学院和工学院提供的教育具有较强的职业导向，强调对从事相关职业的特定能力和素质的要求，但并不能因此就认定这些专业学院提供的就是职业教育。应用型高校的一些专业可以有一定的职业导向，但并不是所有的专业都有很明确的职业与之相对应，有许多专业只是对应于某些领域，在这些领域中并没有界定清楚、明显分化出来的职业，更强调的是对于学科知识的应用。

3. 职教本科统一于应用型本科教育的争论

与把应用型教育、专业教育统一在职业教育框架体系内相反，有些观点主张将本科层次的职业教育统一于应用型本科教育的范畴内。"职教20条"把本科层次职业教育的人才培养定位于高层次的应用型人才，许多高职院校也认同培养的人才就是应用型人才。曾任广东省教育厅高教处处长的郑文（2020）论述了普通本科教育、应用型本科教育以及职业本科教育之间的关系，他认为应用型本科教育包括专业教育，也包括职业教育，本科阶段的职业教育可以以应用型本科教育代之。郑文（2020）认为，鉴于学术型高等教育和应用型高等教育的划分已获国际公认，以应用型本科教育为统领，可以从根本上消除对本科职业教育试点的困惑，减少认识混乱；特别是，将职业教育纳入应用型高等教育，有利于提高职业教育的地位，引导高校领导、教师和社会支持、参与职业教育建设和发展；新建的所谓本科层次职业技术学院、职业大学，势必在高等教育系统中处于弱势地位，难以提高声誉，得到社会认可，且这类高校虽办学模式与应用型高校一样，但可能由于管理体制影响职业技术学院发展，不利于提升高层次职业教育的质量。

4. 职教本科定位于技术教育的争论

在当前关于本科层次职业教育的争论中，还有一种较突出的观点，即将本科层次职业教育定位于技术教育。夏建国（2007）认为技术本科教育以培养高科技部门、技术密集产业中的技术师为主，这种技术师主要以掌握理论技术为主，需要具备较丰富的数理知识，具备能运用各种现代工具解决生产现场发生的各种复杂的实际技术问题的能力，并提出应将技术本科教育作为应用型高校的任务。河北工业职业技术学院的梁艳清等（2010）认为发达国家的高等技术教育（即我国所称的"高等职业教育"）虽以专科层次的较短学制为主，但也有不少本科层次的较长学制，甚至还有硕士、博士层次的技术教育。"职教 20 条"公布后，严世良等（2019a）从建立职业教育体系的角度考察了日本的技术科学大学，认为 20 世纪 70 年代日本在全国设立的两所主要招收高等专门技术学校生源的技术科学大学，尽管每所学校每年招生规模不大，只招几百名学生，但实行的是本硕贯通培养方式，从而使日本建立了一个"中—高—本—硕"的职业教育衔接体系，这两所学校在 80 年代开展博士教育，相应地将日本的职业教育提升至博士阶段。进而，严世良等（2019b）认为借鉴日本经验，我国本科层次职业教育应将办学重点从"技术应用"转移至"技术研发"。

在我国的高等教育体系中，有不少老牌大学校名中就带有"技术"或"科技"等字样，如中国科学技术大学、国防科技大学、电子科技大学、华中科技大学、北京科技大学等。我国的研究生学科专业目录中同样有不少带有"技术"字样的专业，如电子科学与技术、计算机科学与技术、仪器科学与技术、测绘科学与技术、核科学与技术、化学工程与技术等。也就是说，在目前我国的高等教育体系中，有大批高校在研究技术，在进行技术教育。那么，职业教育要进行的技术教育与这些老牌大学有什么样的区别呢？

徐国庆等（2020）对技术应用本科教育和技术职业本科教育进行了区分，认为技术应用本科教育通常是指具有应用属性的学术教育或工程教育，是学术教育或工程教育内部分化的结果，这种教育的本质往往还是理论性的，其人才培养的逻辑起点是理论知识，只是在人才培养模式上更突出应用性、实践性，强调理论在实践中的应用；而技术职业本科教育，是职业教育延伸到本科层次的结果，是完全按照职业教育人才培养模式举办的本科教育，这种教育的本质是实践性的，是深深扎根于职业实践进行人才培养的教育，其人才培养的逻辑起点是工作实践的职业能力要求。徐国庆等（2020）认为职业本科教育应以技术型人才培养为主，"联合国教科文组织对职业教育的全称是 TVET（技术和职业教育与培训），即学校教育序列要实施技术教育和职业教育两种类型的教育，技术教育培养的是技术型人才，职业教育培养的是技能型人才"，可见，职业本科教育首先必须包含本科层次的技术教育，国外不论什么办学水平的大学，只要明确颁发技术教育文凭，就要被认证为举办职业教育的机构。美国的一批高水平大学，如普渡大学既开办电气工程学院，也开办技术学院，技术学院开设的专业是电气工程技术，实施的就是职业本科教育。徐国庆等（2020）还认为德国的本科高校可依据其是否采用了双元制人才培养模式来判断某类高等教育是否属于职业本科教育。

徐国庆等（2020）尽管将普渡大学的技术学院作为职业教育的学院来看待，但并未对该学院的课程设置进行详细探讨，实际上对学校或学院类型的划分最终还是要落实到课程上。上海电机学院在应用型高校建设中对标的就是普渡大学的技术学院，该校教师何倩、叶芳（2015）比较了普渡大学电气工程学院和技术学院的课程设置，认为电气工程专业更重视学生工程设计和工程实践能力的培养，培养的是"精而深"的电气工程设计与研发型人才，而电气工程技术专业则强调培养学生实现设计方案的能力和技术管理能力，培养以应用为导向的"宽而多能"的技术人才；电气工程专业的专业课侧重用工程原理的理论来分析和设计元件、系统或程序，电气工程技术的专业课则侧重工程原理的应用和实践操作。与电气工程专业的专业课相比，电气工程技术专业更强调理论讲授与实验操作相结合，几乎所有专业必修课都为学生提供了实验机会，理论课与实验课的课时比约为 1:2，实验课多以小班教学（一般少于 20 人）为主，学生可以根据教师布置的课题项目以个人或团队合作的形式来动手操作，帮助学生将实际动手操作经验与相应的电气电子基本理论有效结合，提高学生的应用能力。与之相比，电气工程专业的大部分专业必修课都以理论课为主，12 门专业必修课中 7 门都为理论课，主要是通过课堂讲授的方式来完成。从何倩、叶芳对普渡大学两个学院课程设置与人才培养方式的比较看，技术学院更多是偏重技术应用的本科教育，而非职业本科教育。李博（2017）虽然也将日本的长冈技术科学大学作为职业教育院校，但从其提供的该大学第三、四年的课程看，很难将该校提供的教育直接判断为职业教育，这些课程与应用型本科教育的课程并没有太大区别。

在职业划分中将工程师与技术师区分开来，或者将工程研发人员与工程技术人员区分开来，在人才培养中将工程教育与技术教育区分开来是有意义的。但在实践上，是否能够明确地区分出本科层次的应用技术教育和职业技术教育是值得质疑的。应用技术类高校实际上一直被认为是应用型高校的一个重要的亚类型，最初地方高校向应用型转型主要指的就是转变为应用技术类高校（后考虑到文科及社科类专业的应用性，才用"应用型"这样的统称），开展技术教育，着重培养技术的使用、改良，以及具备一定的技术转化和研发能力的人才。如果将技术教育延伸至研究生层次，甚至是博士层次，将高层次职业教育的人才培养定位于技术研发型人才的培养，这样做是否有必要，同样是值得怀疑的。正如前所述，我国拥有硕士、博士学位点的老牌大学，特别是作为重点大学的行业特色高校在传统上是重视行业技术研发与技术教育的。如果说重视技术研发和技术应用的就是职业教育，那么同专业学院的专业教育一样，其实也就没有以职业教育名义举办本科教育，甚至研究生层次教育的必要了。这也是令一些职教界人士羡慕不已的所谓"职业本科教育体系"最终会出现与普通高校的本科教育、研究生教育趋同的原因，如中国台湾地区专科以上的技职教育因盲目追求提升学历，其发展最终陷入困境，与普通高校工科教育趋同，丧失了原引以为豪的"五专"（五年制专科）的优势。

5. 高等教育的院校分类与体系之争

应用型教育、职业教育与普通高校的争议还涉及我国高校的分类发展与高等教育体系的划分问题。鉴于传统上我国高校千校一面、高度雷同，不能满足社会经济和产业发展多层次和多元化的需求，最近 10 多年来，中央教育行政部门大力推动高校分类发展。教育部在 2017 年印发的《"十三五"时期高等学校设置工作的意见》明确提出将我国高校分为三种类型，即研究型、应用型和职业技能型，国内不少省份在此基础上对省内高校进行分类引导和分类评价，如吉林省将本科高校分为研究型、应用研究型和应用型三类；上海市将包括高职院校在内的高校分为学术研究型、应用研究型、应用技术型和应用技能型四类；[①] 重庆市将大专及以上高校划分为综合研究型、应用研究型、应用技术型和技能技艺型四类（李星婷，2017）。如果按照上海市的划分办法，把高职院校划分为应用技能型，这样在高等教育体系上就构建了研究型（即学术研究型）与应用型两个轨道，这与德国的体系是一致的。只不过，我国的应用型高等教育包含三个层次：应用技能型、应用技术型和应用研究型。应用型高校人才培养和科研的基本特点就是"产教融合、校企合作"，大专层次的高职院校和本科层次的职业院校也都承认以应用型人才培养为目标，因此都可以归在应用型高等教育的系列中。

---

① 上海市教育委员会：《上海市探索开展高校分类评价工作》，教育部网站，2019 年 3 月 5 日，http://www.moe.gov.cn/jyb_xwfb/s6192/s222/moe_1740/201903/t20190305_372206.html。

按照教育部、国家发展改革委与财政部在 2020 年发布的《关于加快新时代研究生教育改革发展的意见》，高水平的应用型高校将是专业研究生培养的重要主体。也就是说，目前，本科及以上的应用型高等教育是可以构成教育层次和院校层次的：教育层次由应用型本科教育、专业学位硕士研究生教育和专业学位博士研究生教育构成；院校层次由应用型和应用研究型构成。如果职业本科教育向上的发展不是与应用型高校并轨，而是单独再设立硕士和博士教育层次，就可能造成高等教育体系的庞杂与混乱。这种混乱还体现为如果将技术教育作为职业本科教育，也会与应用型高校的发展空间直接冲突。因为相当一批应用型高校就是以应用技术人才的培养为目标的。国内近些年还出现了一批明确称为技术大学的高校，如上海应用技术大学、深圳技术大学、上海工程技术大学等，这些高校都强调自身是应用型高校，而非职业本科院校。因此，总的来看，把职业本科教育/院校看作应用型高等教育/院校的特殊亚类型，把本科及以上的高等教育体系划分为学术研究型和应用型两个轨道，相对于划分为三个轨道更有利于减少混乱，更加合理可行。当然，院校的分类和体系的划分根本上是同教育内涵上的实质差异联系在一起的，院校定位和体系划分的争论也同教育内涵上的争论有着密切关系。

三　职教本科的教育内涵争论

围绕本科层次职业教育的定位或名分产生的争论，与对职教本科内涵的认识有很大关系。这里所谓的教育内涵主要是指本科层次职业教育所预设的毕业生应具备的能力素质，以及培养这些能力素质的方式，即培养目标与培养方式。教育部在本科层次职业大学成立的批复函中，明确要求"保持职业教育属性和特色"，"坚持培养高层次技术技能型人才的定位"，职教司现任领导也在不断强调本科层次职业教育要"建立具有职业教育类型特色的标准和制度"，"培养更多高端技术技能人才"（谢俐，2020）。"职教 20 条"虽然开宗明义地指出职业教育是类型教育，但对这种类型的内涵并没有清楚说明，而且还把应用型本科和职教本科混在一起。因此，对职教本科内涵的理解就出现了各取所需、众说纷纭的现象。但总的来说，尽管有不少专家和学者承认，本科职业高校培养的是"高层次技术技能型人才"（侯长林，2020），技能人才和技术人才都是本科职业高校培养的对象，但对本科职业高校究竟是应该偏重于技能，还是应该偏重于技术，有着不同的理解。有的论者强调岗位能力，强调岗位技能的培养，特别是复杂的高端技能的培养；有的论者则强调技术能力培养，特别是理论技术的培养；还有的则采用比较宽泛的应用人才培养标准。

1. 职教本科的教育内涵：岗位技能

檀祝平、杨劲松（2014）将本科层次职业教育定位于高端技能型专门人才的培养，认为"中职阶段培养技能型应用人才，高职专科阶段培养高素质技能型专门人才，高职本科阶段应培养高端技能型专门人才"，主要依据是教育部在 2006 年和 2011 年发布的两个文件。教育部 2006 年发布的《关于全面提高高等职业教育教学质量的若干意见》（教高〔2006〕16 号）提出高等职业教育"肩负着培养面向生产、建设、服务和管理第一线需要的高技能人才的使命"，2011 年发布的《关于推进高等职业教育改革创新引领职业教育科学发展的若干意见》（教职成〔2011〕12 号）提出高等职业教育要"培养数量充足、结构合理的高端技能型专门人才"。河北科技学院杨佩月、周政阳（2020）认为职业本科教育在产教融合模式下应更注重岗位的专业操作技能，即培养专业技能和其他操作技能。海南科技职业大学的杨秀英等（2020）认为职业本科课程设置应坚持"理实一体，知行合一"的理念，设置满足职业岗位需要的课程，围绕产业转轨升级、产业链整合、工艺流程改造、优化管理、技术创新等新需求，以"培养学生具备可以解决高难度操作问题的能力，可以参与或完成技术革新和工艺流程改造的能力，有较强适应能力"；实训课程设置以满足行业企业技术技能要求为原则，减少验证性的实验课程，增加技术类、技能类和创新创业类课程，增加职业能力专项培训课程，增加实践实训课程的教学时数。韩长日、杨秀英（2020）认为职业本科人才的培养定位"首先是可以解决高难度操作问题，同时能够完成技术革新和工艺流程改造，还必须具有很强的适应性，可以适应日益变化的岗位流动"。徐国庆等（2020）认为，"高水平技能型人才的知识能力结构中也是包含大量理论知识的，智能化趋势对技能型人才的理论知识要求更高"，因此，职教本科应"涵盖部分高技术产业对理论知识要求高的技能型人才的培养"。

2. 职教本科的教育内涵：技术教育

与强调技能型人才培养相比，徐国庆等（2020）更强调职业本科教育应以技术型人才培养为主。重庆机电职业技术大学的彭光斌（2020）认为职业本科教育是一种以职业主义为导向、以技术应用为核心的本科阶段高等教育，职业本科教育的学生应具备基于高深理论的专业技术；强调学科教育，注重实践技能与思维方式的培养，并突出技术的先进性与解决实际问题的能力；同时，职业本科专业以职业能力标准为指引制订人才培养方案，首先应分析、拆解企业实际工作岗位能力，根据本地或本区域内企业发展的实际情况，找出能力与知识/技术的对应关系，据此对课程内容进行归类、整合，并形成课程标准，最后按照课程标准选用、编写或修订教材。海南科技职业大学的黎冬楼（2019）认为，航海职业本科教育的培养目标是"技术工程师"而不是"产业技术工人"，是具有检测维修能力的"技术应用师"而非"技术操作者"，因此在实践课程设计方面要偏重于"发现问题和解决问题"的能力，而不是简单的"操作"能力，核心的问题是要进行综合实验和创新实验，进行设计型和研究型试验项目的建设。

3. 职教本科的教育内涵泛化

在国家大力发展职业教育的热潮中，存在将职业教育泛化的声音，这种泛化不是强调职业教育的独特性，而是片面地强调构建职业教育的独立体系，认为职业教育要与普通教育一样，建立起从基础教育到本专科教育再到研究生教育的各教育层次；在院校设置上与应用型教育区分不大，在专业设置和人才培养模式上也与应用型教育趋同。这种主张有悖于本科层次职业教育试点的初衷，同职教司有关领导强调的通过职教本科试点建立具有职业教育类型特色的标准和制度是不一致的。职业本科教育内涵泛化会使职业本科教育与应用型本科教育混为一体，可能使职业本科教育成为一大批高职院校晋升为本科高校的冠冕堂皇的理由。如一些职业大学设立的计算机应用工程专业，相关介绍是培养学生能够用计算机技术和软件去解决现实生活中的工程问题的专业，计算机应用工程专业的学生毕业后能系统、扎实地掌握计算机科学与技术专业理论知识，包括计算机硬件技术、软件编程及系统应用设计的专业理论和实践技能（罗国强等，2020），这样的目标定位实际上与应用型高校并无二致。

四　职教本科的办学主体之争

围绕职教本科教育的争论，也涉及哪些类型的高校作为办学主体的问题。国内有些一流高校、省属重点大学在过去20年里参与了本科层次职业教育，如清华大学、昆明理工大学等。2010 年后，一批高职院校与普通本科高校以各种形式合作开展本科教育。2014 年，国务院发布《关于加快发展现代职业教育的决定》，明确提出建立"现代职业教育体系"的目标，希望地方新建本科高校转型，重点举办本科层次职业教育。2019 年"职教20 条"提出开展本科层次职业教育试点，教育部同年批准了 15 所高职院校升格为本科层次的职业大学。那么，究竟哪类院校才是本科层次职业教育的主要办学主体呢？相关主张主要有以下三种。

1. 以新建本科高校或应用型高校为主体

一种观点认为，新建应用型高校是举办职教本科的理想主体。如江苏理工大学朱利平早在 1999 年就提出新建应用型高校是发展职业本科教育最直接的一种方式（朱利平，1999）；2014 年，国务院发布的《关于加快发展现代职业教育的决定》鼓励一批普通本科高校转型为应用技术类高校，重点举办本科职业教育，把希望寄托在地方新建的普通本科高校上。贺蓉蓉（2014）认为新建本科高校在办学定位上，应从普通高等教育向职业高等教育转变。2019 年，"职教 20 条"发布后，一些学者甚至提出应用型高校要向职教本科高校转变。但铜仁学院校长侯长林（2020）认为，"大多数新建本科高校过去几年选择了应用转型，到目前为止还没有发现一所新建本科高校公开宣布或定位为职业本科"。

2. 以高职院校升格为主

侯长林（2020）认为要引导新建本科高校"转型到职业本科的轨道上来，难度很大"，"而高职院校升格或试办职业本科的积极性则很高，因此本科层次职业学校群体的来源应以高职院校升格为主，这是完成本科层次职业教育体系构建任务的理性选择"。高职院校对升格为本科高校的确存在很强的冲动，在过去的 10 多年，教育部规定高职院校原则上不升格，即便如此，高职院校也在通过各种方式进行升本探索，或者以内紧外松方式准备着升本。如果一旦放开高职院校升本的"紧箍咒"，高职院校长期被压抑的冲动将会爆发，高职院校升格热潮会很容易掀起。热潮过后，我国高等教育体系和职业教育体系以及职业教育与产业的关系可能会发生很大改变。一方面是产生一批职业本科高校，丰富我国高等教育类型，建立直通道，解决"断头路"，促进职教体系建设，另一方面大规模地发展职业本科高校却可能带来重大且深远的负面效果。

第一，一批培养高素质技术技能型人才的优质专科高职院校升格到本科高校，专科层次的职业教育就会被掏空，产教融合、校企合作培养人才的实践可能会被淡化，高素质技术技能型人才的培养目标将会落空。当前，中职教育之所以表现出很强的升学化，全国中职升学率已达到70%，东部发达地区一些县市甚至在90%以上，其中一个重要原因在于高职教育蓬勃发展，高等教育普及化成为现实，客观上强有力地拉动了升学需求。大专层次的职业教育部分，在原有招生范围内，不少高职院校已面临生源压力，这与新建本科高校的发展规模是有关的。目前我国新建本科高校有六七百所，如果再大规模地发展职业本科高校，数量达到上百所甚至数百所，将可能对大专层次职业教育产生强大的"虹吸效应"，专科层次的职业教育在事实上也将会变成新形式的升学教育。从近些年的情况来看，我国新建本科高校的初次就业率与高职院校和老牌本科高校相比，是最低的，这固然有人才培养模式与转型不彻底的原因，但同我国产业发展的阶段对本科生的需求有很大关系。我国高职院校从2019年起连续三年都以100万名的规模扩招，恰恰说明现阶段仍需要大力发展高职教育，优质的高职院校应该起到更好的示范作用。

第二，大规模发展职业本科高校还存在与我国已有的庞大规模的应用型高校的发展空间相重叠的问题。如前所述，我国应用型高校中有许多在从事应用技术类本科教育，以科学（学科）为基础，以应用为重点，以技术教育为侧重，也在大力推行产教融合、校企合作的人才培养模式。大规模发展职业本科高校将在事实上导致两者趋同，进而产生本科文凭大贬值、"学位注水"的高等教育灾难。因此有必要考虑职业本科高校的数量规模以及职业本科教育的供给方式。实际上，即便是制造业发达的德国和日本，被一些学者称为本科职业教育典范的日本的技术科学大学、德国的双元制大学，其数量也是非常有限的：日本的技术科学大学几十年来也只有两所；德国双元制大学的数量也并不多，主要集中在巴登－符腾堡州。可见，这些国家对于采用这种形式总体上可能还是比较谨慎的。

第三，将专科院校升格到本科层次，扩大职业本科高校规模的另一个理由是为专业硕士、专业博士输送生源，希望建立起职业教育从下到上的独立系统。对于这点，教育部等相关部委在《关于加快新时代研究生教育改革发展的意见》中，将专业学位发展的重点放在了高水平应用型高校。换句话说，应用型高校是专业硕士学位教育的重要主体，并不期待着借助职业本科高校发展来确立专业学位研究生教育体系。

第四，近两年升格为职业本科高校的绝大多数是民办高职院校。从办学水平和办学实力来讲，民办高校普遍较弱。本科层次教育无疑会对专科层次教育起到示范、指导和带动作用，目前以民办高校为主的职业本科教育无疑很难起到职业教育领头羊的作用。

3. 以高职院校优势特色专业为主体

大规模发展职业本科高校可能会使职业教育的发展面临失控的风险，这些新升本的高校可能会为追求办学规模而不得不设立职业教育特色并不明显的专业，导致职业本科高校最终失去职业教育属性。在这样的情况下，可以转换思路，将高职院校不限定在大专教育层次上，即允许少量的高水平高职院校以专科教育为主，在某些专业适当开展本科教育，甚至不排除一流的高职院校以职业本科教育为主，以专科层次为辅。在国际上，一些国家，如日本从 20 世纪 90 年代开始就已经允许高等专科学校设立专攻科来开展本科层次教育（徐国庆等，2020），国内来自高职院校的学者也对高职院校四年制本科方案的可行性进行了探讨（陈华，2018），分析了高职院校独立举办高职本科的必要性（张艳，2013）。

事实上，在职业本科高校没有作为独立的院校出现前，一些高职院校就在与本科高校共同举办本科教育，这些高职院校往往是全省乃至全国办学实力最强的，在职业教育方面有较多积累，已形成了较为稳固的职业教育文化和传统。这些高职院校通过"3 + 2"或"4 + 0"等形式在培养职业教育本科生方面积累了经验，在此基础上在某些明显具有职业教育特色的优势专业上独立开展本科层次的教育，既能得到质量上的保证，还可以有效缓解升本焦虑，有效地控制本科层次的高校规模，避免职业教育本科专业的泛化，保障职业教育的属性和特征。

五　进一步的讨论

本章分析了国内围绕举办本科层次职业教育发生的相关争论，特别是定位之争、内涵之争和办学主体之争，分析了职教本科与应用型本科的关系、技术教育与职业技术教育的区别等，尽管这些争议的背后涉及相关院校的发展空间，涉及具体教育行政部门的管辖权问题（阿伯特，2016），抛开争议所涉及的实际利益不论，梳理相关的争议对于明确本科层次职业教育的定位、在高等教育体系内的发展空间，以及本科层次职业教育的人才培养方式、澄清国内对职教本科存在的混淆与误读、保障职教本科试点健康地开展有着积极意义。

总体来看，将职教本科定位于高端技术技能人才的培养是合适的。高端技能人才主要是指在生产岗位上精通技术系统，有着高难度的技术操作能力，既能对复杂故障进行高效诊断，也能够处理复杂疑难故障的人才；职业教育培养的技术人才主要定位于掌握科学方法，能通过实验改良技术、改进工艺、优化流程，并具有在工作岗位上根据生产要求进行一定技术研发的能力。这样的定位就能够将职业本科教育与理工类高校和应用型本科教育区别开来，更强调职业属性和教育的职业特征。相对来讲，理工类高校更重视工程师的培养，特别是研发工程师的培养，强调培养在建模基础上处理复杂工程问题的能力、在精深的科学理论训练基础上研发复杂和高端技术的能力（如中国科学院和重点大学承担了行业尖端技术）；应用型本科教育培养的是工程技术师，强调的是宽基础、强实践，特别重视学科知识的应用转化能力，工科专业强调的是技术开发能力，且应用型本科教育所对应的应用领域可能是不确定的；职业本科教育所面对的职业领域是确定的，学校和教师要对相应职业场中的工作岗位蕴含的能力、知识和素质进行解构，然后根据这些职业能力、素质和知识的要求进行课程重构。

从高等教育体系的建构看，划分为学术研究型与应用型（包括应用研究型、应用型、应用技能型）两个轨道，将职业本科教育看作应用型本科教育中的一个特殊的亚类型，将可以有效地避免高等教育体系的混乱。同时，鉴于应用型高校是新时代专业学位研究生教育发展的重要主体，当前应对职业本科教育的发展空间有合理的界定和预期，不宜盲目强调依托职业本科教育向上独立发展出职业教育的专业硕士层次和专业博士层次。同时，也要理性地看待将产教融合、校企合作作为标准来判定是否为职业教育的局限性。客观地讲，产教融合和校企合作是应用类高等教育的办学方式和人才培养方式的特征，而不是职业教育独有的特征。认识到这一点，对于澄清当前的混乱有着非常重要的意义。毕竟，在我国的一批行业特色高校中，包括国家层次的"双一流"大学中的行业特色高校，也在普遍地采用产教融合、校企合作的方式培养本科、硕士和博士层次的人才。职业本科教育要形成自己的教育特色，必须在教育内涵和教育方式上进行扎实的探索。

　　职业本科高校在高端技能型人才培养上要在夯实理论基础的同时，特别注意充分吸收高职人才培养的经验，特别是高职院校在本科人才培养上已积累的经验；在技术人才的培养上，在起步阶段可以充分借鉴国外技术院校和国内应用型高校的人才培养方式，在其课程体系中，专业必修课要开展更多的技术改进实验性或验证性项目，将专业理论课与专业实验课有机结合，将技术知识融入技术实验项目中，帮助学生构建技术知识体系，让学生从一开始进入专业学习就真正进入专业技术的实践领域，帮助他们围绕实践中的技术问题建构知识和技能，从而形成一定的技术实践能力。相对于国外的技术院校和国内的应用型高校，职业本科高校更要特别突出职业情境，着重培养学生的职业素养与职业能力。

第三编

· · · · · · ·

组织转型

第六章 组织转型的环境策略分析

2015 年 10 月，教育部等三部委发布《关于引导部分地方普通本科高校向应用型转变的指导意见》，明确了地方高校转型发展的方向。经过初期的政策宣传和教育行政部门的倡导，许多地方高校明白了转型发展的意义，但对于如何实现转型还存在较大困惑。尽管在媒体上可以看到一些典型高校在宣传成功经验，或者是在学术刊物上可以看到学术界的一些理论观点，但这两种取向都存在明显的不足：前者多从工作角度进行阐述，缺少理论层面的分析和面上的了解；后者的观点多是主观性想法，缺乏实践性支撑。

为此，本章尝试对我国地方高校转型发展策略和组织运行进行定量分析，数据来自 2017 年"国家教育行政学院高校校长班调查"，调查对象是国家教育行政学院举办的第 53、54 期高校校长班、第 9 期校长海外研修班、第 7 期地方高校转型发展研修班的成员，共发放纸质问卷 350 份，回收问卷 224 份，有效问卷 185 份。调查对象涵盖全国 32 个省、市、自治区，均为地方公办本科高校校级领导，其中有 53 位校领导所在高校入选了国家产教融合项目。

一 理论框架

地方高校转型发展的主要目的在于培养符合地方社会经济发展所需要的人才，为地方社会经济发展提供技术和知识支持。转型发展本质上是高校从封闭办学走向开放办学的过程。转型发展要求地方高校更多地与当地环境进行互动和交换，这种交换不仅包括物质性资源的交换，还包括信息、能量（影响到学校内部人的行为）等类型的资源的交换，这种交换成为高校转型发展的关键。资源依赖理论是研究组织与外部环境资源交换的重要理论，该理论假设，组织的首要任务是生存，生存需要组织与外部环

境交换资源，资源交换使得组织对掌握其关键资源的环境中的组织产生依
赖；为了生存下去，组织必须降低获取生存资源的不确定性，以减少依赖
（菲佛，2006）。

在资源依赖理论看来，组织的生存建立在组织控制它与环境中其他组
织关系的能力上，组织获取资源有六大策略：顺从、缓冲、适应、管理、
沟通、创造。如图 6-1 所示，在六种策略中，越往右边，组织对环境的控
制能力越强。具体来说：顺从，往往以牺牲组织内部发展为代价，引起依
赖程度的加深，不符合组织长期利益；缓冲，在组织内部设立与外部环境
之间的缓冲地带或专门性机构，减弱外部环境对组织内核的直接冲击；适
应，主要是改变组织的行为，增强组织适应外部环境的能力；管理，组织
对环境进行管理，控制影响组织发展的外部因素，使组织受到的外部控制
变弱；沟通，通过谈判帮助稳定组织与环境的相互交换和减少不确定性；
创造，创造环境从根本上改变组织对外部的依赖。随着组织对环境控制能
力的增强，组织目标也越来越从生存向实现组织效力转变。图 6-1 中越往
左边，越偏向于生存型组织，越往右边越偏向于发展型组织。

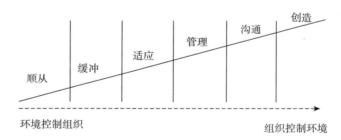

图 6-1   不同转型发展策略中组织与环境的关系

根据组织资源获取的六种方式进行分类，可以建构出资源依赖视角下
我国地方高校转型的分析框架。如表 6-1 所示，顺从，主要指遵照外部组
织的要求，在地方高校转型中，主要是指遵照政府或企业的要求。缓冲，
建立专门组织处理外部特定需求，而组织的内部行为并没有发生变化，具
体表现就是高校建立大学与外部的缓冲地带，如建立负责产学研合作的组
织、实践教学环节由企业兼职教师完成、鼓励学生考取职业资格证书、增
加实习实训教学环节等。适应，指组织通过改变自己的组织结构、技术、
产品、价值观、管理等内部要素来适应环境要求，地方高校转型中内部的
调整可以分为专业调整、课程调整、教学改革、教师改变、科研改革、管

理权力调整、资源配置方式改革、组织结构调整等方面。管理是指组织努力改变环境，让环境适应组织，包括高校与外部组织结成联盟，或将外部环境内化。沟通主要是指高校通过建立正式的制度，加强与外部组织的沟通，包括在学校治理结构中增加外部人员，也包括学校人员主动走出去参加外部组织的治理。创造在高校中主要指通过政治活动为学校发展创造有利条件和机会（费菲，2006）。

　　根据这个框架，课题组设计了"地方高校转型发展策略"问卷，问卷根据三级指标设计 44 个地方高校转型的具体行为，询问"贵校近三年采取这些举措/行为的程度"。问卷分为"0~5"6 个等级，"0"表示学校无实施此项行为，"1"表示实施程度轻，"5"表示实施程度重，数值越大，实施程度越重。具体指标如表 6-1 所示。

表 6-1　资源依赖视角下我国地方高校转型发展策略分析框架

序号	一级指标	二级指标	三级指标
1	顺从	遵照政府的要求	严格执行政府转型文件和要求
		遵照企业的要求	完全按照企业要求培养人才
2	缓冲	建立边界管理组织	成立专门处理外部特定需求的组织
		课程实施	实践教学环节由企业兼职教师完成
		人才培养	增加实习实训教学环节
		学生能力	鼓励学生考取职业资格证书
3	适应	专业调整	根据产业发展调整专业 建设专业群
		课程调整	根据企业需求进行课程设置 增加应用型课程
		教学改革	进行以工作为导向的教学改革 教学内容改革 教学方法改革 实践教学设施改进
		教师改变	增加有企业经验的教师 提高本校教师实践能力 改变教师考核评价方式
		科研改革	组建应用型科研团队 为应用型科研提供支持帮助 开展地方性应用科研（解决实际问题或改善教学）

续表

序号	一级指标	二级指标	三级指标
3	适应	管理权力调整	二级学院人事自主权 二级学院资金分配使用自主权 二级学院对经费支配权
		资源配置方式改革	二级学院转型奖励 教师转型绩效奖励
		组织结构调整	跨学科院系调整
4	管理	将外部环境内化	合并外部组织 在组织内部建立模拟性外部环境
		部分吸收环境	与外部组织合作
		联盟	转型高校联盟；企业政府联盟
		多元化战略	多元化筹资
5	沟通	治理结构有外部相关人员参加	成立政府、企业、用人单位等参与的理事会
		业务方面有外部相关人员参加	成立企业、用人单位等参与的专业指导委员会
		参加行业协会	参加行业协会
6	创造	进行游说	参加政治活动
		聘请政府官员任职	聘请政府官员任职

二 地方高校转型发展策略的选择

1. 地方高校转型发展策略概况

如图 6－2 所示，我国地方高校转型发展的策略选择依次是：缓冲（3.40）、顺从（3.29）、管理（3.01）、适应（2.85）、沟通（2.48）和创造（2.24）。缓冲是我国地方高校转型发展采取的最主要策略之一，学校通过鼓励学生考取职业资格证书（3.71）、增加实习实训教学环节（3.63）、成立专门处理外部特定需求的组织（3.39）等举措，来应对社会对高校的特定需求。这表明，我国地方高校在"接触"转型后，首先是进行"边界管理"，在大学与社会之间建立中介组织或采取特定举措以处理外部需求，这为高校在转型之初建立了缓冲，暂时性地缓和了高校与外部需求的矛盾，在高校和社会之间建立了一道"围墙"，暂时应对了外部需求，同时又"保护"了学校，使组织内部运行可以维持不变。但是，如果组织内部的基本运行长期没有做出调整，高校与环境的关系没有发生重大的变化，高校就不会有实质性的转型。

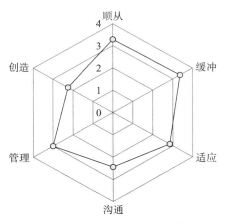

图 6 - 2　我国地方高校转型发展策略选择

我国地方高校转型发展的第二个策略是顺从，主要是对政府有关转型发展文件指示和政策要求的执行（3.80）和对企业要求的响应（2.77）。全国范围内的地方普通本科高校向应用型转型主要是政府在推动，地方高校遵循政府对转型的要求以获得合法性和资源支持；但是，如果对政府的顺从程度很高，就可能存在现实隐忧，"招致转型发展的主体性迷失，体现在地方高校战略目标的离散化和实践样态的刻板化，诱发高校在转型发展中的被裹挟状态和非理性行为"（张伟、张茂聪，2017）。

我国地方高校积极进行环境管理，主要是通过与政府企业行业等组织建立合作联盟（3.49）、与其他高校建立合作联盟开展实质性合作（3.02）、建立模拟企业等社会组织真实工作场景的教学设施（2.98）、与企业或地方政府建立较为固定的合作项目（2.99）等方式稳定外部环境。这表明我国地方高校已经意识到了外部环境的重要性，正在积极与政府、高校同行、企业等外部组织建立较为稳定的合作关系。我国地方高校选择将管理作为第三大策略，可能与政府主管部门的政策有关。政府主管部门鼓励将"'产教融合、校企合作'作为地方高校转型发展的主要路径"①。地方高

---

① 陈锋：《应用型高校建设的"核心枢纽"》，教育部学校规划建设发展中心，2017 年 7 月 19 日，http://www.csdp.edu.cn/article/2785.html。

校进行"产教融合、校企合作",首先就要搭建平台,要与企业、政府等组织建立合作关系。

地方高校采取的第四个策略是适应策略,表明我国地方高校也在进行组织内部调整,以便更好地适应外部需求。通过对地方高校适应性策略的进一步分析发现,地方高校组织内部调整的路径基本上是从组织人员到任务技术层,再到管理系统。如表 6 - 2 所示,我国地方高校的组织运行,改变最大的是组织人员与评价(3.17),即教师实践能力和评价的转变;其次,是改变组织技术与任务(3.05),即人才培养和科研改革;改变程度最小的是组织结构与管理体制(2.55)。

表 6 - 2　地方高校转型发展中组织运行改变分类

改变组织技术与任务	教学改革	专业调整	科研改革	课程调整	均值
	3.19	3.20	3.11	2.71	3.05
改变组织人员与评价	增加有企业经验教师	提高教师实践能力	教师评价体系		均值
	2.85	3.24	3.43		3.17
改变组织结构与管理体制	结构调整	资源配置方式	管理放权		均值
	2.24	2.46	2.95		2.55

相对而言,沟通与创造是地方高校转型发展中采取的最少的两个策略。

2. 不同类型的地方高校转型发展策略

在 185 份样本中,综合类高校 59 所,理工类高校 42 所,师范类高校 28 所,农林医类高校 21 所,财经政法类高校 15 所,其他未注明类型高校 20 所。不同类型地方高校转型发展策略见图 6 - 3。

在转型程度上,不同类型的高校差别较大,理工类高校转型的程度最高;其次是师范类和综合类高校;转型程度较低的是农林医类和财经政法类高校。

在转型发展策略上,不同类型高校有一定差别。就单项转型发展策略而言,理工类高校在顺从、缓冲、适应、沟通、管理这五个策略上程度都是最高的;农林医类高校在创造策略上的程度最高。

3. 不同层次的地方高校转型发展策略

在 185 份样本中,只有本科学位点的高校有 71 所,有硕士无博士学位点的高校有 63 所,有博士学位点的高校有 51 所。在转型程度上,只有本

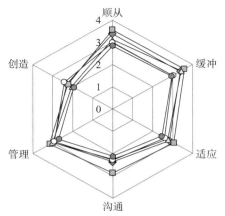

图 6 - 3　不同类型的地方高校转型发展策略

科学位点的高校稍微高于有博士学位点的高校，有博士学位点高校高于有硕士无博士学位点的高校。这说明，转型程度和办学层次关系不大。

　　在转型发展策略上，只有本科学位点的高校依次采用顺从、缓冲、适应、管理、沟通和创造的策略。有硕士无博士学位点的高校，首先采用的两个策略是缓冲和顺从，其次并列采用适应和管理策略，最后采用沟通和创造策略。有博士学位点的高校依次采用缓冲、顺从、管理、适应、创造和沟通策略（见图 6 - 4）。

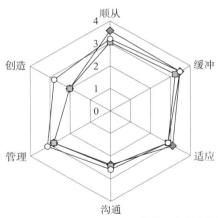

图 6 - 4　不同层次的地方高校转型发展策略

从单项转型发展策略来看，只有本科学位点的高校的顺从、缓冲、适应策略程度最高，而有博士学位点的高校在沟通、管理和创造这三个策略上的程度最高，这说明，办学层次越高，对环境的依赖程度越低。

4. 不同区域的地方高校转型发展策略

在 185 份样本中注明高校区域的有 162 所，东部高校 50 所，中部高校 59 所，西部高校 53 所；注明所处城市为省会城市的高校有 95 所，地处非省会城市的高校有 88 所。不同区域的地方高校采取的转型发展策略如图 6-5 所示。

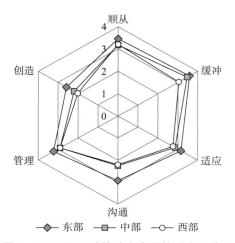

图 6-5 不同区域的地方高校转型发展策略

在转型程度上，东部最高，中部次之，最后是西部地区。从单项转型发展策略上看，东部地区高校对各项策略采取的力度都是最大的。在转型发展策略上，不同地区高校转型采取的首要策略有一定差异。东部、中部高校的首要策略是缓冲，其次是顺从；西部高校的首要策略是顺从，其次是缓冲。相比较而言，东部、中部地区对社会需求的响应程度较高，与外部组织建立了较为稳定的合作关系，东部地区比中部地区对环境的管理程度更高；西部地区高校对环境尤其是政府的依赖程度较高，通过组织内部调整来适应环境。这三个地区的高校采用的较少的策略都是沟通和创造。

5. 不同所在地的地方高校转型发展策略

在转型程度上，地处非省会城市的高校和地处省会城市的高校差别不大，地处非省会城市的高校（2.91）要稍微高于地处省会城市的高校（2.86）。

　　在转型发展策略上，地处非省会城市的高校和地处省会城市的高校差别不大，依次分别是缓冲、顺从、管理、适应、沟通和创造（见图 6-6）。从单项转型发展策略上看，地处省会城市的高校的沟通和创造策略程度较高，地处非省会城市的高校的顺从、缓冲、适应和管理程度较高。地处省会城市的高校对环境依赖程度要稍微低于地处非省会城市的高校。

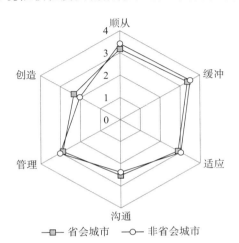

图 6-6　不同所在地的地方高校转型发展策略

　　东部地区经济发展水平高于中部地区，中部地区高于西部地区，省会城市经济发展水平高于非省会城市。总体而言，经济发展水平越高地区的高校，受到环境控制的程度越低。

三　研究发现与建议

1. 地方高校转型发展总体上受环境控制程度高

　　从问卷调查来看，我国地方高校转型发展的主要策略较多的是缓冲、顺从，沟通和创造环境的策略使用较少，说明地方高校控制环境的能力较弱。部分地方高校已在积极进行环境管理，同时通过改变组织内部运行以提高适应环境的能力。这说明我国地方高校总体上属于生存型高校，还不属于发展型高校。

　　生存型高校和发展型高校在环境中所处的状态是完全不同的。生存型高校以生存为首要任务，高校缺乏主动发展意识，组织获得的资源以保证基本运行为满足，组织管理以追求效率为目标，最大化利用有限资源；而发展型高校以效力为主要目标，在获得基本生存资源的同时，还积极利用外部环境，寻求各种机会，拓展和壮大各项业务，不断提高组织实力。

研究发现，地方高校转型程度的大小主要受到办学类型和所处省份的影响；在转型发展策略上，理工类、综合类、师范类高校选择顺从和缓冲策略的程度明显高于农林医类和财经政法类高校，理工类高校在除创造策略外的其他五个策略上的程度都是最大的，而农林医类高校在创造策略上的程度最大；办学层次越高，受环境控制的程度越低；经济发展水平越高地区的高校，受到环境控制的程度越低。

2. 地方高校转型发展需要进一步提高环境控制能力

地方高校转型发展，要求地方高校从封闭走向开放，在开放发展过程中，地方高校要提高与环境交换资源的议价能力，提升发展的自主性，就需要提高对环境的控制能力，这包括以下方面。

第一，进行组织内部管理体制改革，提高组织的应变能力。对于开放性组织而言，其核心竞争力在于组织应对环境变化和需求的能力，这种能力在地方高校转型中主要体现在基层学术组织，尤其是院系能否对外部环境需求做出及时响应，教师能否根据环境变化及时更新和调整教学和科研上。地方高校转型发展要进一步提高组织应变能力，需要在组织结构和管理体制上有所改变，建立起支持性、激励性的管理体系，让基层组织具有自主满足环境需求的能力和积极性。越是办学层次低的高校，越需要进行组织结构和管理体制改革，以提高其组织能力。

第二，加强组织沟通策略的应用，建立制度化的信息获取、利用和交流体系，加强与外部组织的交流和谈判，建立与环境协商一致的行动框架。

第三，适当发展创造策略，进行组织领导力转型。创造策略的运用依赖于高校的实力（办学层次），同时也与高校领导个体的意识和能力有很大的关系。地方高校转型发展要进一步转变组织领导力，高校领导要从关注内部管理转向关注外部发展，组织领导力的体现不在于保证组织运行，提高管理效率，而是在于能够在多大程度上为学校获取资源和支持，促进学校成长。

第七章 组织转型的结构功能分析

一 问题的提出与研究设计

地方普通本科高校向应用型转型对于高校组织来讲，是一个系统性工程，不仅要处理与外部环境的关系，还需要处理组织各个层次之间的关系，以保持组织的整体性存在和各部分的协同运作。美国社会学家帕森斯在 20 世纪 40 年代提出的结构功能主义理论将社会结构视为具有不同基本功能的、多层面的一种"总体社会系统"，其中执行"目的达成"、"适应"、"整合"和"模式维护"四项基本功能的子系统以有序的方式相互关联（贾春增，2008）。在纵向层面上，作为组织的社会系统还可分为三个层级：处于底层的技术层主要处理组织的产品生产过程；在技术层之上的管理层，主要协调技术体系和任务环境之间的关系；制度层是将组织和更广大的环境联系起来，确定其范围、边界并确保其合法性。而在不同层级上承担不同功能的子系统的结构分化引起的系统内部边界关系的复杂化和不平衡是变革的主要原因（帕森斯，2012）。

在社会的某一子系统内部也存在与社会系统类似的结构分化过程。以高等教育系统中的地方高校为例，如果应用型是地方高校功能的转变或延伸，那么，在地方高校的组织内部就需要进行相应的结构调整。同样，组织内部也存在这样的层级划分，制度层对应了校级决策主体，属于战略转型，承担适应功能；管理层指的是各职能部门，主要负责机制转型，发挥的是整合和模式维护的功能；二级院系则可以被视为进行生产转型的技术层，承担目标达成的功能。在现实中，地方高校在转型过程中，作为组织系统的高校，其各个不同层次是否发挥了相应的功能呢？

本研究使用的数据来自课题组开展的 2017 年"全国地方高校校级领导问卷调查"，问卷内容基于文献分析和课题组前期对地方转型高校的访谈调研，设计了转型策略措施调查表，请样本高校根据本校近三年实际情况进行判断。每一项策略措施设置"0~5"共6个等级，"0"表示学校没有实施此项措施，"1~5"数字越大，表明该项策略措施实施程度越高。调查样本共计173个，每个样本代表一所高校，在学校层次分布上，只有本科学位点的高校62所，有硕士无博士学位点的高校64所，有博士学位点的高校47所；在学校类型分布上，综合类、理工类、师范类、农林医类和财经政法类高校分别占40.85%、26.22%、16.46%、10.37%、6.1%；在学校所在地区分布上，东部高校47所，中部高校52所，西部高校56所，未注明所属地区的高校有18所；样本中有约1/3的高校（57所）是产教融合示范项目校。

二　数据分析

本次调查的样本高校中，有42.2%的高校认为本校应用型专业占比在60%以上，有37.7%的高校认为本校应用型专业的学生规模在60%以上。与此形成鲜明对比的是，仅有21.3%的高校，有5年以上相关行业工作经历的教师比例在20%以上。应该说，师资队伍尚未能与应用型人才培养的办学定位相匹配。虽然大部分高校都在本校教师实践应用能力提升方面采取了相关措施，如开展企业实践、参与企业研发、到地方政府行业部门挂职等，在院系考核指标中也加入了社会服务、横向科研项目的数量与资金，但是论文发表仍然是教师职称评定的核心指标。

从整体效果评价来看，地方高校转型发展效果均值为3.4，其中5.27%的样本高校认为本校进行应用型高校建设的效果非常显著，46.78%的样本高校认为效果较显著，32.16%的样本高校认为效果一般，还有15.79%的样本高校认为本校转型效果不明显。与整体效果的主观评价相比，各项转型策略措施实施程度的均值为2.82，比整体效果评价低了1/5左右。总体来讲，地方高校领导对本校转型的效果评价比较积极，但实际策略措施的实施程度低于主观认知程度。

1. 地方高校转型路径的因子分析

本研究从制度层、管理层和技术层三个维度对地方高校转型路径进行分析，每个维度都通过探索性因子分析得到各维度因子标准得分和累计方差贡献率，研究结果如表7-1所示。

表 7 - 1 地方高校转型路径的探索性因子分析结果

制度层转型策略措施	制度层转型因子	
	1.1 组织资源	1.2 关系资源
效度检验	0.627	0.575
学校与其他高校建立合作联盟开展实质性合作	0.763	0.041
学校加入与应用型高校建设相关的政府/行业组织	0.740	0.163
学校执行地方或国家政府有关转型发展的文件指示和政策要求	0.700	0.186
校领导或教师在行业协会中担任重要职务	0.463	0.542
校领导在政治组织中担任职务	-0.020	0.808
校领导有政府工作经历	0.234	0.725
累计方差贡献率	31.47%	57.06%

管理层转型策略措施	管理层转型因子		
	2.1 组织结构	2.2 教师队伍	2.3 资源配置
效度检验	0.670	0.883	0.893
学校成立了有政府行业企业和用人单位等参与的理事会	0.637	0.100	0.223
学校成立了专门负责产学合作或校地合作的部门	0.592	0.360	0.158
学校建立了诸如鉴定中心等具有社会服务职能的机构	0.758	0.193	0.097
学校根据产业领域需求进行跨学科院系调整	0.688	0.150	0.215
学校为从企业引进的教师给予专业技术职务评聘倾斜	0.362	0.624	0.237
学校设立了流动编制用于引进企业兼职教师	0.237	0.581	0.383
学校加强在校教师实践应用能力的培训	0.178	0.833	0.202
学校派本校教师到企业工作或地方挂职锻炼	0.142	0.858	0.177
学校制定了相关制度和管理办法引导在校教师的实践应用能力提升	0.197	0.857	0.191
学校进行校院两级改革使二级院系获得更大人事权力	0.189	0.372	0.799
学校进行校院两级改革使二级院系获得更大财务权力	0.251	0.271	0.858
学校放宽二级院系对横向科研经费和社会服务经费的支配权利	0.253	0.155	0.842
累计方差贡献率	27.72%	48.77%	67.46%

技术层转型策略措施	技术层转型因子	
	3.1 人才培养	3.1 科研服务
效度检验	0.865	0.933

技术层转型策略措施	技术层转型因子	
	3.1 人才培养	3.1 科研服务
学校专业指导委员会有行业企业和用人单位参与提供重要的咨询建议	0.724	0.394
行业企业和用人单位深入参与学校人才培养方案的制订与实施	0.810	0.348
学校与企业开展订单式人才培养	0.805	0.106
学校根据企业需求进行课程设置	0.847	0.204
学校进行以工作过程为导向的模块化教学改革	0.765	0.317
学校组织团队开展服务地方或企业的应用型科研	0.205	0.840
学校制定并实施鼓励教师开展应用型科研的政策文件	0.253	0.828
学校为鼓励开展横向项目制定了相应的管理办法和激励措施	0.287	0.853
学校与企业或地方政府建立了较为固定的合作项目	0.156	0.819
学校出台了可操作性强的校企或校地合作指导性文件	0.329	0.810
学校投入大量资金进行校内应用科研基地的建设	0.379	0.740
累计方差贡献率	40.21%	72.88%

注：效度检验：基于标准化项的 Cronbach's α 系数。
提取方法：主成分分析法。
旋转法：具有 Kaiser 标准化的正交旋转法。

在制度层，以校领导为首的校级决策主体主要负责与环境的资源交换。制度层转型的因子分析 KMO 检验值为 0.772，表明抽样充足度可以接受，Bartlett's 球形检验所对应的显著性概率小于 0.1%，表明相关系数矩阵不是单位阵，适合做因子分析。通过因子分析提取制度层战略转型的两个公因子，方差贡献率分别为 31.47% 和 25.59%，总计对原有变量的总方差具有 57.06% 的解释能力。公因子 1.1 反映了学校层次通过加入与转型相关的政府、行业或校际联盟组织等策略措施积极进行转型，命名为"组织资源"。公因子 1.2 反映的是校级领导个体为学校转型采取的努力，如在行业、政府等组织中担任一定职务，从而为学校获取更多的资源，命名为"关系资源"。

地方高校转型的贯彻落实效果在很大程度上取决于管理层在学校运行机制和制度建设方面所采取的改革措施。对学校职能部门而言，管理层转型就意味着机制转型。通过探索性因子分析，本研究对管理层的转型路径提取出三个公因子，表7-1显示了各因子标准得分和方差贡献率，三个因子累计解释总方差的 67.46%，KMO 检验值为 0.859，Bartlett's 球形检验所对应的显著性概率小于 0.1%。公因子 2.1 主要体现了学校为应对转型、加强对社会需求的回应而进行的组织结构方面的调整，所以被命名为"组织结构"因子。建立"双师型"教师队伍是地方高校师资转型的核心目标，但现有人事管理制度并不能支持这一目标的实现，公因子 2.2"教师队伍"就反映了地方高校在教师队伍的人事管理方面所采取的转型举措，包括师资引进、职称晋升和教师流动等内容。高校的转型最终还是要落在二级院系和一线教师身上，因此管理重心下移、激发院系动力对转型效果具有正向的影响，公因子 2.3 体现了以人、财、物资源配置放权为核心的二级管理改革，命名为"资源配置"。

地方高校的转型还体现在学校的人才培养和科学研究是否体现了应用功能，即组织技术任务的改变。通过探索性因子分析，技术层得到两个公因子，累计解释总方差的 72.88%，KMO 检验值为 0.888，Bartlett's 球形检验所对应的显著性概率小于 0.1%。公因子 3.1 反映了院校在培养方案制订、课程体系、教学改革等涉及人才培养过程方面所采取的策略措施，命名为"人才培养"；公因子 3.2 则体现了地方高校以应用型科研为导向所制定的政策、实践和资源投入，命名为"科研服务"。

2. 地方高校转型发展路径的比较分析

按照结构功能主义理论的解释，应用型是地方高校功能的拓展或延伸，要实现这一功能必须在组织层面进行变革或转型，才能使新的结构适应新的功能。探索性因子分析的结果表明，地方高校内部各层级确实承担了不同功能的转型，即在战略层面，地方高校制度层以资源获取、资源交换为主要路径实现适应功能转型；在机制层面，管理层主要以组织结构改革、教师队伍管理和资源配置变化为牵引实现整合功能；在生产层面，应用型人才培养和应用科研发展是技术层改革的核心，承担着目标达成的功能。

一个系统的运行状态是否稳定，不仅取决于它是否具备满足一般功能需求的子系统，还取决于子系统之间是否存在跨越边界的对流式交换关系（贾春增，2008）。就地方高校转型来看，组织系统的各层次之间的相互关系还有待进一步加强，地方高校仍在进行结构调整，还处于未完成转型的不稳定状态。

一方面，地方高校转型的结构呈"哑铃"形状，管理层转型较薄弱。

统计结果显示，制度层、管理层和技术层之间不同的转型路径存在统计意义上的显著相关关系，这说明不同层次之间的转型是相互联动的，但是三个层次的转型程度不同，技术层转型程度最高（均值为 2.88），然后是制度层转型（均值为 2.84），最后才是管理层转型（均值为 2.77）。经过配对样本 t 检验发现，管理层的转型程度显著低于技术层，换言之，管理层的转型没有与技术层转型相匹配发挥稳定应用型模式功能的作用。

另一方面，地方高校转型程度较高的措施集中在外部广泛关系的建立和内部可控的机构设立、制度制定等相对硬性和外显性的策略上。地方高校转型的本质在于提高学校的开放程度，这就包括与政府、其他高校、行业、企业等利益相关主体融合的广度与深度。从本次调查样本的情况看，地方高校在转型发展过程中，与各利益相关主体都建立了广泛的合作关系，但是涉及行业、企业等与校内学科专业建设、科研与人才培养支持等深度合作方面的措施得分均较低。从社会学组织分析的制度视角来看，组织转型正是一个从建立新的法令规章到形成统一的规范体系，再到新的组织认知、文化内化的逐步深入的制度化过程。如果前者可以视为硬性的制度要求，那么后者就是一种软制度约束。从本研究的数据结果看，地方高校转型发展还处于建立硬性制度的阶段。

三　讨论与建议

从整体来看，我国地方高校在制度层、管理层和技术层存在组织资源获取、领导资源交换、组织结构改革、师资队伍管理和资源配置变化、应用型人才培养和应用科研发展等转型渠道，但是转型发展还普遍处于结构调整中，具有"硬制度"转型特点，且不同层次功能发挥的情况差异较大。

地方高校的转型在本质上是以提高组织开放性、增强组织与环境互动关系为核心的组织变革过程，这一组织转型是一种范式转换，是一种对自我认知方式的彻底转变，包括管理理念、思维方式和价值观等方面的彻底变革，并具体体现在组织战略、结构、行为方式、运行机制等方面。因此，地方高校的转型发展是一项系统工程，各层次之间需要整体谋划、统筹推进。具体来说，以校级领导为决策主体的制度层面需要从过去主要面向组织内部的行政管理模式向积极与环境中各主体建立联系以获取更多办学资源的战略管理模式转变，通过建立内外互联的协调机制，引入政府、行业、企业等外部利益相关者发挥主导和牵引作用，真正实现开放办学的功能。在组织内部，组织结构和角色需要逐渐由自上而下的"计划"向以信息提供和资源支持为主的"协调"转变，只有管理层面在组织结构上建立专门的协调机制，在资源配置上向负责生产的技术层分权，才能巩固学校应用型人才培养与科研服务的成果。

另外，地方高校在转型过程中需要引入战略管理的视角，在战略管理之下，有机协调组织的各个层次、各个部分，以发挥组织作为整体的力量。具体来说，在地方高校转型中，需要进一步将愿景目标清晰化，并进行相应的组织流程再造。应用型高校是个比较笼统和模糊的方向定位，不同层次和类型的高校还要结合学校自身特点和现状，进一步厘清发展目标定位和相应的路径选择。目前对于有理工科背景优势和有行业背景依托的地方高校而言，应用技术大学是比较明确的发展方向，该类高校可以通过高级技术型人才培养和应用技术研究与地方和区域建立紧密联系，适应和支撑产业需求与经济发展。师范类、财经政法类高校等以人文社会学科为主体的地方高校存在两种目标定位和转型发展路径：一是逐渐缩小原有优势主体学科专业的规模，向应用技术型高校转型，可借鉴的成功案例有常熟理工学院和黄淮学院；二是紧密围绕地方需求，对现有学科专业进行改造，走政校企合作道路，向教学服务型高校转型，可借鉴的案例有铜仁学院。而有硕士、博士学位点的地方高校通常是本地区的高水平大学，在转型发展和一流学科建设的目标之间存在徘徊和争议，这类高校不一定走整体转型发展的道路，但需要加强与地方的联系，发挥某些应用性强的学科的优势，在"引领"地方经济社会发展上做文章。

以院系、教师为主体的技术层面负责学校组织的生产核心职能，应该从全培养链的视角设计人才培养模式及与应用科研的关系，进行组织的流程再造。转型发展意味着大学内部与高等教育系统从社会制度逻辑的"垄断"向社会制度逻辑与产业逻辑两种制度逻辑"包容性"发展转变。因此，这种生产流程的再造需要从学科知识系统性视角转向产业流程的视角全方位变革人才培养模式，从人才培养目标设定到生源定位，从课程体系结构到教学过程，从教学管理到评价，而不是简单地缩减理论课时学分、增加实践实训课程。

第八章　组织转型的进展及其效果

地方普通本科高校向应用型转型是我国高等教育体系重构的重要部分，2013 年初，教育部启动"应用科技大学改革试点"，鼓励地方普通本科高校向应用型转型；2015 年 10 月，教育部等三部委联合发布《关于引导部分地方普通本科高校向应用型转变的指导意见》，许多省份开展转型试点；截至 2019 年初全国已有 300 家转型试点高校。① 除此之外，一些成立于高等教育大扩招（1999 年）前的省属非重点老本科高校，以及成立于大扩招之后的新建本科高校也在进行向应用型转型的探索。

教育部等三部委联合发布的《指导意见》对何谓"应用型"进行了细致刻画，对应用型高校在组织制度等方面（如办学定位、办学理念、制度章程、治理结构、专业设置以及课程安排，特别是实习实训、教师的实践能力等）提出明确要求。经过多年的探索和试点，我国的地方普通本科高校向应用型转型究竟进展到了什么样的程度？成效如何？省属非重点的老本科高校、新建本科高校、试点高校之间在组织转型上有没有差异？地区之间存在经济发展的不平衡，地方高校转型的条件不一样，在转型的进度上是否会存在差异？对于上述问题，还缺乏基于全国数据的研究。本章采用北京大学教育经济研究所在 2017 年 6 ~ 7 月开展的"地方高校转型发展调查"教师数据进行相关分析。

一　数据说明

此次问卷调查采用整群抽样，共选取东部、中部、西部地区 43 所高校发放 2500 份教师问卷，回收 2257 份，回收率为 90.28%。此次调查主要

---

① 教育部发展规划司：《支持应用型本科发展有关工作情况》，教育部网站，2019 年 2 月 19 日，http://www.moe.gov.cn/fbh/live/2019/50294/sfcl/201902/t20190219_370019.html。

涉及计算机类、电气类、机械类、信息工程类、化学与工程类、工商管理类、会计学、新闻传媒类、艺术设计类等应用性专业。为保证代表性,本研究删除教师问卷中每个专业样本量少于 4 人的专业,然后删掉样本量少于 10 人的高校,最终采用 39 所高校的教师调查结果。其中,1999 年之前就是本科高校的有 7 所,这 7 所高校都是省属非重点高校;新建本科转型试点高校 25 所,分布在东部、中部、西部三个区域;新建本科非转型试点高校 7 所,主要集中在东部和中部;西部地区的新建本科高校全部为转型试点高校,这主要是考虑到西部地区经济欠发达,地方普通本科高校转型的条件相对较弱,非试点的新建本科高校可能尚未进行转型探索。最终有效样本量为 1465 个,其中 1999 年后新建本科高校教师问卷样本量 1252 个。39 所高校中非省属重点高校的老本科高校 7 所;新建本科高校 32 所,其中新建本科转型试点高校 25 所,新建本科非转型试点高校 7 所。

二 组织转型维度的界定

1. 学校层次组织转型维度

对教师问卷关于学校层次组织转型的所有题项进行探索性因子分析,得到学校层次组织转型的"激发教改重视实践教学投入"、"理念规划及资源"、"办学定位及专业设置导向"、"校企合作指导及激励"和"行政强推及严格考核"五个公因子。探索性因子分析采用的方法为主成分分析法,旋转方法为最大方差法,得到的五个公因子累计解释总方差的 84.08%。题目可靠性分析 Cronbach's α 系数为 0.925,题目信度较好。探索性因子分析的 KMO 值为 0.936,伴随概率为 0.000。探索性因子分析结果见表 8-1。

表 8-1 学校层次组织转型各维度探索性因子分析结果

一级指标	题目	载荷	Cronbach's α 系数	累计方差贡献率(%)
学校-激发教改重视实践教学投入	校领导下放权力以发挥院系和教师教学变革的积极性	0.786	0.879	23.88
	校领导习惯用奖励和资源倾斜方式推动教学或组织变革	0.768		
	校领导重视教学工作,在实践教学上投入大量资金和设备	0.740		

续表

一级指标	题目	载荷	Cronbach's α 系数	累计方差贡献率（%）
学校－理念规划及资源	校领导对于学校如何发展有清晰的理念和规划	0.763	0.864	41.94
	校领导最显著的强项是能为学校的发展争取到重要资源	0.777		
	学校的发展目标、战略规划与资源配置三者高度匹配	0.583		
学校－办学定位及专业设置导向	校领导明确提出坚持"地方性、应用型"的办学定位	0.895	0.800	74.42
	学校专业设置以当地经济和社会发展需要为依据	0.729		
学校－校企合作指导及激励	学校制定了可操作性强的校企/校地合作指导性文件	0.755	0.809	54.38
	学校采取各种有力措施激励教师参与校企/校地合作	0.814		
学校－行政强推及严格考核	校领导习惯于通过行政和严格考核方式强行推行变革	0.940	—	84.08

2. 院系层次组织转型维度说明

对教师问卷中关于院系层次组织转型的题项进行探索性因子分析，得到院系层次组织转型的"应用型定位及教师认同""实训条件及实践教学保障""实践教学管理及教师考评""学习型变革团队建设"四个公因子。探索性因子分析采用的方法为主成分分析法，旋转方法为最大方差法，得到的四个公因子累计解释总方差的 86.80%。题目可靠性分析 Cronbach's α 系数为 0.913，题目信度较好。探索性因子分析的 KMO 值为 0.923，伴随概率为 0.000。探索性因子分析结果见表 8 – 2。

表 8 – 2　院系层次组织转型各维度探索性因子分析结果

一级指标	题目	载荷	Cronbach's α 系数	累计方差贡献率（%）
院系－应用型定位及教师认同	院系明确了应用型人才培养目标，培养方案制订有企业参与	0.812	0.804	24.47
	教师了解并认同学校或院系的地方性和应用型的办学定位	0.774		

一级指标	题目	载荷	Cronbach's α 系数	累计方差贡献率（%）
院系－实训条件及实践教学保障	与当地的行业或企业相比，校内的实验/实训设施很先进	0.819	0.817	48.63
	院系实践教学的人员、材料和工具经费有明确的规定与保障	0.767		
院系－实践教学管理及教师考评	院系制定了严格的实践教学管理制度，有扎实的效果	0.719	0.818	71.21
	院系对教师的考核评价机制很健全	0.798		
院系－学习型变革团队建设	院系领导努力打造学习型团队，相互学习，以促进变革	0.896	—	86.80

　　采用验证性因子分析对上述探索性因子分析结果进行有效性分析，得到验证性因子分析模型拟合指数，学校层次和院系层次组织转型的探索性因子分析结果均具有较为理想的拟合度，模型可接受，受篇幅限制，不再一一呈现验证性因子分析后得到的估计结果 CFA 路径图和各模型拟合指数。

三　地方高校组织转型现状分析

1. 新老本科高校在学校层次组织转型维度上的差异

　　根据图 8-1，新老本科高校在"办学定位及专业设置导向"维度上差异最大，其次为"理念规划及资源"维度。新建本科高校在"理念规划及资源"、"办学定位及专业设置导向"和"激发教改重视实践教学投入"三个维度表现得相对更好，说明新建本科高校已经在办学的理念、办学的定位、学校的发展规划、专业设置的导向、资源获取与资源分配方面开始转变，但在制度建设与政策执行的两个维度（"校企合作指导及激励""行政强推及严格考核"）上弱于老本科高校。这可能是因为老本科高校建校历史长，本科教育开始较早，在制度化方面更为完善。

　　对新老本科高校转型进行独立样本 t 检验，结果显示新老本科高校在制度建设和政策执行上的差异并没有达到显著程度，但在办学定位及专业设置导向、理念规划及资源维度上存在显著性差异。这说明在接受应用型的理念和应用型的定位、在专业设置上坚持应用型的导向、争取外部资源以及资源同理念与规划相结合方面，新建本科高校做得更好。

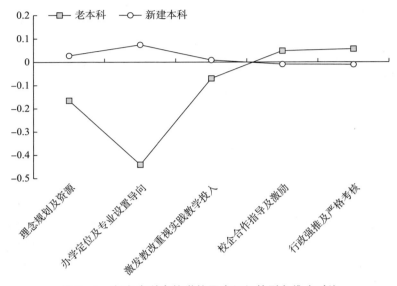

图 8 - 1　新老本科高校学校层次组织转型各维度对比

2. 新建本科高校学校层次组织转型的地区差异

根据图 8 - 2，整体而言，东部地区的新建本科高校在学校层次组织转型的维度上表现得相对较好，中部地区次之，西部地区在除"行政强推及严格考核"外的四个维度上均表现最差。具体来说，东部地区在"办学定位及专业设置导向"、"激发教改重视实践教学投入"与"校企合作指导及激励"三个维度上表现最好；中部地区在"理念规划及资源"维度上表现最好；西部地区在"行政强推及严格考核"维度上表现最好。

从图 8 - 2 看到，东部、中部、西部三个区域在"校企合作指导及激励"上差异最大，在"激发教改重视实践教学投入"上差异较大，在"办学定位及专业设置导向""理念规划及资源"上的差异较小，在"行政强推及严格考核"维度上的差异最小。对不同地区新建本科高校学校层次的转型情况进行单因素方差分析，结果发现不同地区新建本科高校在"校企合作指导及激励"、"激发教改重视实践教学投入"和"理念规划及资源"方面存在显著性差异，而这正是东部、中部新建本科高校明显好于西部新建本科高校的关键方面。

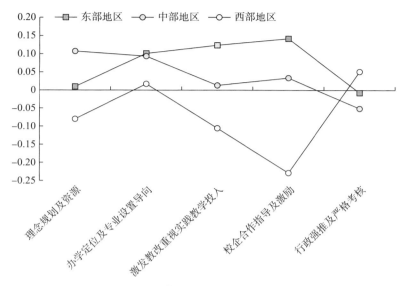

图 8 – 2　新建本科高校学校层次组织转型的地区差异

3. 新老本科高校在院系层次组织转型维度上的差异

　　从图 8 – 3 可看到，在院系层次的组织转型维度上，新建本科高校在"应用型定位及教师认同"方面远远好于老本科高校，在"实训条件及实践教学保障"和"学习型变革团队建设"两个维度上也比老本科高校表现得更好，老本科高校在"实践教学管理及教师考评"方面略好于新建本科高校，但这种差异是最小的。以高校类型为标准，对院系层次组织转型的四个维度进行独立样本 t 检验，发现新老本科高校在"应用型定位及教师认同"方面存在显著性差异。这说明，省属非重点的老本科高校的院系并不完全认同应用型的定位，教师在这方面的认同明显不如新建本科高校。

4. 新建本科高校院系层次组织转型的地区差异

　　如图 8 – 4 所示，东部地区新建本科高校在"应用型定位及教师认同"和"实训条件及实践教学保障"方面表现得更好；中部地区新建本科高校在"学习型变革团队建设"和"实践教学管理及教师考评"维度上表现得相对较好；西部地区新建本科高校在"实训条件及实践教育保障"的维度上好于中部地区，但整体表现较差。从差异大小来看，东部、中部、西部地区在院系层次组织转型上，在"实训条件及实践教学保障"方面差异最小，在"实践教学管理及教师考评"方面差异最大。对不同地区新建本科高校的院系层次组织转型维度做单因素方差分析发现，不同地区的新建本

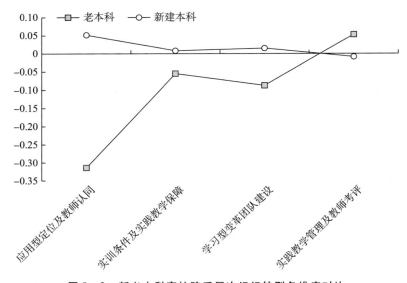

图 8 - 3　新老本科高校院系层次组织转型各维度对比

科高校在除"实训条件及实践教学保障"外的其他三个维度上均存在显著
性差异。

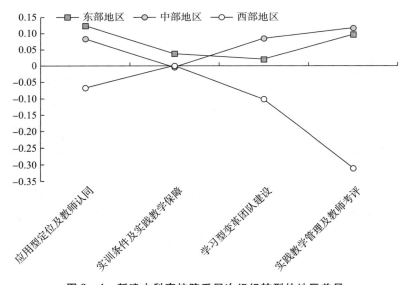

图 8 - 4　新建本科高校院系层次组织转型的地区差异

四　学校层次和院系层次的组织转型程度

1. 计算方法

先将各校教师所有关于学校层次组织转型的题项求均值，每所学校都可以得到一个关于学校层次组织转型的均值，然后以中位数为依据，将 39 所高校分为学校层次组织转型深入与不深入两类。根据中位数进行深入程度的划分，学校层次组织转型深入与不深入的样本各占一半。学校层次组织转型均值的中位数为 3.36，划分后有 22 所高校为学校层次组织转型不深入，教师样本占比为 49.56%；17 所高校为学校层次组织转型深入，教师样本占比为 50.44%。

与学校层次组织转型深入程度的划分类似，将计算单位由学校变为院系，将院系划分为组织转型深入与不深入两类。院系层次组织转型深入与不深入的教师样本各占一半左右。最终，共有 75 所高校院系层次组织转型深入，占比为 49.76%；共有 84 所高校院系层次组织转型不深入，占比为 50.24%。

2. 新老本科高校组织转型深入程度

新老本科高校在学校层次及院系层次组织转型深入情况如表 8 - 3 所示。46.88% 的新建本科高校的学校层次组织转型深入，仅有 28.57% 的老本科高校的学校层次组织转型深入，说明新建本科高校在学校层次对应用型转型的推动力度较大。老本科高校和新建本科高校在院系层次的组织转型深入比例大致相当，老本科高校中，院系层次组织转型深入的比例为47.83%，略高于新建本科高校的 47.06%。

结合老本科高校学校层次和院系层次组织转型深入的比例来看，虽然仅有 1/4 多的老本科高校在学校层次组织转型深入，但是有 47.83% 的老本科高校在院系层次组织转型深入，呈现自发转型的特点。结合本次调查采集的学校和专业转型时长信息看，老本科高校的学校应用型转型平均时长为 4.83 年，专业应用型转型平均时长为 5.45 年，老本科高校的专业应用型转型早于学校应用型转型，进一步验证了老本科高校更多属于自发转型的推测。

结合新建本科高校的学校层次和院系层次组织转型深入比例看，学校层次和院系层次组织转型深入比例大致相当，近半数新建本科高校在学校层次和院系层次组织转型深入，说明新建本科高校的院系较好地贯彻了学校层次应用型转型的举措。新建本科高校的学校应用型转型平均时长为5.17年，专业应用型转型平均时长为4.80年，说明新建本科高校的应用型转型更多受到自上而下的推动，某种程度上反映出新建本科高校的院系对学校的转型落实较好。

表 8 - 3   新老本科高校的学校层次及院系层次组织转型深入程度

单位：%

	学校层次组织转型深入比例	院系层次组织转型深入比例
老本科	28.57	47.83
新建本科	46.88	47.06

3. 不同地区新建本科高校组织转型深入程度

表 8 - 4 呈现了不同地区新建本科高校组织转型深入的情况。从地区对比角度看，41.67%的东部地区新建本科高校学校层次组织转型深入，在各地区中占比最低，但56.10%的东部地区新建本科高校院系层次组织转型深入，在各地区中占比最高。出现这种现象的原因可能在于东部地区新建本科高校应用型转型开始较早，目前已由学校层次大力推动转入院系层次贯彻落实阶段，也可能是因为东部地区经济发展及校企合作基础良好，尽管学校层次对转型的态度并不是很积极，但院系层次自发转型情况较多。为验证假设，分别统计不同地区新建本科高校教师回答的学校转型时长、专业转型时长。东部地区学校转型平均时长为6.74年，分别高于中部、西部地区2.26年、1.87年；专业转型平均时长为6.18年，分别高于中部、西部地区1.98年、1.69年，说明东部地区高校的转型开始得更早，已度过学校大力推动的阶段，某些推动阶段的指标并不明显。另外，从转型开始时间看，各地区还普遍存在院系层次组织转型滞后于学校层次组织转型的现象，但不排除一些学校，院系比学校更有转型的积极性，转型探索的时间更早。

54.55%的中部地区新建本科高校学校层次组织转型深入，在三个地区中最高，说明中部地区学校层次组织转型的推动力度较大。中部地区50.00%的新建本科高校院系层次组织转型深入，该比例略低于东部地区，远远高于西部地区。中部地区新建本科高校学校层次组织转型深入比例和院系层次组织转型深入比例大致相当，说明学校层次与院系层次的转型较为同步,院系能较好地贯彻落实学校的应用型转型要求。这也与这次地方高校转型过程中,中部一些省份,如河南等省整体表现突出有很大关系。

西部地区新建本科高校的学校层次组织转型深入比例略高于东部地区,但和中部地区相差 10 个百分点,院系层次组织转型深入比例最低,仅为 32.43%,与东部、中部地区差距较大。西部地区新建本科高校的院系层次组织转型深入比例低于学校层次组织转型深入比例 12 个百分点,说明西部地区新建本科高校不仅学校层次推动力度不大,院系层次贯彻落实也存在问题。整体来看,西部地区无论是学校层次组织转型深入比例还是院系层次组织转型深入比例都处于较低水平,应用型转型比较滞后。

综合来看,不同地区新建本科高校的应用型转型存在"梯度差"。东部地区新建本科高校应用型转型开始较早,已度过学校大力推动阶段,进入院系层次贯彻落实阶段;中部地区新建本科高校的学校层次对应用型转型的推动力度较大,院系层次的贯彻落实也较好;西部地区不仅学校层次的推动力度不大,院系层次的贯彻落实也差强人意。

表 8-4 不同地区新建本科高校组织转型深入程度

单位:%

	学校层次组织转型深入比例	院系层次组织转型深入比例
东部	41.67	56.10
中部	54.55	50.00
西部	44.44	32.43

注:学校层次组织转型深入比例 = 该地区新建本科高校中学校层次组织转型深入数量/该地区新建本科高校总数 ×100%;院系层次组织转型深入比例 = 该地区新建本科高校中院系层次组织转型深入数量/该地区新建本科高校院系总数 ×100%。

4. 新建本科高校不同组织转型类型分布

从前面分析可以看到,学校层次的组织转型与院系层次的组织转型深入程度存在不一致。结合学校层次和院系层次组织转型深入程度,可以将高校的组织转型类型分为如下四种:学校层次院系层次组织转型均深入为系统转型,表现为学校推动转型、院系贯彻落实,学校层次和院系层次实现了整体、系统、深入的转型;仅学校层次组织转型深入为"头动身不动"型,表现为学校大力推动,但院系未能较好贯彻落实;仅院系层次组织转型深入反映出院系自身转型积极性高,院系转型并非受学校的推动,属于自发转型;学校层次院系层次组织转型均不深入,处于转型初期或尚未开始转型。分别计算不同地区新建本科高校各组织转型类型数量占比，计算方法为：某地区某种组织转型类型新建本科高校占比＝某地区某种类型新建本科高校数量/某地区总新建本科高校数量×100％。不同地区四种组织转型类型的新建本科高校分布情况如图8－5所示。

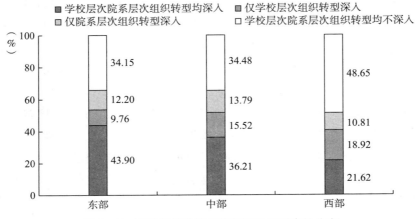

图8－5 不同组织转型类型的新建本科高校分布

学校层次院系层次组织转型均深入（系统转型）和学校层次院系层次组织转型均不深入（尚未开始/转型初期）的新建本科高校所占比例较高，仅学校层次或院系层次组织转型深入的新建本科高校所占比例较低，学校层次和院系层次的组织转型深入程度具有较高的一致性。分地区来看，东部地区新建本科高校中，学校层次院系层次组织转型均深入的新建本科高校占比最高，占比为43.90％；东部和中部地区约1/3的新建本科高校属于学校层次院系层次组织转型均不深入，可能尚未开始转型或处于转型初期，西部地区近一半的新建本科高校属于学校层次院系层次组织转型均不深入的类型；中部地区仅院系层次组织转型深入（自发转型）的新建本科高校所占比例较高，达到13.79％，其次为东部地区；西部地区新建本科高校中仅学校层次组织转型深入（"头动身不动"型）的比例较高，院系的落实有待加强。

五 应用型转型的效果分析

应用型转型的核心是人才培养模式的变革，以校企合作为载体，通过应用型科研提高教师应用实践能力，提高课程设置及教学行为的应用实践性。因此，本研究从校企合作、课程设置及教学行为、应用型科研三个方面考察应用型转型的效果。

1. **转型类型与校企合作**

分高校类型看，新建本科高校在校企合作的紧密度、稳定性、专业主导权、企业态度积极四个方面的得分均显著高于老本科高校，但在校企合作主要依赖协议与平台方面没有显著性差异，可见新建本科高校开始加强校企合作并初见成效。

图 8 - 6 显示的是不同转型类型在校企合作方面的效果。可以看出，不同转型类型的高校在校企合作上呈现出明显的差异，学校层次院系层次组织转型均深入与仅院系层次组织转型深入的高校在校企合作方面表现优于仅学校层次组织转型深入的高校，学校层次院系层次组织转型均不深入的高校在校企合作方面的表现最差，可见校企合作的深入开展受院系层次深入转型的影响更大。具体来看，学校层次院系层次组织转型均深入和仅院系层次组织转型深入的高校在校企合作的紧密度、稳定性、专业主导权、企业态度积极、主要依赖协议与平台方面得分均较高。

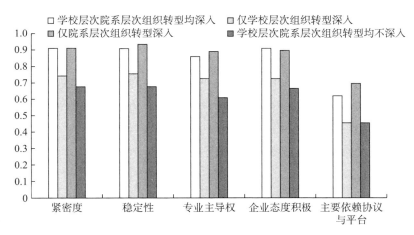

图 8 - 6　转型类型与校企合作

2. **转型类型与课程设置及教学行为**

本研究通过对课程设置与教学行为量表进行探索性因子分析及验证性因子分析，从课程设置的职业就业性、应用复合性以及教学行为的学以致用性三个维度进行考察。根据表 8 - 5，三个因子的累计方差贡献率达到

79.75%，探索性因子分析的 KMO 检验值为 0.923，抽样充足度得到检验，相关系数矩阵为单位矩阵的伴随概率为 0.000。可靠性分析 Cronbach's α 系数为 0.907，问卷信度较好。

表 8－5　课程设置与教学行为探索性因子分析结果

一级指标	题目	载荷	Cronbach's α 系数	累计方差贡献率（%）
课程设置－职业就业性	教学内容选取以工作岗位所需要的知识、能力、素质要求为依据	0.769	0.855	31.69
	教学安排遵循应用技术人才培养规律，教学做相结合	0.753		
	课程设置与国家技术考级和职业技能鉴定要求接轨	0.789		
教学行为－学以致用性	我常采取案例教学或项目教学方式，以调动学生学习的积极性	0.812	0.732	57.47
	我常有意识地将应用性研究项目的成果融入课堂教学中	0.784		
课程设置－应用复合性	重视不同学科或专业的交叉融合，强调复合性知识与能力结构	0.851	0.789	79.75
	课程的应用导向突出，实训/应用实践类课程所占比例较高	0.659		

分高校类型来看，新建本科高校课程设置的职业就业性和应用复合性均高于老本科高校，尽管在统计学上不显著。值得注意的是，新建本科高校在教学行为的学以致用性方面显著低于省属非重点老本科高校。这说明新建本科高校已经着手从课程设置方面加强学生应用实践能力的培养，但还需不断积累，进一步加强教学行为的学以致用性。

根据图 8－7，教学行为的学以致用性和课程设置的应用复合性均呈现学校层次院系层次组织转型均深入的得分最高，仅院系层次组织转型深入的得分次之的趋势，可见课程设置与教学行为的应用型转型需要学校层次和院系层次均进行深入的组织转型，而且院系层次的组织转型比学校层次的组织转型影响更大。根据图 8－8，学校层次院系层次组织转型均深入的实践实训课程占比最高，其次为仅学校层次组织转型深入的，仅院系层次组织转型深入和学校层次院系层次组织转型均不深入的实践实训课程占比接近，均较低。可以认为，实践实训课程占比更多受到学校层次组织转型的影响，相应的课程结构的决定权可能集中在学校层级。

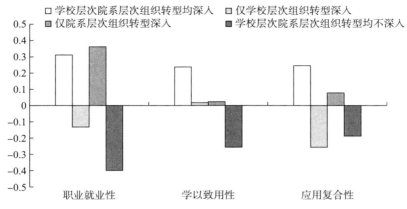

图 8 - 7 转型类型与课程设置及教学行为

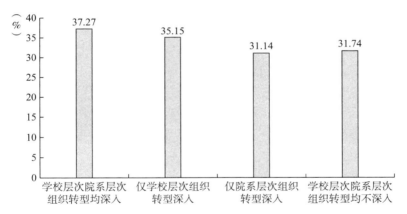

图 8 - 8 转型类型与实践实训课程占比

3. 转型类型与应用型科研

分高校类型看，新建本科高校认为学校科研导向为应用型的比例显著高于老本科高校，但是认为教师科研导向为应用型的比例显著低于老本科高校。可见，新建本科高校教师已感受到学校科研导向的转变，但教师自身的科研导向转为应用型还需要时间、能力和机会的积累。

根据图 8-9，仅学校层次组织转型深入与学校层次院系层次组织转型均深入的高校认为学校科研导向为应用型的比例较高，其次为仅院系层次组织转型深入，学校层次院系层次组织转型均不深入的比例最低，而且学校层次院系层次组织转型均深入与仅学校层次组织转型深入的比例远高于仅院系层次组织转型深入的比例，可见学校科研导向为应用型主要受学校层次组织转型的影响。在教师科研导向为应用型方面，仅院系层次组织转型深入比例最高，其次为学校层次院系层次组织转型均深入，仅学校层次组织转型深入和学校层次院系层次组织转型均不深入的比例最低，且仅院系层次组织转型深入的比例是学校层次院系层次组织转型均深入与仅学校层次组织转型深入的两倍左右，可见教师科研的应用型导向主要受院系层次组织转型的影响。可能是仅院系层次组织转型深入的高校的转型动力并非来自学校的推动和压力，而是来自前期的积累或已确定的应用型发展方向，因此教师在应用型科研方面拥有很大的优势。

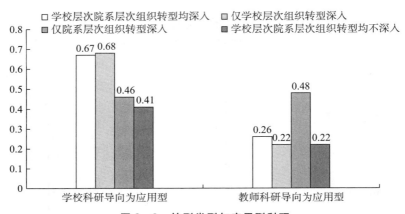

图 8 – 9　转型类型与应用型科研

六　讨论

就新老本科高校相比较而言，相对于省属非重点的老本科高校，新建本科高校在学校层次的"办学定位及专业设置导向"和"理念规划及资源"维度，院系层次的"应用型定位及教师认同"、"实训条件及实践教学保障"和"学习型变革团队建设"维度上均表现得更好。这说明在接受应用型的理念和定位、在专业设置上坚持应用型的导向、争取外部资源、实现资源同理念与规划的结合、保障实践实训资源等方面，新建本科高校做得更好。

就学校层次的组织转型和院系层次的组织转型而言，两者存在不一致的现象，既有学校层次组织转型深入而院系层次组织转型不深入（"头动身不动"）的现象，也存在学校层次组织转型不深入而院系层次组织转型深入（"身动头不动"）的现象。

分地区看，转型的发展并不均衡，存在从东到西的"梯度差"和"扩散"现象。新建本科高校的组织转型在多个维度呈现东部最好、中部次之、西部最弱的趋势。西部地区的新建本科高校，在学校层次和院系层次的组织转型多个维度均呈现显著劣势，尤其在学校层次的"校企合作指导及激励"和院系层次的"实践教学管理及教师考评"等关键环节上与东部、中部地区差距巨大。

另外，研究还发现，东部地区新建本科高校应用型转型开始得早，学校层次院系层次组织转型均深入的比例高，在这个时期，行政强推并不是主要手段；中部地区新建本科高校对应用型转型的推动力度较大，院系层次组织转型整体上较好；而西部近半数被调查高校属于学校层次院系层次组织转型均不深入的类型，可以说西部的新建本科高校大体上还处在转型初期或尚未开始转型。可能是因为存在东部、中部、西部之间的经济发展梯度，西部新建本科高校在校企合作等方面缺乏较好的经济条件，因此在向应用型转型方面整体上较为滞后。

从转型效果看，学校层次和院系层次组织转型深入的效果体现为新建本科高校在校企合作、课程设置及教学行为、应用型科研方面表现更好。具体而言，学校层次院系层次组织转型均深入的高校在校企合作的紧密度、企业的积极态度，在课程设置的应用复合性、教学行为的学以致用性、实践实训课程占比等方面均表现最好。此外，仅院系层次组织转型深入的自发转型高校由于前期积累较好，也在校企合作、课程设置、应用型科研等方面表现得较好。

从整体看，我国地方高校向应用型转型已经经过了 2013～2015 年的酝酿和发动阶段、2015～2020 年试点与推广阶段，"十四五"期间将逐步进入深度转型阶段。在新的发展阶段，一方面，要从国家政策上，对转型改革较慢的地区，特别是西部地区进一步加大扶持和指导的力度，使更多的地方普通本科高校加入转型高校行列中，使转型更为均衡；另一方面，转型的主体是地方高校，地方高校需要加强组织层次的转型，更好地解决学校层次和院系层次在转型中不一致的现象，实现学校层次和院系层次的协同。

第九章　组织转型的校院传导机制

一　问题的提出

2015 年 10 月，教育部等三部委联合发布《关于引导部分地方普通本科高校向应用型转变的指导意见》，对应用型高校的办学定位、专业设置、校企合作、资源获取与配置等主要方面进行了细致刻画。向应用型转型不仅是组织与外部环境关系的变化、学校内部教与学的转变，还需要高校在组织形态、组织结构和组织运行机制等方面进行相应变革。也就是说，转型是一个系统性的、综合性的过程。变化不仅发生在学校层次，还发生在院系层次，甚至是教师层次。

国内外学者关于组织转型的相关研究识别出了组织变革所涉及的基本要素、转型模式和步骤。如 Cooper 等（1964）认为组织变革可以从结构、人员、任务、技术四个方面来衡量；李春玲（2015）认为组织变革是人、文化、任务、技术、设计、战略六个变量的相互作用；钱平凡（1999）构建的组织转型过程模型关注组织目标、制度、活动与技术的转变。Beer 和Nohria（2001）根据组织变革方式区分出了顶层管理驱动的变革（E 理论）和基于组织发展的变革（O 理论），顶层管理驱动的变革采用自上而下的领导方式，结构性和计划性较强，通常采用激励驱动；基于组织发展的变革采用参与式的领导方式，关注文化与过程，变革过程多是自然发生的，激励滞后。Kotter（2009）总结的企业组织转型包含建立危机意识、形成强有力的指导队伍、创造愿景、就愿景充分沟通、授权他人为愿景而努力、规划并创造短期成就、巩固成果并持续变革、将新的方法制度化等 8个步骤。

在对高校的组织转型研究中，伯顿·克拉克（2003）发现，普通高校要成为能够从市场或社会上获取资源的创业型大学需要具备五个组织要素：强有力的驾驭核心、拓宽的发展外围、多元化的资助基地、激活的学术心脏地带、一体化的创业文化等。一体化的创业文化意味着高校领导、中层管理者和基层的教师都要具有创业精神。任玉珊（2010）梳理了国内外高校转型研究，认为要关注领导与管理、资源与经费、结构与学科、活动与技术、文化与制度、目标与愿景、使命与战略等方面。

针对国内地方高校向应用型的转变，王鑫、温恒福（2014）提出从发展战略、变革领导、办学行为、组织文化等转型核心要素方面进行分析；郭建如（2018）指出地方性是应用型本科高校的基本属性，规制着应用型本科高校的服务范围、发展目标和发展路径，乃至组织特征。稳定的、可持续的、坚强的驾驭核心对能否成功转型起着决定性作用，对于转型的评价应该既要关注关键指标，注意到转型的整体性、系统性及机制性问题，还要考虑重要利益相关者的关切（郭建如，2017）。屈潇潇（2019）对173所地方高校校级领导调查数据进行分析，发现地方高校内部各层级在转型发展过程中承担了不同功能：制度层面，以组织资源获取、领导资源交换为主要路径实现适应功能转型；机制层面，管理层主要以组织结构改革、师资队伍管理和资源配置变化为牵引实现整合和维模功能；生产技术层面，二级院系和教师开展的应用型人才培养和应用型科研是改革的核心，承担着目标达成的功能。

总的来看，已有研究努力识别、甄选出了高校组织转型的一些关键要素，但对这些组织要素之间的关系，特别是定量关系的分析还比较缺乏。这些研究倾向于把高校看作铁板一块的整体，忽视了高校是个复杂系统，是由众多不同文化、不同利益和兴趣的"部落"构成的这一事实（比彻、特罗勒尔，2008）。整体与这些"部落"的关系或是集权式的，或是联邦式的，关系或紧密或疏松，因为校院两级关系的不同，学校层次的组织制度的变化对院系影响也是不一样的。

从实践来看，地方高校的转型普遍是自上而下推动的，常常存在"头（领导者）转身（中层和基层）不转""上（领导者）热、中（中层干部）温、下（教师）冷""形神不兼备"的现象。如何破解这种困境，使地方高校在组织转型过程中做到齐心协力，就必须探讨转型过程中学校层次的意图、理念、政策和措施如何能够有效地传导给院系层次，乃至教师层次，这就需要深入研究组织转型过程中从学校到院系再到教师各层次的传导机制问题。

基于以上考虑，本章采用计量分析方法分析高校内部组织转型的传导机制，以期能够丰富和深化高校组织转型的定量研究，在实践中帮助高校寻找应用型转型难以深入推进的原因，进行有效诊断。

二 数据、变量与模型

1. 数据说明

考虑到教师是高校转型的基层执行者，对地方高校转型过程中的组织压力、组织支持以及组织制度变化等感受最直接、最敏感，本章同前章一样，采用北京大学教育经济研究所 2017 年"地方高校转型发展调查"教师数据进行分析，考虑到新建本科高校是应用型转型的主体，新建本科高校和老本科高校在办学积累、社会声誉等方面存在较大差异，因此本研究采用新建本科高校子样本进行分析。新建本科高校均为 1999 年后通过合并升本、独立升本、高职升格或转设等途径获得全日制本科招生资格的公办和民办普通本科高校。本研究采用的 32 所新建本科高校样本中有 25 所应用型转型试点高校，这些学校明确提出应用型转型定位并开展应用型转型实践，获得了当地教育主管部门的认可。因此本研究采用的样本同质性较高，可比性较强，适合进行应用型转型过程校院组织转型传导机制的分析。

样本高校教师基本情况如表 9 - 1 所示。

表 9 - 1 样本高校教师基本情况

类别		频数	占比（%）	类别		频数	占比（%）
地区	东部	356	28.43	学科门类	人文社科类	410	32.75
	中部	541	43.21		基础学科应用类	131	10.46
	西部	355	28.35		工科类	711	56.79
升本时长	1 ~ 10 年	347	27.72	教师职称*	正高级	74	6.04
	11 ~ 15 年	612	48.88		副高级	381	31.10
	16 ~ 18 年	293	23.40		中级及以下	770	62.86

注：＊未注明职称的有 27 人。

根据表 9 - 1，样本高校教师在地区、学科门类、升本时长、教师职称等方面涵盖全面，能够较好地反映地方新建本科高校的基本情况。

学校和院系转型的量表是本研究分析的关键，学校转型量表的 Cronbach's α 系数为 0.9295，院系转型量表的 Cronbach's α 系数为 0.9475，信度良好，说明具有较高的内部一致性。

2. 变量说明

在地方高校向应用型转型过程中，学校层次的组织转型是否会有效地影响到以及如何更有效地影响到院系层次的组织转型是本研究的重点。本次调查问卷中学校和院系组织转型题项主要基于三个方面进行设计。其一，组织转型与变革文献中关于组织转型核心要素的论述，如李春玲（2015）、钱平凡（1999）、Cooper 等（1964）都从文化、任务、技术、战略、制度等方面考察组织转型与变革；其二，已有高校转型与变革案例研究中总结的组织核心要素，如任玉珊（2010）、王鑫和温恒福（2014）在高校转型案例研究中对高校转型的使命与战略、领导、资源、办学行为、文化与制度等维度的总结，以及伯顿·克拉克（2003）对创业型大学组织转型要素的总结；其三，《指导意见》中关于转型发展的主要任务的论述，如校企合作的专业集群实现全覆盖，建立实训实习质量保障机制，整合相关的专业基础课、主干课、核心课、专业技能应用和实验实践课等。

问卷中关于学校层次和院系层次组织转型的题项采用李克特量表的形式，其中 1 代表很不符合，2 代表较不符合，3 代表比较符合，4 代表非常符合，由教师根据题项描述进行选择。本研究选取问卷中考察学校和院系组织转型的题项，进行探索性因子分析和验证性因子分析，得到学校层次组织转型的五个公因子和院系层次组织转型的四个公因子，具体方法见第八章，此处不再赘述。学校层次组织转型的五个公因子分别是："激发教改重视实践教学投入""理念规划及资源""校企合作指导及激励""办学定位及专业设置导向""行政强推及严格考核"。探索性因子分析结果见表9-2。

表9-2 学校层次组织转型各维度探索性因子分析结果

一级指标	题目内容	载荷	Cronbach's α 系数	累计方差贡献率（%）
学校 - 激发教改重视实践教学投入	校领导重视教学工作，在实践教学上投入大量资金和设备	0.740	0.879	23.88

一级指标	题目内容	载荷	Cronbach's α系数	累计方差贡献率（%）
学校－激发教改重视实践教学投入	校领导下放权力以发挥院系和教师教学变革的积极性	0.786	0.879	23.88
	校领导习惯用奖励和资源倾斜方式推动教学或组织变革	0.768		
学校－理念规划及资源	校领导对于学校如何发展有清晰的理念和规划	0.763	0.864	41.94
	校领导最显著的强项是能为学校的发展争取到重要资源	0.777		
	学校的发展目标、战略规划与资源配置三者高度匹配	0.583		
学校－校企合作指导及激励	学校制定了可操作性强的校企/校地合作指导性文件	0.755	0.809	54.38
	学校采取各种有力措施激励教师参与校企/校地合作	0.814		
学校－办学定位及专业设置导向	校领导明确提出坚持"地方性、应用型"的办学定位	0.895	0.800	74.42
	学校专业设置以当地经济和社会发展需要为依据	0.729		
学校－行政强推及严格考核	校领导习惯于通过行政和严格考核方式强行推行变革	0.940	—	84.08

院系层次组织转型的四个公因子分别是："应用型定位及教师认同""实训条件及实践教学保障""实践教学管理及教师考评""学习型变革团队建设"。探索性因子分析结果见表9－3。

表9－3　院系层次组织转型各维度探索性因子分析结果

一级指标	题目内容	载荷	Cronbach's α系数	累计方差贡献率（%）
院系－应用型定位及教师认同	院系明确了应用型人才培养目标，培养方案制订有企业参与	0.812	0.804	24.47
	教师了解并认同学校或院系的地方性和应用型的办学定位	0.774		
院系－实训条件及实践教学保障	与当地的行业或企业相比，校内的实验/实训设施很先进	0.819	0.817	48.63
	院系实践教学的人员、材料和工具经费有明确的规定与保障	0.767		

一级指标	题目内容	载荷	Cronbach's α 系数	累计方差贡献率（%）
院系－实践教学管理及教师考评	院系制定了严格的实践教学管理制度，有扎实的效果	0.719	0.818	71.21
	院系对教师的考核评价机制很健全	0.798		
院系－学习型变革团队建设	院系领导努力打造学习型团队，相互学习，以促进变革	0.896	—	86.80

学校层次和院系层次组织转型维度对应了使命、规划与资源、活动与技术、文化与制度、领导与管理等已有理论和高校实践总结的组织转型要素，而且，激发教改重视实践教学投入、校企合作指导及激励等维度，体现了应用型转型的实践特点。结合学校层次和院系层次组织转型维度来看，学校层次组织转型更偏重顶层设计与资源配置，院系层次组织转型更侧重贯彻落实，组织转型维度的提取符合高校管理实践。

3. 控制变量

为了更好地分析组织转型过程中的校院传导关系，本研究还将升本时长、私立高校、转型试点高校等学校特点作为控制变量。组织转型变量和控制变量的基本情况如表 9－4 所示。

表 9－4 变量描述统计

变量类型	变量名	均值	标准差	最小值	最大值
因变量	院系－应用型定位及教师认同	0.05	0.99	−3.86	3.30
	院系－实训条件及实践教学保障	0.01	1.00	−4.65	3.13
	院系－学习型变革团队建设	0.01	1.00	−4.62	2.34
	院系－实践教学管理及教师考评	−0.01	1.01	−4.29	3.35
自变量	学校－办学定位及专业设置导向	0.08	0.98	−4.34	2.50
	学校－理念规划及资源	0.03	0.97	−4.71	3.20
	学校－激发教改重视实践教学投入	0.01	1.01	−5.29	3.50
	学校－校企合作指导及激励	−0.01	1.01	−4.01	3.11
	学校－行政强推及严格考核	−0.01	1.01	−3.68	2.37
控制变量	升本时长	12.79	3.09	6.00	18.00
	私立高校	0.32	0.47	0	1.00
	转型试点高校	0.81	0.39	0	1.00

4. 模型

为探索学校层次组织转型对院系层次组织转型各维度的影响，本研究选定新建本科高校子样本，分别以院系层次组织转型各维度为因变量，以学校层次组织转型各维度为自变量，控制高校特征（升本时长、私立高校、转型试点高校），以及高校所在省的固定效应。模型公式如下：

$$Y = \alpha + \sum \beta_i UT_i + \sum \beta_j C_j + \varepsilon \qquad (式 9-1)$$

被解释变量为院系层次组织转型的"应用型定位及教师认同""实训条件及实践教学保障""学习型变革团队建设""实践教学管理及教师考评"四个维度，核心自变量 UT_i 为学校层次组织转型的"理念规划及资源""办学定位及专业设置导向""激发教改重视实践教学投入""校企合作指导及激励""行政强推及严格考核"五个维度。C_j 为学校特质方面的控制变量。

三　学校层次组织转型对院系层次组织转型的影响

1. 回归分析结果

依据式 9-1 进行学校层次组织转型对院系层次组织转型影响的多元线性回归分析，采用 hettest 命令进行异方差检验，显示 Prob > chi2 = 0.000，统计量的伴随概率小于 1%，说明存在异方差，因此在回归方程中加入稳健性标准差的选择项。回归分析结果如表 9-5 所示。

表 9-5　学校层次组织转型对院系层次组织转型的影响回归分析结果

	(1)	(2)	(3)	(4)
	院系 - 应用型定位及教师认同	院系 - 实训条件及实践教学保障	院系 - 学习型变革团队建设	院系 - 实践教学管理及教师考评
学校 - 理念规划及资源	0.16*** (0.03)	0.12*** (0.04)	0.30*** (0.04)	0.10*** (0.04)
学校 - 办学定位及专业设置导向	0.42*** (0.03)	0.00 (0.03)	0.05 (0.03)	0.14*** (0.03)
学校 - 激发教改重视实践教学投入	0.11*** (0.03)	0.28*** (0.03)	0.44*** (0.04)	0.22*** (0.04)
学校 - 校企合作指导及激励	0.35*** (0.03)	0.38*** (0.03)	0.05 (0.03)	0.31*** (0.03)

续表

	（1）	（2）	（3）	（4）
	院系－应用型定位及教师认同	院系－实训条件及实践教学保障	院系－学习型变革团队建设	院系－实践教学管理及教师考评
学校－行政强推及严格考核	0.05*	0.06**	0.08***	0.08***
	（0.03）	（0.03）	（0.03）	（0.03）
升本时长	−0.06*	0.00	0.04	0.02
	（0.01）	（0.01）	（0.01）	（0.01）
私立高校（公办高校）	−0.04	−0.01	0.03	0.03
	（0.08）	（0.09）	（0.08）	（0.09）
转型试点高校（非转型试点高校）	−0.01	0.03	0.02	−0.05
	（0.07）	（0.08）	（0.07）	（0.10）
高校所在省的固定效应	是	是	是	是
样本量	1158	1158	1158	1158
R^2	0.34	0.24	0.31	0.22

注：1. 表中呈现的为标准化系数；2. 括号内为虚拟变量基准组和稳健标准误；3. *** $p < 0.01$，** $p < 0.05$，* $p < 0.1$。

回归分析前计算自变量之间相关系数，发现相关系数最大为 −0.3569，小于 0.8，不存在严重的相关性。另外，上述回归均进行了多重共线性检验，各组模型中各变量方差膨胀因子（ VIF ）在 1.02～2.87，说明模型不存在严重的多重共线性问题，结果可信。

根据回归分析结果，学校层次组织转型的多个维度对院系层次组织转型的多个维度有显著影响，学校层次有的组织转型维度甚至对院系层次的四个维度都有显著影响，但总体上院系层次的维度受到学校层次相对应维度的影响最大。如学校获取资源并将资源与清晰的理念与规划相匹配，对院系层次四个维度都有显著的影响，但相对来讲，对院系打造学习型变革团队的影响最大；学校的应用型办学定位与依据地方社会经济发展来设置专业，对院系的"应用型定位及教师认同"影响最大；学校"激发教改重视实践教学投入"对院系的四个维度都有显著影响，相对来讲，对院系打造学习型变革团队的影响最大；学校的"校企合作指导及激励"对院系转型的三个维度（"应用型定位及教师认同""实训条件及实践教学保障""实践教学管理及教师考评"）都有显著影响，而且影响程度较接近，但相对而言，对"实训条件及实践教学保障"影响最大。

值得注意的是，学校层次采用行政强推和严格考核的办法来推动变革对于院系的四个维度都有一定影响，但影响相对较小，这可能是因为本科高校的组织"底部沉重"与"决策弥散"，单靠行政强推的效果有限。

从院系层次组织转型的角度看，院系的"应用型定位及教师认同"尽管受到学校层次五个组织转型维度的显著影响，但受学校"办学定位及专业设置导向"的影响最大，其次是受学校"校企合作指导及激励"的影响较大。这说明，学校的应用型定位与专业设置能够引导院系人才培养的定位和促进教师的认同。地方高校在向应用型转型过程中，不明白向哪儿转是教师们普遍面临的问题，明确的、可操作的指导性意见与有效的激励能够促进院系确定方向，激发院系及教师转型认同。

院系"实训条件及实践教学保障"受学校的"理念规划及资源""激发教改重视实践教学投入""校企合作指导及激励""行政强推及严格考核"的显著影响，相对来讲，受"校企合作指导及激励"的影响最大，其次是"激发教改重视实践教学投入"。这是因为实训和实践教学是应用型人才培养的重要环节，教育部等三部委明确要求提高实训实习在总课程中的占比，而实训实习量的拓展和质的提升特别需要校企的深入合作。同时，学校重视教学改革、重视实践教学的投入也会直接促进校内实训条件建设和实践教学保障。

院系打造学习型变革团队受学校"理念规划及资源"、"激发教改重视实践教学投入"以及"行政强推及严格考核"的显著影响。在这三个维度中，受学校"激发教改重视实践教学投入"的影响最大，其次是受学校"理念规划及资源"（理念规划、资源获取和匹配）的影响较大，而受"行政强推及严格考核"的影响明显较小。这是因为学习型变革团队最重要的特点是相互学习、相互促进，更多地要建立在自愿和认同的基础上。学校层次有导向、资源配置和激励措施，注意激发院系和教师的积极性，院系领导就容易打造学习型团队，行政强推的做法对于打造学习型变革团队的影响是有限的。

院系"实践教学管理及教师考评"受到学校五个维度的显著影响，但相对来讲，受学校"校企合作指导及激励"的影响最大，这是因为在应用型高校的建设中，通过校企合作来促进实践教学是非常重要的内容，对教师的考核也主要发生在实践教学环节和校企合作的表现上。

总的来看，学校层次的各维度对院系层次对应维度有显著的影响。特别需要注意的是，从学校层次组织转型各维度的作用大小来看，学校层次的"校企合作指导及激励"对院系层次组织转型主要维度的影响最大，起到了牵一发而动全身的关键作用。这也是普通地方高校向应用型转型的最鲜明特点，即把应用型人才的培养建立在产教融合和校企合作的基础上，通过产教融合、校企合作带动学校和院系全面组织转型。

2. 稳健性检验

对全样本（包括老本科高校和新建本科高校）、新建本科高校中经济/人文/管理/传媒类专业子样本和应用/机械/计算机/工程类专业子样本分别进行上述回归，结果依然稳健，受篇幅限制，不在此一一呈现回归分析结果。

四 组织转型的路径分析

1. 模型构建

根据伯恩鲍姆（2003）的观点，学校是一个系统，学院是其中的子系统，会受到学校这个大系统的影响。结合地方高校向应用型转型的实践来看，新建本科高校的应用型转型明显受国家政策推动，转型动力多来自外部环境的要求，这种转型更符合顶层管理驱动的变革模式。根据顶层管理驱动的变革理论，这种变革模式的结构性和计划性较强，呈现自上而下变革的特点。基于此，本研究在结构方程模型中构建了学校层次组织转型各维度影响院系层次组织转型，同一层次中定位与规划推动转型实践、考核措施推动实践教学的原始模型，并根据软件汇报的调整参考进行调试，删去不显著的影响路径及与各维度均无显著影响关系的转型维度，最终得到组织转型的路径图。结构方程模型中各组织转型维度潜变量的构建方法与前文因子分析一致。

2. 适配判断

模型适配情况如表9－6所示，模型结果适配度优良。

表9－6 组织转型内部影响机制拟合情况

指标类别	主要适配指标	指标值	适配标准	适配判断
其他适配度	适配度指标 *GFI*	0.954	≥0.95	优良
比较适配度	比较适配度指标 *CFI*	0.978	≥0.95	优良
简约适配度	简约调整指标 *GFIPGFI*	0.659	>0.5	优良

需要说明的是，学校层次组织转型中的"行政强推及严格考核"，院系层次组织转型中的"学习型变革团队建设"由于与其他因素之间没有显著的路径关系，在最终模型中被删掉。

3. 结果

表9－7和图9－1分别呈现了结构方程模型中学校层次和院系层次组织转型各因素之间的影响关系。

表9－7　组织转型传导机制路径及系数

影响路径			标准化系数	标准误	临界比值	*p*
校企合作指导及激励	←	办学定位及专业设置导向	0.381	0.039	10.59	＊＊＊
激发教改重视实践教学投入	←	理念规划及资源	0.951	0.053	23.35	＊＊＊
校企合作指导及激励	←	激发教改重视实践教学投入	0.624	0.035	17.18	＊＊＊
实践教学管理及教师考评	←	校企合作指导及激励	0.923	0.037	25.89	＊＊＊
应用型定位及教师认同	←	校企合作指导及激励	0.956	0.032	25.93	＊＊＊
实训条件及实践教学保障	←	校企合作指导及激励	0.460	0.119	4.25	＊＊＊
实训条件及实践教学保障	←	实践教学管理及教师考评	0.478	0.118	4.31	＊＊＊

＊＊＊ *p* < 0.001。

根据图9－1，在学校层次对院系层次组织转型的影响中，学校的"校企合作指导及激励"对院系的"应用型定位及教师认同"、"实践教学管理及教师考评"和"实训条件及实践教学保障"有显著影响，而且对前两者影响更大，说明院系层次的组织转型主要受学校层次制度的影响，同时也看到，校企合作在组织转型中起着核心中轴作用。

在学校层次，"办学定位及专业设置导向"会对"校企合作指导及激励"产生显著影响；"理念规划及资源"对"激发教改重视实践教学投入"有显著影响；"激发教改重视实践教学投入"会影响"校企合作指导及激励"，说明学校组织转型层面存在理念规划影响行动与落实的现象。在校院传导机制方面，学校层次主要是通过"校企合作指导及激励"推动院系层次的"应用型定位及教师认同"、"实践教学管理及教师考评"及

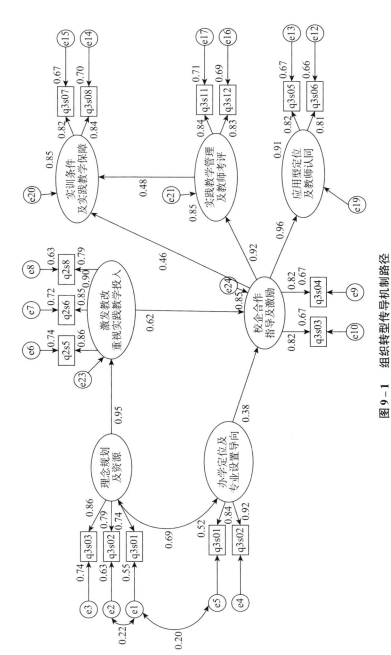

图 9 - 1　组织转型传导机制制路径

注：结构方程模型中各潜变量对应的题项与探索性和验证性因子分析对应的题项一致，各参数均通过探索性和验证性因子分析的检验；因各题型内容较长，在图中没有完全展示。

"实训条件及实践教学保障"。在院系层次，"实践教学管理及教师考评"对"实训条件及实践教学保障"起到了重要的促进作用。

从组织转型传导机制的总效应[①]看，在学校层次组织转型内部影响中，"校企合作指导及激励"是地方普通本科高校向应用型转型的关键，受学校"办学定位及专业设置导向"的影响为 0.38，受学校"激发教改重视实践教学投入"的影响为 0.62。学校层次的"校企合作指导及激励"之所以发挥着转型中轴的作用，在于可操作性强的指导文件以及有力的激励措施共同构成了强有力的校企合作制度，能够有效地降低转型的不确定性，为教师行动指明方向，有效地调动教师的积极性；学校关于校企合作的指导意见和激励措施用确定的制度形式固定下来，也会形成组织成员的稳定预期，为教师转型行为提供合法性。

五　讨论与建议

本研究采用多元线性回归模型分析学校层次组织转型对院系层次组织转型的影响，采用结构方程模型检验学校层次组织转型对院系层次组织转型的影响机制。研究发现，学校层次组织转型的各维度能够影响大部分院系层次组织转型的维度，且学校层次组织转型的维度对院系层次相对应维度的影响最大。从学校层次对院系层次组织转型的影响机制来看，结构方程模型结果显示，学校层次的"校企合作指导及激励"在组织转型中发挥了重要的传导和推动作用，"办学定位及专业设置导向""理念规划及资源"能够间接推动院系的组织转型。多元线性回归模型结果显示，在转型过程中学校采取行政强推的方式虽然会对院系的组织转型产生一定效果，但效果较小。

根据以上研究结果，对于当前正在进行的地方普通本科高校的转型发展，本章有如下建议。

基于高校组织特点，在转型过程中应高度重视学校层次校企合作制度（特别是具有可操作性的指导意见和激励措施）的作用，减少行政强推的做法。校企合作是地方高校向应用型转型的突破口，具有牵一发而动全身

---

① 受篇幅限制，不一一呈现组织转型传导机制总效应、直接效应、间接效应的表格，仅用文字进行呈现。

的作用，学校的组织转型通过"校企合作指导及激励"可有效地推动院系办学定位、资源保障、考核管理等方面的组织转型，这与本科高校作为专业组织的特点有着密切关系。对转型不确定性的迷茫和担心自身利益受损是组织转型的两大阻力，可操作性强的指导性文件和有效的激励措施能够明确转型导向，有效消除教师的迷茫。教师在参与转型过程中面对的情境是复杂多样且异质的，学校层次的决策者很难了解具体的转型情境，也很难对诸多实践细节进行决策，教师才是处理校企合作培养人才的现场专家。学校提供明确的校企合作指导意见，赋予教师相应的自由裁量空间，为教师提供行动指南和基本框架，又能赋予教师行动力，使教师结合实际情况灵活变通，顺利推行转型举措。不顾复杂现实情况强制推行统一举措，则容易造成转型行动与复杂现实的错位，挫伤教师转型的积极性。另外，强有力的激励能够消除教师对利益受损的担忧，弥补教师参与转型付出的成本。严格考核要求教师必须采取一定行为，否则就会受到惩罚，激励则从正面肯定采取行动积极转型的教师，激发教师内在动力，使教师的行为更好地与学校的意图，特别是理念、规划和导向相一致。

学校层次要高度重视办学定位、理念与规划的作用，还要重视获取资源并与学校的发展目标和发展战略相配置。学校是否有清晰的定位、理念与规划，校领导是否有强有力的资源获取能力，学校的资源是否同学校发展目标与战略规划相匹配是刻画学校组织能力的重要指标。从实证结果看，学校的组织能力（即理念规划、资源获取及匹配能力）对于院系层次组织转型的各维度都有显著的影响，特别是会影响二级学院能否打造学习型变革团队；学校的理念规划与资源匹配还会显著地影响学校是否重视教学和教学改革，是否重视在实践教学上的投入，这又进一步影响到院系层次组织转型的各维度。要想解决转型过程中"头转身不转"的问题，做到上下协调，就需要学校层次通过明确的办学定位和专业设置导向使院系和教师产生认同，如通过教代会、党代会、学校章程等途径将应用型办学定位固定化，上升为全校的共识。同时，校领导还需要强化资源获取能力，并将资源与学校的目标和规划相匹配，学校层次做到"言行一致"，院系和教师才能感受到学校的决心，获得转型行动的强有力的资源支撑，推进院系学习型变革团队的打造。

第十章 组织转型对校企合作的影响

一 问题的提出

校企合作协同育人是应用型高校人才培养的基本方式。实践中，由于高校和企业的组织性质、合作导向存在差异，校企合作并不顺畅、合作并不深入。如张蕾、田海洋（2015）认为校企合作中政府、企业、高校各方都缺乏主动性，没有形成互利双赢的关系；陈新民（2009）指出无论是政府、企业还是高校，校企合作管理制度都尚未健全；彭军志（2020）认为校企合作存在实践教学资源不足、企业参与合作积极性不高等问题。一些文献从转变观念、设立并完善相应机构、制定制度、建立教师团队等方面提出加强校企合作的相关建议，如学校管理者要树立校企合作、开放办学、合作育人的教育理念（李攀，2015）；高校要建立校企合作中心专门管理校企合作，校企合作中心要有校—院两级机构，专门处理校企合作事宜，在校企和学生的实践教学中搭桥（张洁，2018）；搭建校企合作平台，校企共建实验室，实现资源优势互补、利益共享（吴岩，2018）等。在制度建设方面，实践者和研究者提出的建议集中在改革和完善教师评价和职称评审标准、健全校企合作保障和激励制度等方面。

相关文献尽管认识到组织层面的改变对校企合作的影响，但学校层次和院系层次是不同的。长久以来，在高等教育界就存在大学办学院抑或学院办大学的争论（石中英，2016），在地方高校转型发展过程中，学校层次和院系层次也存在不同步的现象，既存在"上（学校层次）热下（院系层次）冷"的问题，也存在院系层次积极主动、学校领导层摇摆不定的状况。相关文献没有认识到这种不一致性，更没有深入探讨学校层次和院系层次各自以及共同对校企合作产生的影响。另外，已有的文献较多还停留在思辨或经验总结上，缺乏基于数据的计量分析。

基于此，本章尝试用定量研究方法探讨学校层次和院系层次的组织转型对校企合作产生的不同影响，分析学校和院系在地方高校转型过程中的不同作用。

二　数据与变量

1. 数据来源

本章采用北京大学教育经济研究所"2017 年地方高校转型发展调查"教师数据。为增强可比性，本章只选取 32 所新建本科高校，共计 1252 份教师问卷进行描述统计和计量分析。

2. 转型变量的测量

组织转型是核心自变量，本研究从转型维度和转型类型两方面分析组织转型情况，对转型维度的分析又分为学校和院系两个层次。对教师问卷中关于学校层次组织转型的题项进行探索性因子分析和验证性因子分析，得到学校层次组织转型的"理念规划与资源""办学定位与专业设置导向""激发教改重视实践教学投入""校企合作指导及激励""行政强推及严格考核"五个维度。对教师问卷中关于院系层次组织转型的题项进行探索性因子分析和验证性因子分析，得到院系层次组织转型的"应用型定位及教师认同""学习型变革团队建设""实践教学管理及教师考评""实训条件及实践教学保障"四个维度。[①]

考虑到学校层次和院系层次组织转型的不一致，依据转型的深入情况，本研究进一步建构学校层次和院系层次的组织转型类型。首先以学校为单位，将各校教师关于学校转型的题项求均值，然后以中位数为界，将本次调研的 32 所新建本科高校分为学校层次组织转型深入与不深入两类：如果该校的学校层次组织转型的均值在全样本学校组织转型的中位数及以上，则认为该校的学校层次组织转型深入；如果在中位数以下，则认为该校的学校层次组织转型不深入。院系层次组织转型深入程度的划分与之类似，首先以院系为单位计算各院系涉及组织转型题项的均值，然后以院系层次组织转型题项均值的中位数为界，将各院系划分为组织转型深入与不

[①]　学校层次和院系层次组织转型维度的提取均达到因子载荷、累计方差贡献率等要求，并通过验证性因子分析模型适配判断，具体方法见第八章，在此不一一赘述。

深入两类：若该院系层次组织转型均值在中位数及以上，则认为该院系层次组织转型深入；若在中位数以下，则认为该院系层次组织转型不深入。划分学校层次和院系层次组织转型深入程度后，根据每个院系所在学校和院系自身的转型深入程度，可以得到学校层次院系层次组织转型均深入、仅学校层次组织转型深入、仅院系层次组织转型深入和学校层次院系层次组织转型均不深入四类院系，见表 10 – 1。

表 10 – 1　新建本科高校的组织转型类型

	组织转型深入类型占比（%）		组织转型不深入类型占比（%）	
深入	学校层次院系层次组织转型均深入	38.5	仅院系层次组织转型深入	12.6
不深入	仅学校层次组织转型深入	13.3	学校层次院系层次组织转型均不深入	35.6

3. 校企合作变量的测量

校企合作的质量是因变量，本研究从校企合作状态、校企合作形式、企业参与深度、学校合作能力四个维度测量校企合作质量。校企合作状态是从紧密性、稳定性、专业主导权和企业积极性四个维度进行测量，这四个变量均为定序分类变量。校企合作形式则分为通过教师或校领导的私人关系，或是通过签订协议与共建平台等公开形式进行，前者被认为是非正式的，后者被认为是正式的。企业参与深度主要是看企业的参与是停留在提供讲座、为师生提供锻炼或实习机会、提供奖助学金、为专业建设提供设施设备等浅层次，还是进入为相关院系提供与企业相关的课程、与教师合作开发课程、指导学生的毕业设计、参与专业的人才培养方案制订等深层次。将深层次的校企合作处理为 1，将浅层次的校企合作处理为 0。学校合作能力主要看学校能为企业提供哪些帮助，如果学校能为企业提供技术咨询和支持，教师能够参与企业技术攻关，解决技术难题，则认为学校的校企合作能力强；如果学校只是通过支付企业培养学生的部分成本，或者是为企业员工提供培训，或者只是通过学生实习来为企业节省人力成本，把毕业生看作企业的重要人才资源来进行校企合作，则校企合作能力较弱，原因在于企业更看重的是前一种合作。

根据表 10 – 2，在状态方面，新建本科高校整体在稳定性方面表现最好，内部差异最小；在专业主导权方面表现最差，内部差异最大。在形式方面，近半校企合作主要依赖协议与平台开展。在深度方面，77%的教师认为企业参与较深入，企业参与了人才培养、课程建设等。在能力方面，72%的教师认为学校方能够为企业提供技术咨询或支持，或者是能参与企业的技术攻关。

表 10 - 2　校企合作各变量描述统计

	变量	均值	标准差
状态	紧密性	3.063	0.729
	稳定性	3.070	0.710
	专业主导权	2.989	0.775
	企业积极性	3.053	0.752
形式	校企合作形式	0.546	0.498
深度	企业参与深度	0.770	0.421
能力	学校合作能力	0.720	0.449

4. 不同组织转型类型的校企合作情况

为分析组织转型类型与校企合作之间的关系，以组织转型类型为分组标准，对校企合作状态、形式、深度、能力等进行方差分析，结果见表10-3。不同组织转型类型的新建本科高校在校企合作状态、形式、深度方面均存在显著性差异，仅在能力方面没有显著性差异。

表 10 - 3　不同组织转型类型的院系校企合作的方差分析

校企合作	变量名	变异来源	平方和 (SS)	自由度 (df)	均方 (MS)	F 值	p 值
状态	紧密性	组间	58.4	3	19.5	40.46	0.000
		组内	544.2	1131	0.5		
		总变异	602.6	1134	0.5		
	稳定性	组间	47.1	3	15.7	33.82	0.000
		组内	525.2	1131	0.5		
		总变异	572.2	1134	0.5		
	专业主导权	组间	66.1	3	22.0	40.49	0.000
		组内	614.8	1130	0.5		
		总变异	680.9	1133	0.6		

校企合作	变量名	变异来源	平方和（SS）	自由度（df）	均方（MS）	F 值	p 值
状态	企业积极性	组间	62.3	3	20.8	40.65	0.000
		组内	576.5	1128	0.5		
		总变异	638.8	1131	0.6		
形式	校企合作形式	组间	9.7	3	3.2	13.48	0.000
		组内	282.3	1174	0.2		
		总变异	292.0	1177	0.2		
深度	企业参与深度	组间	5.0	3	1.7	9.52	0.000
		组内	216.8	1248	0.2		
		总变异	221.8	1251	0.2		
能力	学校合作能力	组间	0.7	3	0.2	1.18	0.3148
		组内	251.9	1248	0.2		
		总变异	252.6	1251	0.2		

三　假设与模型

根据系统论的观点，学校是一个分层级的大系统，院系处于学校的大系统中（伯恩鲍姆，2003），校企合作由具体院系和专业与相应企业开展，院系和专业在高校系统中受到学校等更高层级的影响。据此，可以提出如下假设。

假设1：学校层次和院系层次的组织转型各维度得分越高，校企合作的质量越高（如紧密性、稳定性等状态越好，合作形式越正式，企业参与越深入，学校合作能力越强）。

通常，学校的校企合作具体由院系和相关专业执行，学校层次更多的是通过制定相应的制度和激励措施来推动或支持院系层次的校企合作，因此可将假设1分解为：

假设1a：院系层次组织转型维度对校企合作的影响更大；

假设1b：学校层次与校企合作密切相关的转型维度（如校企合作指导及激励）对校企合作的影响更大。

校企合作的成功需要学校和院系两个层次的协调推进，因此可提出假设 2。

假设 2：学校层次院系层次组织转型均深入的院系校企合作的质量更高（具体体现为在校企合作的形式、深度和能力方面更好）。

校企合作状态的相关变量为定序变量，形式、深度、能力三个方面为 0 - 1 二元分类变量，因此，对校企合作状态的分析采用定序罗吉斯特回归方法，公式如式 10 - 1 所示，对校企合作形式、深度、能力等方面的分析采用二元罗吉斯特回归方法，公式如式 10 - 2 所示。

$$\text{logit}(P_j) = \ln\left(\frac{P(Y > j \mid X)}{1 - P(Y > j \mid X)}\right) = -\alpha_i + \sum \beta_j X_j + \beta_k C_k + \varepsilon_l \quad （式 10 - 1）$$

$$\text{logit}(P) = \ln\left(\frac{P}{1 - P}\right) = \alpha_i + \sum \beta_j X_j + \beta_k C_k + \varepsilon_l \quad （式 10 - 2）$$

式 10 - 1 和式 10 - 2 中 X_j 指加入的学校层次和院系层次组织转型各维度、组织转型类型等自变量，C_k 指控制变量。

学校特征，包括升本时长、高校公办或私立和是否为转型试点等都会影响校企的合作，需要在模型中进行控制。为更好地控制与校企合作相关但无法直接观测的环境因素，模型还控制了高校所在省的固定效应。学校特征类变量中"升本时长"为连续变量，样本中新建本科高校平均"升本时长"为 12.786 年，私立高校和转型试点高校为二元分类变量。

四　转型维度影响的实证分析

1. 组织转型维度对校企合作状态的影响

以紧密性、稳定性、专业主导权、企业积极性为因变量，以学校层次和院系层次的组织转型各维度为自变量，首先加入学校层次组织转型各维度，然后加入院系层次组织转型各维度，控制高校特征与高校所在省的固定效应，在回归方程中加入稳健性标准差的选择项。回归分析结果见表 10 - 4。

根据表 10 - 4，整体看，校企合作状态主要受院系层次组织转型的影响，表现为加入院系层次组织转型的维度后，学校层次组织转型各维度的系数变小，有些变量的影响由显著变得不显著，而且同时加入学校层次和院系层次组织转型维度，院系层次组织转型维度的系数更大，验证了假设 1a（院系层次组织转型维度对校企合作的影响更大）。在院系层次的组织

表 10 - 4　组织转型对校企合作状态的影响

变量	(1) 紧密性	(2) 紧密性	(3) 稳定性	(4) 稳定性	(5) 专业主导权	(6) 专业主导权	(7) 企业积极性	(8) 企业积极性
学校 - 理念规划及资源	0.54*** (0.07)	0.19** (0.09)	0.52*** (0.07)	0.25*** (0.09)	0.43*** (0.07)	0.11 (0.09)	0.46*** (0.07)	0.07 (0.09)
学校 - 办学定位及专业设置导向	0.58*** (0.07)	0.30*** (0.10)	0.34*** (0.07)	0.09 (0.09)	0.24*** (0.07)	-0.03 (0.09)	0.28*** (0.07)	-0.04 (0.09)
学校 - 激发教改重视实践教学投入	0.56*** (0.07)	0.06 (0.11)	0.63*** (0.07)	0.23** (0.10)	0.68*** (0.07)	0.16 (0.10)	0.68*** (0.06)	0.13 (0.10)
学校 - 校企合作指导及激励	0.75*** (0.07)	0.29*** (0.11)	0.73*** (0.07)	0.30*** (0.10)	0.75*** (0.07)	0.26** (0.10)	0.67*** (0.07)	0.11 (0.10)
学校 - 行政强推及严格考核	0.23*** (0.07)	0.09 (0.08)	0.17** (0.07)	0.03 (0.07)	0.25*** (0.07)	0.12* (0.07)	0.18** (0.07)	0.01 (0.07)
院系 - 应用型定位及教师认同		0.50*** (0.11)		0.48*** (0.10)		0.49*** (0.10)		0.58*** (0.11)
院系 - 实训条件及实践教学保障		0.51*** (0.10)		0.42*** (0.08)		0.61*** (0.10)		0.68*** (0.10)
院系 - 学习型变革团队建设		0.49*** (0.10)		0.27*** (0.09)		0.42*** (0.09)		0.44*** (0.08)
院系 - 实践教学管理及教师考评		0.42*** (0.09)		0.44*** (0.09)		0.43*** (0.09)		0.44*** (0.09)
升本时长	-0.06** (0.03)	-0.06** (0.03)	-0.08*** (0.03)	-0.08*** (0.03)	-0.05* (0.03)	-0.05* (0.03)	-0.02 (0.03)	-0.02 (0.03)

续表

变量	（1） 紧密性	（2） 紧密性	（3） 稳定性	（4） 稳定性	（5） 专业主导权	（6） 专业主导权	（7） 企业积极性	（8） 企业积极性
私立高校（公办高校）	-0.16 (0.21)	-0.17 (0.22)	-0.06 (0.21)	-0.04 (0.21)	-0.08 (0.21)	-0.07 (0.21)	0.24 (0.21)	0.23 (0.22)
转型试点高校（非转型试点高校）	0.06 (0.23)	0.04 (0.23)	0.26 (0.22)	0.26 (0.22)	0.03 (0.22)	0.00 (0.21)	0.21 (0.21)	0.15 (0.20)
高校所在省的固定效应	是	是	是	是	是	是	是	是
截距项1	-4.72*** (0.58)	-4.90*** (0.60)	-5.37*** (0.58)	-5.43*** (0.60)	-4.00*** (0.54)	-4.25*** (0.55)	-3.58*** (0.52)	-3.90*** (0.53)
截距项2	-2.36*** (0.54)	-2.49*** (0.55)	-2.66*** (0.52)	-2.74*** (0.54)	-1.58*** (0.50)	-1.76*** (0.51)	-1.33*** (0.49)	-1.55*** (0.51)
截距项3	0.90* (0.53)	0.89 (0.55)	0.56 (0.52)	0.60 (0.53)	1.32*** (0.50)	1.25** (0.51)	1.65*** (0.50)	1.55*** (0.51)
样本量	1079	1054	1079	1054	1078	1053	1076	1051
伪 R^2	0.149	0.168	0.144	0.158	0.134	0.154	0.128	0.150

注：1. 括号内为虚拟变量基准组和稳健标准误；2. *** $p<0.01$，** $p<0.05$，* $p<0.1$。

转型影响方面，院系层次的"应用型定位及教师认同""实训条件及实践教学保障""学习型变革团队建设""实践教学管理及教师考评"均对紧密性、稳定性、专业主导权和企业积极性影响显著，每个院系层次组织转型维度都能显著改善校企合作状态。

加入院系层次组织转型维度后，学校层次的"理念规划及资源""办学定位及专业设置导向""校企合作指导及激励"对紧密性仍有显著影响，其中"校企合作指导及激励"的影响最大；学校的"理念规划及资源"、"激发教改重视实践教学投入"和"校企合作指导及激励"对稳定性有显著影响，其中"校企合作指导及激励"的影响最大；学校层次的"校企合作指导及激励""行政强推及严格考核"对校企合作中的专业主导权有显著影响，其中"校企合作指导及激励"的影响最大。从以上维度看，学校层次组织转型维度中，"校企合作指导及激励"对校企合作状态的影响最大，也最为全面，校方的指导与激励给予校企合作以明确定位和具体的操作意见，使教师行动有了方向，学校激励可有效激发教师动力。

值得注意的是，在加入院系层次组织转型维度后，学校层次组织转型的各维度均对校企合作中企业积极性没有显著影响，而院系层次组织转型的各维度对企业积极性有显著影响，这说明调动企业积极性的关键是在院系层次，只有院系层次，甚至是专业层次才能有效地对接和满足企业的需求，吸引企业的积极参与。

从影响大小看，在学校层次组织转型各维度中，"校企合作指导及激励"是最突出的；在院系层次组织转型各维度中，"实训条件及实践教学保障""应用型定位及教师认同"的系数相对更大，基本验证了假设1b，即无论是学校层次，还是院系层次，与校企合作的关系越密切的转型维度，对校企合作的影响越大。

2. 组织转型维度对校企合作形式、企业参与深度和学校合作能力的影响

采用逐步回归的方法分析组织转型维度对校企合作形式、企业参与深度和学校合作能力的影响，首先加入学校层次组织转型各维度，然后加入院系层次组织转型各维度，控制高校特征与高校所在省的固定效应，在回归方程中加入稳健性标准差的选择项。回归分析结果见表10-5。

表 10 – 5 组织转型维度对校企合作形式、企业参与深度和学校合作能力的影响

	（1）	（2）	（3）	（4）	（5）	（6）
	校企合作形式	校企合作形式	企业参与深度	企业参与深度	学校合作能力	学校合作能力
学校 – 理念规划及资源	0.14 ** (0.07)	0.01 (0.09)	0.15 ** (0.07)	0.08 (0.09)	0.00 (0.07)	– 0.06 (0.09)
学校 – 办学定位及专业设置导向	0.18 *** (0.07)	0.09 (0.08)	0.06 (0.07)	– 0.03 (0.09)	0.07 (0.07)	– 0.04 (0.09)
学校 – 激发教改重视实践教学投入	0.24 *** (0.07)	0.06 (0.10)	0.32 *** (0.07)	0.21 * (0.11)	0.24 *** (0.07)	0.14 (0.10)
学校 – 校企合作指导及激励	0.38 *** (0.07)	0.21 ** (0.10)	0.15 ** (0.07)	0.05 (0.11)	0.08 (0.07)	– 0.06 (0.11)
学校 – 行政强推及严格考核	– 0.03 (0.07)	– 0.08 (0.07)	0.02 (0.07)	0.00 (0.08)	0.18 *** (0.06)	0.15 ** (0.07)
院系 – 应用型定位及教师认同		0.19 * (0.10)		0.16 (0.11)		0.12 (0.10)
院系 – 实训条件及实践教学保障		0.17 * (0.10)		0.06 (0.10)		0.12 (0.10)
院系 – 学习型变革团队建设		0.11 (0.09)		0.11 (0.10)		0.07 (0.10)
院系 – 实践教学管理及教师考评		0.18 ** (0.09)		0.08 (0.10)		0.11 (0.09)
升本时长	– 0.01 (0.03)	– 0.01 (0.03)	0.01 (0.03)	0.01 (0.03)	– 0.04 (0.03)	– 0.04 (0.03)
私立高校（公办高校）	0.15 (0.21)	0.16 (0.21)	0.14 (0.24)	0.08 (0.24)	– 0.79 *** (0.23)	– 0.81 *** (0.23)
转型试点高校（非转型试点高校）	– 0.09 (0.22)	– 0.08 (0.22)	0.32 (0.26)	0.25 (0.27)	0.14 (0.22)	0.10 (0.22)
高校所在省的固定效应	是	是	是	是	是	是
截距项	0.06 (0.52)	– 0.04 (0.53)	1.08 * (0.62)	1.16 * (0.63)	1.24 ** (0.54)	1.27 ** (0.54)
样本量	1117	1092	1185	1158	1185	1158
伪 R^2	0.0618	0.0656	0.0449	0.0444	0.0362	0.0384

注：1. 括号内为虚拟变量基准组和稳健标准误差；2. *** $p < 0.01$，** $p < 0.05$，* $p < 0.1$。

根据表 10 – 5，在加入院系层次的组织转型维度之后，学校层次的组织转型维度对校企合作的相关维度的影响变得不显著或影响明显下降，说明学校层次组织转型的影响可以通过院系层次的转型得到解释。

学校层次对校企合作形式的影响，在未考虑院系层次组织转型的维度时，学校层次除"行政强推及严格考核"外的其他四个维度（"理念规划及资源""办学定位及专业设置导向""激发教改重视实践教学投入""校企合作指导及激励"）都对校企合作形式有显著影响；在加入院系层次组织转型的维度后，只有"校企合作指导及激励"对校企合作形式有显著影响，可能是校方的校企合作指导明确了校企合作的形式。

学校层次组织转型维度对企业参与深度的影响，在未考虑院系层次组织转型各维度时，"理念规划及资源""激发教改重视实践教学投入""校企合作指导及激励"对企业参与深度有显著正向影响；加入院系层次组织转型相关维度后，学校层次组织转型各维度的影响减弱，但学校"激发教改重视实践教学投入"对企业参与深度仍有显著影响。地方高校向应用型转型的重要体现就是企业参与人才培养过程，这与地方高校重视实践教学等教学改革是一致的，企业深度参与人才培养主要体现在为相关专业提供课程，或者与教师合作开发课程，或者指导学生的毕业论文，或者参与相关专业的人才培养方案制订或修订等方面。

学校合作能力是衡量校企合作质量的重要指标，未考虑院系层次组织转型的维度时，学校"激发教改重视实践教学投入"以及"行政强推及严格考核"对合作能力有显著的正向影响；加入院系层次组织转型维度后，只有"行政强推及严格考核"维度对学校合作能力，即学校的服务能力有显著的正向影响，某种程度上也说明教师在服务校企方面可能并不是积极主动的，需要学校层次行政力量的推动。

单就院系层次看，组织转型对校企合作的影响主要体现在校企合作的开展形式（协议或平台）上，院系层次的"应用型定位及教师认同""实训条件及实践教学保障""实践教学管理及教师考评"都对校企合作形式产生显著影响，与企业参与深度、学校合作能力的影响虽呈正向关系但并不显著。

3. 假设的验证结果

结合表 10-4 和表 10-5，回归分析结果基本验证了假设 1，学校层次和院系层次的组织转型各维度得分越高，校企合作的质量越高（如紧密性、稳定性等状态越好，合作形式越正式，企业参与越深入，学校合作能力越强）。学校层次和院系层次组织转型的多个维度对校企合作质量有显著正向影响。

回归分析结果部分验证了假设 1a，院系层次组织转型维度对校企合作的影响更大，并对假设 1a 进行了一定的补充和修正。院系层次组织转型维度对校企合作状态和形式影响更大，但学校层次组织转型维度对企业参与校企合作的深度以及学校服务企业的能力影响更大。

回归分析结果部分验证了假设 1b，与校企合作密切相关的学校层次的"校企合作指导及激励"院系层次的"实训条件及实践教学保障"对校企合作开展的影响更大（$p < 0.05$）。学校层次的"校企合作指导及激励"对校企合作过程的稳定性、专业主导权，以及校企合作形式产生较大影响。院系层次的"实训条件及实践教学保障"与院系层次组织转型的其他维度相比，对紧密性、专业主导权和企业积极性的影响更大（$p < 0.05$）。实证分析对假设 1b 有一定的补充，如学校"激发教改重视实践教学投入"和"行政强推及严格考核"分别对企业参与校企合作的深度和学校服务企业的能力有显著影响。

五　组织转型类型对校企合作影响的实证分析

1. 组织转型类型对校企合作状态的影响

学校层次和院系层次的组织转型对校企合作的质量有重要的影响，但是这两者在实践中存在错位的现象（见表 10 - 6），那么学校和院系的不同组合对校企合作的质量会产生什么影响呢？仍以紧密性、稳定性、专业主导权、企业积极性为因变量进行定序罗吉斯特回归分析。模型中加入学校层次院系层次组织转型均深入、仅学校层次组织转型深入、仅院系层次组织转型深入三个组织转型类型的虚拟变量作为自变量，以学校层次院系层次组织转型均不深入为基底，控制高校特征和高校所在省的固定效应，加入稳健性标准差的选择项。回归分析结果如表 10 - 6 所示。

表 10 - 6　组织转型类型对校企合作状态的影响

	（1） 紧密性	（2） 稳定性	（3） 专业主导权	（4） 企业积极性
学校层次院系层次组织转型均深入	1.67 *** （0.17）	1.45 *** （0.16）	1.40 *** （0.16）	1.43 *** （0.16）

	（1） 紧密性	（2） 稳定性	（3） 专业主导权	（4） 企业积极性
仅学校层次组织转型深入	0.57*** （0.20）	0.68*** （0.20）	0.42** （0.19）	0.37* （0.20）
仅院系层次组织转型深入	1.19*** （0.21）	1.46*** （0.21）	1.37*** （0.20）	1.49*** （0.21）
升本时长	-0.08*** （0.03）	-0.10*** （0.03）	-0.07*** （0.02）	-0.04 （0.03）
私立高校（公办高校）	-0.39* （0.22）	-0.23 （0.22）	-0.16 （0.21）	0.03 （0.21）
转型试点高校（非转型试点高校）	0.01 （0.22）	0.18 （0.22）	0.01 （0.21）	0.11 （0.21）
高校所在省的固定效应	是	是	是	是
截距项	—	—	—	—
样本量	1135	1135	1134	1132
伪 R^2	0.0621	0.0615	0.0529	0.0573

注：1. 括号内为虚拟变量基准组和稳健标准误；2. *** $p < 0.01$, ** $p < 0.05$, * $p < 0.1$。

与学校层次院系层次组织转型均不深入的高校相比，学校和院系任何一个层次组织转型越深入，紧密性、稳定性、专业主导权、企业积极性四个方面表现均显著越好。相对于仅学校层次组织转型深入的类型，仅院系层次组织转型深入的类型在上述四个维度上均表现较好，可能是因为这类转型更多是院系的自发转型，而非在学校压力之下进行的选择。

另外，值得注意的是，学校的升本时长与紧密性、稳定性和专业主导权呈显著的负相关，这可能是因为升本时间长的高校，受传统的封闭式办学影响更深，因此更难发生转型。

2. 组织转型类型对校企合作形式、企业参与深度和学校合作能力的影响

同样，分别以校企合作形式、企业参与深度、学校合作能力为因变量进行二元罗吉斯特回归分析，构建自变量、控制变量和固定效应同组织转型类型对校企合作状态的影响模型，加入稳健性标准差的选择项。回归分析结果见表10-7。

表 10 – 7　组织转型类型对校企合作形式、企业参与深度和学校合作能力的影响

	（1）校企合作形式	（2）企业参与深度	（3）学校合作能力
学校层次院系层次组织转型均深入	0.92*** （0.17）	1.01*** （0.19）	0.41** （0.17）
仅学校层次组织转型深入	0.18 （0.20）	0.75*** （0.24）	0.59*** （0.23）
仅院系层次组织转型深入	0.65*** （0.21）	0.20 （0.22）	– 0.16 （0.22）
升本时长	– 0.03 （0.03）	– 0.01 （0.03）	– 0.05* （0.03）
私立高校（公办高校）	– 0.02 （0.22）	– 0.23 （0.25）	– 0.95*** （0.23）
转型试点高校（非转型试点高校）	– 0.11 （0.21）	0.25 （0.25）	0.14 （0.21）
高校所在省的固定效应	是	是	是
截距	0.31 （0.50）	1.45** （0.59）	1.37*** （0.52）
样本量	1178	1252	1252
伪 R^2	0.0462	0.0443	0.0293

注：1. 括号内为虚拟变量基准组和稳健标准误；2. *** $p < 0.01$，** $p < 0.05$，* $p < 0.1$。

表 10 – 7 表明，学校层次院系层次组织转型均深入的高校，校企合作形式更正式（依赖协议或平台）、企业参与程度更深、学校合作能力更强。企业参与到课程建设、毕业设计、人才培养方案修订等环节是合作深入的体现；学校的合作能力强意味着教师能为企业提供技术咨询和支持，或者能够参与企业的技术攻关。

学校层次和院系层次的组织转型不一致的类型，相对于两者组织转型均不深入的类型，仅学校层次组织转型深入的类型在企业参与深度、学校合作能力方面表现较好；仅院系层次组织转型深入的类型在校企合作形式上有显著性差异，这是因为校企合作采取更正式的协议或平台等形式更需要合作时间与合作关系的积累，仅院系层次组织转型深入的院系多自发转型，专业转型时间更长（仅院系层次组织转型深入的院系，专业转型平均时长为 6.0 年，而仅学校层次组织转型深入的院系，专业转型平均时长为 4.8 年）。

总的来看，学校层次院系层次组织转型均深入的院系在校企合作状态、形式以及企业参与深度、学校合作能力各方面的表现均显著更好，验证了假设 2，即学校层次院系层次组织转型均深入的院系校企合作质量更高。

六　讨论与建议

校企合作是地方普通本科高校转为应用型的关键突破口，对于地方新建本科高校的校企合作，通过实证研究有以下发现。

从影响层次看，校企合作的状态与形式主要受院系层次组织转型维度的影响，企业参与合作的深度和学校（教师）服务企业的能力则主要受学校层次组织转型相关维度的影响。具体而言，院系层次的"应用型定位及教师认同"、"实训条件及实践教学保障"、"学习型变革团队建设"和"实践教学管理及教师考评"等维度均能促进校企合作的紧密性、稳定性，提高相关专业在校企合作中的主导权，提高企业参与校企合作的积极性。院系层次的"应用型定位及教师认同"、"实训条件及实践教学保障"和"实践教学管理及教师考评"有助于校企合作采取正式形式，即依赖协议或平台开展。学校层次"激发教改重视实践教学投入"和"行政强推及严格考核"分别对企业参与合作的深度和学校（教师）服务企业的能力有显著影响。这可能是因为学校重视教改和实践教学投入就会要求企业更深入地参与到人才培养模式的变革中，在学校（教师）服务企业方面学校可能会采取行政要求和严格考核的方式去推动。

从影响维度看，与校企合作密切相关的组织转型维度对校企合作状态与形式的影响更大。学校层次的"校企合作指导及激励"，院系层次的"应用型定位及教师认同""实训条件及实践教学保障""实践教学管理及教师考评"等对校企合作的影响相对更大。

从组织转型类型对校企合作状态、形式等方面的影响看，学校和院系任何一个层次组织转型深入，紧密性、稳定性、专业主导权和企业积极性四个方面都能得到显著提高。学校层次和院系层次同步深度组织转型时，校企合作的效果整体上较好；在两者转型不同步时，仅院系层次组织转型深入的类型比仅学校层次组织转型深入的类型在校企合作的四个方面表现得更好。在对校企合作形式、企业参与深度和学校合作能力的影响方面，学校层次院系层次组织转型均深入的类型在上述三个方面的效果显著；在学校和院系组织转型不同步时，仅学校层次组织转型深入的类型对企业参与深度和学校合作能力影响显著，而仅院系层次组织转型深入的类型对校企合作形式的影响显著。

基于以上研究发现，本研究对地方高校转型中的校企合作有如下建议。

首先，解决地方高校向应用型转型过程中存在的"上（学校层次）热下（院系层次）冷"或者是"身（院系或教师）动头（校领导）不动"的问题，需要学校层次和院系层次上下同欲、协同推进。

其次，学校层次要对校企合作给予明确的指导和有效激励。向应用型转型对地方高校来说，是组织模式的根本变化，涉及观念与认知、能力和资源等的调整，涉及对不熟悉领域、不确定情况的处理，面对新问题，无论是组织，还是教师个体会自然产生防卫机制，抵制变革。如果学校层次没有对校企合作给予可操作性强的指导意见，没有给予强有力的激励，院系和教师就会没有行动的方向，也缺乏相应的动力。

最后，院系层次的组织转型是校企合作开展的关键，学校层次的制度与政策主要是通过院系层次发挥作用的，因此在应用型高校建设中，应从"大学办学院"的传统做法向"学院办大学"的方向转变，以便使院系在与充满异质性和复杂性的行业企业开展合作时具有充分而灵活的决策权与行动力。

第十一章　组织转型对师资建设的影响

一　问题的提出

　　教师是课程建设与课程重构、实践教学改革、校企合作开展的具体实施者，提升教师应用实践能力是应用型转型的关键，也是难点。受长期的以学科为主的教学方式和封闭式办学的影响，我国地方新建本科高校的"双师型"教师队伍中存在重学历轻实践、教师普遍缺少企业实践锻炼的现象。引进行业企业经验丰富的教师，组织教师到企业挂职锻炼，或者对教师进行应用技术能力的专门培训是地方新建本科高校提高教师专业实践能力的重要方式。国家相关部门在引导地方高校向应用型转型的过程中，也特别要求这些高校加强应用型师资队伍的建设。2019 年 8 月，《深化新时代职业教育"双师型"教师队伍建设改革实施方案》明确提出教师下企业实践或实训基地实训一年不少于 1 个月，通过跟岗访学、顶岗实践等形式，重点培训青年骨干教师。

　　在实践中发现，受传统"铁饭碗"体制、职称评聘体制和考核评价机制等多种因素的影响，教师提升应用实践能力的积极性、自觉性、主动性普遍不高（李柯，2020）；教师培训缺乏完善的保障措施，培训目标设置不合理，培训机构单一，培训效果不理想（谢晓雪，2015）。对如何有效开展应用型师资建设，一些研究提出了建议，学校聘任业界"双师型"师资，与政府、企业共建"双师型"师资队伍（朱士中，2010）；实施"双证"上岗制，严把入口关（郑永进，2011）；探索构建基于"双师型"教师能力的认证标准（张兆诚、曹晔，2020）；等等。

　　总的来说，尽管学术界认识到组织管理是应用型本科高校加强"双师型"教师队伍建设的重要途径，但关于组织转型对"双师型"教师队伍建设的影响研究多为思辨类，基于数据调查的研究也多停留在描述层面，缺乏对教师企业经验、挂职与锻炼的研究，没有考虑到组织要素以及高校组织转型传导协调情况对"双师型"教师队伍建设的影响。另外，高等教育系统具有底部沉重、决策弥散的特点，地方高校转型发展过程中既存在"上（学校层次）热下（院系层次）冷"的问题，也存在院系层次积极主动，学校领导层摇摆不定的状况（刘彦林、郭建如，2021）。

鉴于此，本章基于问卷调查数据，采用计量模型分析地方新建本科高校的组织转型对应用型师资建设产生的影响，并关注学校和院系两个层次对应用型师资建设的不同影响。

二　数据、变量与模型

1. 数据说明

本章采用北京大学教育经济研究所 2017 年"地方高校转型发展调查"教师数据。为增强可比较性，本章只选取 32 所新建本科高校，共计 1252 份教师问卷进行描述统计和计量分析。

2. 变量说明

本章从组织转型维度、组织转型类型两个方面测量学校层次和院系层次的组织转型。

（1）学校层次组织转型维度

通过探索性因子分析和验证性因子分析得到学校层次组织转型的"理念规划及资源""办学定位及专业设置导向""激发教改重视实践教学投入""校企合作指导及激励""行政强推及严格考核"五个公因子，累计解释总方差的 84.08%，表示对原有变量的总方差具有 84.08% 的解释能力，因子提取效果良好（五个公因子具体获得方式同第八章，此处不再赘述）。探索性因子分析结果见表 11－1。

表 11－1　学校层次组织转型各维度探索性因子分析结果[①]

一级指标	题目	载荷	Cronbach's α 系数	累计方差贡献率（%）
学校－激发教改重视实践教学投入	校领导重视教学工作，在实践教学上投入大量资金和设备	0.740	0.879	23.88

---

① 根据探索性因子分析结果，进一步进行了验证性因子分析，CFA 路径图和拟合指数均显示拟合良好，受篇幅限制不再一一呈现。

续表

一级指标	题目	载荷	Cronbach's α 系数	累计方差贡献率（%）
学校 - 激发教改重视实践教学投入	校领导下放权力以发挥院系和教师教学变革的积极性	0.786	0.879	23.88
	校领导习惯用奖励和资源倾斜方式推动教学或组织变革	0.768		
学校 - 理念规划及资源	校领导对于学校如何发展有清晰的理念和规划	0.763	0.864	41.94
	校领导最显著的强项是能为学校的发展争取到重要资源	0.777		
	学校的发展目标、战略规划与资源配置三者高度匹配	0.583		
学校 - 校企合作指导及激励	学校制定了可操作性强的校企/校地合作指导性文件	0.755	0.809	54.38
	学校采取各种有力措施激励教师参与校企/校地合作	0.814		
学校 - 办学定位及专业设置导向	校领导明确提出坚持"地方性、应用型"的办学定位	0.895	0.800	74.42
	学校专业设置以当地经济和社会发展需要为依据	0.729		
学校 - 行政强推及严格考核	校领导习惯于通过行政和严格考核方式强行推行变革	0.940	—	84.08

（2）院系层次组织转型维度

同样采用探索性因子分析和验证性因子分析得到院系层次组织转型的"应用型定位及教师认同""实训条件及实践教学保障""实践教学管理及教师考评""学习型变革团队建设"四个公因子（具体方法见第八章，此处不再赘述），累计解释总方差的 86.80%，表示对原有变量的总方差具有 86.80% 的解释能力。探索性因子分析结果见表 11 - 2。

表 11 - 2 院系层次组织转型各维度探索性因子分析结果①

一级指标	题目	载荷	Cronbach's α 系数	累计方差贡献率
院系 - 应用型定位及教师认同	院系明确了应用型人才培养目标，培养方案制订有企业参与	0.812	0.804	24.47

---

① 对院系层次组织转型各维度进行了验证性因子分析检验，CFA 路径图和拟合指数均显示拟合良好，受篇幅限制不再一一呈现。

续表

一级指标	题目	载荷	Cronbach's α 系数	累计方差贡献率
院系 – 应用型定位及教师认同	教师了解并认同学校或院系的地方性和应用型的办学定位	0.774	0.804	24.47
院系 – 实训条件及实践教学保障	与当地的行业或企业相比，校内的实验/实训设施很先进	0.819	0.817	48.63
	院系实践教学的人员、材料和工具经费有明确的规定与保障	0.767		
院系 – 实践教学管理及教师考评	院系制定了严格的实践教学管理制度，有扎实的效果	0.719	0.818	71.21
	院系对教师的考核评价机制很健全	0.798		
院系 – 学习型变革团队建设	院系领导努力打造学习型团队，相互学习，以促进变革	0.896	—	86.80

本研究通过因子分析得到的学校层次和院系层次组织转型维度涵盖领导、资源、制度等通用转型要素，涵盖实践教学改革、实训条件及实践教学保障等与应用型转型结合紧密的改革举措，体现了学校层次重视战略导向、顶层设计，院系层次偏重贯彻落实的特点，较好地刻画了应用型转型过程中学校和院系两个层次的组织转型情况。

（3）组织转型类型

组织转型维度反映了转型核心要素的影响，组织转型类型则能反映学校和院系两个层次的协调配合程度（组织转型维度和组织转型类型的获得方法同第十章）。首先分学校将各个学校教师所有关于学校层次组织转型的题项求均值，每个学校得到唯一的反映学校层次组织转型的均值，然后以中位数为界，将学校分为学校层次组织转型深入与不深入两类。然后以院系为单位，采用类似方法将各院系划分为院系层次组织转型深入与不深入两类。最后根据每个院系所在高校的学校层次组织转型深入程度和院系层次组织转型深入程度，可以得到学校层次院系层次组织转型均深入、仅学校层次组织转型深入、仅院系层次组织转型深入和学校层次院系层次组织转型均不深入四类院系。四类组织转型情况如表 11 – 3 所示。

表 11 - 3　新建本科高校的组织转型类型

	组织转型深入类型占比（%）		组织转型不深入类型占比（%）	
深入	学校层次院系层次组织转型均深入	38.5	仅院系层次组织转型深入	12.6
不深入	仅学校层次组织转型深入	13.3	学校层次院系层次组织转型均不深入	35.6

（4）应用型师资

教师与专业相关的行业企业经验、挂职锻炼月数、开展企业生产实践类培训是分析新建本科高校的应用型师资建设的重要维度。

"引进来"，即吸纳具有丰富行业企业经验的教师，是新建本科高校提高教师应用实践能力的重要方式。教师进入高校后要承担日常教学科研工作，很难长期脱离工作岗位，因此教师与专业相关的行业企业经验多在进入高校之前获得，教师与专业相关的行业企业经验时长可以很好地反映学校教师队伍建设中"引进来"方式的成效。教师与专业相关的行业企业经验根据"您在与本专业有关的行业或企业工作的经验有_____年"一题得到，为连续变量。

挂职锻炼是高校师资队伍建设"走出去"方式的重要体现，让教师到行业企业挂职锻炼，深入生产实践一线，能够较好地提高教师应用实践能力。挂职锻炼月数变量根据教师问卷中"过去两年您参加到企业或政府部门挂职锻炼的时间为_____月"一题得到，为连续变量。

除引进企业经验丰富的教师、鼓励教师到企业挂职锻炼外，开展短期进修培训也是提升教师应用教学能力的一种方式。应用型转型的核心是变革传统的人才培养模式，要求教师了解企业生产实践、转变教学模式、重新进行课程设计，因此贴近应用型转型的生产实践类培训能够很好地反映学校通过进修培训进行应用型师资建设的情况。开展企业生产实践类培训变量根据"培训内容主要是（可多选）①本专业理论，②企业生产实践，③课程教学，④相关会议"一题得到。若教师在该题选择了②企业生产实践，则将开展企业生产实践类培训变量赋值为1，否则赋值为0，未填写该题处理为缺失值，该变量为二元分类变量。

综合来看，教师与专业相关的行业企业经验、挂职锻炼月数、开展企业生产实践类培训能够比较全面地反映新建本科高校应用型师资建设情况。表 11 - 4 为应用型师资相关变量的描述统计。根据表 11 - 4，教师与专业相关的行业企业经验平均为 3.80 年，挂职锻炼月数平均为 2.41 月，有 23% 的教师参加过企业生产实践类培训。

表 11 – 4　应用型师资相关变量描述统计

	变量	均值	标准差	最小值	最大值
"引进来"	与专业相关的行业企业经验（年）	3.80	4.87	0	27
"走出去"	挂职锻炼月数（月）	2.41	4.34	0	48
进修培训内容	开展企业生产实践类培训	0.23	0.42	0	1

（5）控制变量说明

应用型师资建设不但受到学校和院系组织转型的影响，还会受到学校基础及特质，以及教师自身能力、意愿、工作压力等的影响，因此本研究将学校基础及特质和教师个体因素作为控制变量。学校基础及特质方面包括升本时长、高校的性质（私立高校、转型试点高校）；教师个体因素方面[①]包括工作年限、中级以上职称、愿意参加教师挂职与培训和每周教学工作量。此外，还控制了高校所在省的固定效应。

控制变量的基本情况如表 11 – 5 所示。

表 11 – 5　控制变量描述统计

	变量	均值	标准差	最小值	最大值
学校基础及特质	升本时长	12.786	3.094	6	18
	私立高校	0.323	0.468	0	1
	转型试点高校	0.808	0.394	0	1
教师个体因素	工作年限	12.731	9.038	0	89
	中级以上职称	0.371	0.483	0	1
	愿意参加教师挂职与培训	0.701	0.458	0	1
	每周教学工作量	11.244	5.769	0	40

3. 研究假设

师资队伍的建设受到学校及院系组织管理的影响。从企业引进教师需要学校和院系人事制度、职称评审等多方面的配合；教师参与挂职锻炼需

---

① 由于与专业相关的行业企业经验可能影响教师对挂职锻炼、培训内容的接受程度，所以对挂职锻炼月数、培训内容的回归还控制了教师与专业相关的行业企业经验。

要较长时间离开教学岗位，学校和院系是否有相关的制度或政策给予相应的支持和激励对教师参与挂职锻炼的意愿可能会有重要的影响；教师培训的机会和内容也取决于学校和院系的提供意愿以及提供能力。

根据有计划的变革模型，学校和院系的战略、技术、制度等方面的变革能够影响教师招聘的导向，改变教师的观念和行为，促进教师积极参与挂职锻炼和培训，提升应用实践能力。因此，组织转型深入的院系，教师师资建设的效果更好，"引进来"、"走出去"、培训三方面都做得更好，具体体现在教师行业企业经验更丰富、挂职锻炼时间更长、开展企业生产实践类培训更多上。地方新建本科高校的组织转型情况体现在组织转型维度和组织转型类型上，组织转型维度反映的是学校和院系两个层次组织核心要素的作用，组织转型类型反映的是学校和院系两个层次组织转型深入程度及协调性。

据此，本研究提出以下两个假设。

假设1：学校层次和院系层次的组织转型维度得分高的，"双师型"教师队伍建设得更好，体现为教师行业企业经验更丰富、挂职锻炼时间更长、开展企业生产实践类培训更多。

假设2：学校层次院系层次组织转型均深入的院系，"双师型"教师队伍建设得更好，体现为教师行业企业经验更丰富、挂职锻炼时间更长、开展企业生产实践类培训更多。

4. 统计模型

本研究分析组织转型维度与转型类型对应用型师资的影响，根据测量变量的类型采用适合的模型。测量应用型师资的三个变量中，与专业相关的行业企业经验（年）、挂职锻炼月数（月）为连续变量，开展企业生产实践类培训为二元分类变量，因此组织转型对与专业相关的行业企业经验、挂职锻炼月数的影响采用多元线性回归模型，回归公式如式11-1所示；组织转型对开展企业生产实践类培训的影响采用二元罗吉斯特回归分析，回归公式如式11-2所示。

$$Y = \alpha + \sum \beta_i T_i + \sum \beta_j C_j + \varepsilon \qquad (式11-1)$$

$$\text{logit}(P) = \ln\left(\frac{P}{1-P}\right) = \alpha + \sum \beta_i T_i + \sum \beta_j C_j + \varepsilon \qquad (式11-2)$$

式11-1和式11-2中，T_i指组织转型相关变量，根据研究需要分别加入学校和院系组织转型维度、组织转型类型等变量。C_i 为各控制变量，α 为截距项，ε 为残差。

三 组织转型对应用型师资的影响

1. 组织转型维度对应用型师资的影响

（1）回归分析结果

为了检验组织转型维度对教师挂职与培训的影响，分别以与专业相关的行业企业经验、挂职锻炼月数、开展企业生产实践类培训为因变量，逐步加入学校层次和院系层次组织转型的各维度进行回归分析，并控制可能影响因变量的学校和教师特征、高校所在省的固定效应、异方差的影响，得到的回归分析结果如表 11-6 所示。

根据表 11-6，从组织转型维度对教师与专业相关的行业企业经验的影响来看，未加入院系层次组织转型维度之前，学校层次的"激发教改重视实践教学投入"和"行政强推及严格考核"有助于促进学校引进行业企业经验丰富的教师，提高教师队伍的行业企业经验。加入院系层次组织转型维度之后，只有学校层次的"行政强推及严格考核"能够有效提高教师行业企业相关经验。引进行业企业经验丰富的教师需要提供具有竞争力的薪资、职称等待遇，需要体制机制上的重大突破，因此在行政强推和严格考核的压力下才能显著提高教师行业企业经验。院系层次组织转型维度对教师与专业相关的行业企业经验没有显著影响，可能与招聘教师的学历、经验等硬性要求更多是由学校层次规定有关。

从组织转型维度对挂职锻炼月数的影响来看，院系层次组织转型维度对教师挂职锻炼月数影响更大，体现为加入院系层次组织转型各维度后，学校层次组织转型维度的影响系数大幅变小，显著性降低，部分维度的影响由显著变为不显著。在只加入学校层次组织转型各维度的回归中，学校的"校企合作指导及激励""行政强推及严格考核"能够显著提高教师挂职锻炼月数。加入院系层次组织转型维度后，挂职锻炼月数主要受院系层次组织转型各维度的影响，学校的"激发教改重视实践教学投入"对挂职锻炼月数有显著的负向影响，原因可能在于特别强调教学改革会使教师花更多精力在课程开发、教学研讨中，挤占教师挂职锻炼的时间与精力，也可能是因为特别强调教学改革的学校或院系已经度过了加强教师挂职与培

表11-6 组织转型维度对应用型师资的影响回归分析结果

	(1) 与专业相关的行业企业经验	(2) 与专业相关的行业企业经验	(3) 挂职锻炼月数	(4) 挂职锻炼月数	(5) 开展企业生产实践类培训	(6) 开展企业生产实践类培训
学校-理念规划及资源	0.21 (0.20)	0.13 (0.24)	0.17 (0.15)	-0.13 (0.19)	0.22** (0.10)	0.01 (0.14)
学校-办学定位及专业设置导向	0.09 (0.18)	0.07 (0.21)	0.08 (0.16)	-0.19 (0.19)	0.21* (0.11)	0.03 (0.14)
学校-激发教改重视实践教学投入	0.31** (0.16)	0.21 (0.23)	0.00 (0.15)	-0.44** (0.22)	0.30*** (0.10)	0.03 (0.16)
学校-校企合作指导及激励	0.07 (0.18)	-0.09 (0.23)	0.35** (0.15)	-0.09 (0.23)	0.16 (0.10)	-0.14 (0.19)
学校-行政强推及严格考核	0.44*** (0.15)	0.45*** (0.15)	0.27* (0.14)	0.16 (0.15)	-0.18** (0.09)	-0.27*** (0.10)
院系-应用型定位及教师认同		0.06 (0.22)		0.46** (0.21)		0.31* (0.17)
院系-实训条件及实践教学保障		0.35 (0.22)		0.36* (0.20)		0.35** (0.18)
院系-学习型变革团队建设		-0.06 (0.21)		0.38** (0.19)		0.24 (0.15)
院系-实践教学管理及教师考评		0.03 (0.20)		0.47** (0.19)		0.22 (0.15)
工作年限	0.15*** (0.03)	0.16*** (0.03)	0.03 (0.02)	0.02 (0.02)	0.01 (0.01)	0.01 (0.01)

续表

	（1）与专业相关的行业企业经验	（2）与专业相关的行业企业经验	（3）挂职锻炼月数	（4）挂职锻炼月数	（5）开展企业生产实践类培训	（6）开展企业生产实践类培训
中级以上职称（中级及以下职称）	0.41 (0.43)	0.37 (0.43)	-0.44 (0.36)	-0.41 (0.37)	0.19 (0.23)	0.16 (0.24)
教师个体挂职锻炼意愿度	0.08 (0.37)	0.22 (0.37)	0.46 (0.35)	0.46 (0.36)	0.62*** (0.24)	0.65*** (0.25)
每周教学工作量	0.13*** (0.03)	0.13*** (0.03)	0.09** (0.04)	0.09** (0.04)	0.02 (0.02)	0.02 (0.02)
升本时长	-0.19*** (0.07)	-0.19*** (0.07)	-0.07 (0.06)	-0.06 (0.06)	-0.08** (0.04)	-0.08* (0.04)
私立高校（公立高校）	0.05 (0.56)	-0.00 (0.57)	-0.81* (0.48)	-0.84* (0.49)	-0.47 (0.33)	-0.48 (0.33)
转型试点高校（非转型试点高校）	0.73 (0.62)	0.68 (0.63)	-0.36 (0.51)	-0.32 (0.52)	-0.53 (0.33)	-0.51 (0.33)
与专业相关的行业企业经验			0.10*** (0.04)	0.10** (0.04)	0.04** (0.02)	0.04** (0.02)
高校所在省的固定效应	是	是	是	是	是	是
截距项	4.03*** (1.35)	3.98*** (1.38)	2.76** (1.34)	2.79** (1.34)	-0.78 (0.88)	-0.75 (0.89)
样本量	834	814	766	750	734	717
R^2	0.18	0.20	0.08	0.09		
伪 R^2					0.0741	0.0841

注：1. 括号内为虚拟变量基准组和稳健标准误；2. *** $p<0.01$，** $p<0.05$，* $p<0.1$。

训的阶段，进入将教师所学转化为教学实践的教改阶段。挂职锻炼月数主要受院系层次组织转型各维度的影响，原因可能在于教师参与挂职锻炼一般耗时较长，需要所在院系协调分担教师的教学任务。而且教师参与挂职锻炼对工作状态的影响较大，需要院系落实应用型定位，获得教师发自内心的认可，做好考评制度、学习型变革团队建设等工作。值得注意的是，以挂职锻炼月数为因变量的两组回归 R^2 均较小，说明模型中加入的学校层次及院系层次组织转型维度对教师挂职锻炼月数的解释度有限，新建本科高校的组织转型未能有效推动教师积极参与挂职锻炼。结合描述统计来看，挂职锻炼参与率只有 44.53%，绝大多数教师挂职锻炼时长在半年以下，同样也说明新建本科高校组织转型对挂职锻炼的推动作用有限。

从组织转型维度对开展企业生产实践类培训的影响看，院系加强"应用型定位及教师认同""实训条件及实践教学保障"有助于开展企业生产实践类培训，这两个维度分别从内在认同和外部条件上保障激发教师内在动力，强化外部动力，因此培训内容更有针对性，应用实践性更强。在学校和院系两个层次中，院系层次组织转型维度对开展企业生产实践类培训影响更大，表现为加入院系层次组织转型各维度后，大部分学校层次组织转型维度的影响系数变小，甚至变得不显著。值得注意的是，学校层次严格的考核与行政推动不利于企业生产实践类培训的开展，原因可能在于学校严格考核可能会导致院系应付工作，教师更多通过参加培训会或学科理论类培训来完成应用型师资建设的相关要求。

整体来看，回归分析结果部分验证了假设 1，学校层次和院系层次的组织转型维度得分高的，教师行业企业经验更丰富、挂职锻炼时间更长、开展企业生产实践类培训更多。回归分析结果也显示不同的师资提升方式需要搭配不同的推动策略，提升教师行业企业经验需要学校层次的行政推动，而企业生产实践类培训不适合采用行政强推。此外，回归分析结果也显示组织转型对挂职锻炼的促进作用有限。

（2）各类变量的贡献份额对比：夏普利值分解法

根据表 11 - 7，学校层次和院系层次组织转型维度对教师与专业相关的行业企业经验影响的贡献度很小，反而是教师特征和学校特征贡献度较大，说明教师工作年限、职称等个人积累，升本时长、公办高校、转型试点高校等学校前期积累更大程度上影响了教师平均行业企业经验，而非近些年开始的应用型转型。学校特征、教师特征、学校层次组织转型维度、院系层次组织转型维度对教师挂职锻炼月数的贡献度依次降低，学校办学基础、教师自身能力与意愿等对挂职锻炼月数的贡献度更高，近些年开展的学校层次和院系层次组织转型对挂职锻炼月数的贡献度较低，深入开展挂职锻炼需要一定时间的积累。在对开展企业生产实践类培训的贡献度方面，各类变量的贡献度比较接近，学校层次和院系层次的组织转型有助于开展企业生产实践类培训。学校层次和院系层次组织转型对开展企业生产实践类培训有较好的推动作用，而对教师与专业相关的行业企业经验、挂职锻炼月数作用较小，从侧面反映出开展企业生产实践类培训相对更易操作，而引进行业企业经验丰富的教师、大范围深入开展挂职锻炼需要学校领导层坚定的转型决心、雄厚的资金、外部良好的校企合作环境等的支持，需要较长时间的积累和准备。

表 11 – 7　各类变量的贡献份额对比

单位：%

	与专业相关的行业企业经验	挂职锻炼月数	开展企业生产实践类培训
学校层次组织转型维度	5.70	12.09	24.42
院系层次组织转型维度	3.70	11.47	22.10
教师特征	64.72	35.61	30.46
学校特征	25.88	40.83	23.02

注：根据回归（2）（4）（6）得到，第一行为因变量，第一列为影响因素类别，单元格内数字代表某类影响因素对相应因变量的贡献份额，每列数值与残差所占份额总和等于100%。

2. 组织转型类型对应用型师资的影响

除了组织转型维度，反映学校和院系两个层次协调及深入程度的组织转型类型也可能对应用型师资建设产生影响。分别以与专业相关的行业企业经验、挂职锻炼月数、开展企业生产实践类培训为因变量，以学校层次院系层次组织转型均不深入为基底，加入学校层次院系层次组织转型均深入、仅学校层次组织转型深入、仅院系层次组织转型深入三个虚拟变量，进行多元线性回归分析和二元罗吉斯特回归分析。模型同样控制了学校特征、教师特征、高校所在省的固定效应以及异方差的影响，得到的回归分析结果见表 11 – 8。

表 11 - 8　组织转型类型对应用型师资的影响

	（7）	（8）	（9）
	与专业相关的行业企业经验	挂职锻炼月数	开展企业生产实践类培训
学校层次院系层次组织转型均深入	0.59 （0.38）	0.99 *** （0.36）	0.69 *** （0.26）
仅学校层次组织转型深入	0.18 （0.44）	1.57 *** （0.52）	0.75 ** （0.31）
仅院系层次组织转型深入	0.25 （0.62）	0.56 （0.52）	- 0.29 （0.33）
工作年限		0.11 *** （0.04）	0.04 ** （0.02）
与专业相关的行业企业经验	0.15 *** （0.03）	0.02 （0.02）	0.01 （0.01）
中级以上职称（中级及以下职称）	0.45 （0.41）	- 0.37 （0.36）	0.09 （0.23）
教师个体挂职锻炼意愿度	0.09 （0.35）	0.51 （0.33）	0.49 ** （0.22）
每周教学工作量	0.12 *** （0.03）	0.09 *** （0.04）	0.03 * （0.02）
升本时长	- 0.19 *** （0.07）	- 0.10 （0.06）	- 0.10 ** （0.04）
私立高校（公立高校）	0.18 （0.58）	- 1.10 ** （0.50）	- 0.71 ** （0.35）
转型试点高校（非转型试点高校）	0.82 （0.61）	- 0.38 （0.50）	- 0.42 （0.32）
高校所在省的固定效应	是	是	是
截距项	3.73 *** （1.35）	3.02 ** （1.32）	- 0.40 （0.87）
样本量	880	805	774
R^2	0.17	0.08	
伪 R^2			0.054

注：1. 括号内为虚拟变量基准组和稳健标准误；2. *** $p < 0.01$，** $p < 0.05$，* $p < 0.1$。

　　根据表 11 - 8，学校层次院系层次组织转型均深入未能有效提升教师与专业相关的行业企业经验，但是学校层次院系层次组织转型均深入和仅学校层次组织转型深入的院系教师挂职锻炼时间显著更长、更多开展企业

生产实践类培训，教师挂职与培训做得更深入，更有针对性。结合表 11 - 7
学校层次和院系层次组织转型维度对应用型师资建设的贡献度看，组织转
型深入程度与组织转型维度对师资培养的贡献度比较一致，对提升教师与
专业相关的行业企业经验作用有限，但学校层次组织转型对增加教师挂职
锻炼月数和开展企业生产实践类培训作用更明显。

　　值得注意的是，学校层次院系层次组织转型均深入的院系应该在教师
挂职锻炼和开展企业生产实践类培训方面表现最好，但是回归分析结果显
示仅学校层次组织转型深入的院系挂职锻炼月数和企业生产实践类培训开
展情况优于学校层次院系层次组织转型均深入的院系。可能是因为仅学校
层次组织转型深入的院系尚处于转型初期，正处于大力提升教师实践能力
的挂职锻炼与开展企业生产实践类培训阶段，而学校层次院系层次组织转
型均深入的院系可能已经处于转型中期，度过了教师挂职锻炼与开展企业
生产实践类培训阶段，进入将教师实践能力转化为实践课程开发与教学应
用阶段，因此呈现出仅学校层次组织转型深入的院系教师挂职与培训表现
得更好的情形。

　　为验证推测，进一步计算两类院系平均的学校层次转型时长、专业转
型时长和以工作过程为基础构建专业课程体系的比例，结果见表 11 - 9。
根据表 11 - 9，学校层次院系层次组织转型均深入的院系的学校层次转型
时长和专业转型时长均高于仅学校层次组织转型深入的院系，而且以工作
过程为基础构建专业课程体系的比例更高，学校层次院系层次组织转型均
深入的院系很可能已经度过通过挂职培训提升教师能力的阶段，已经转入
将教师实践能力转化为实践教学改革阶段，上面的推测得到了初步的
验证。

表 11 - 9　两类院系转型时长及专业课程体系构建基础对比

变量名	院系类型	均值	标准差
学校层次转型时长	学校层次院系层次组织转型均深入	5.41	3.24
	仅学校层次组织转型深入	4.92	4.08
专业转型时长	学校层次院系层次组织转型均深入	4.90	2.85
	仅学校层次组织转型深入	4.80	4.15
以工作过程为基础构建专业课程体系的比例	学校层次院系层次组织转型均深入	0.25	0.43
	仅学校层次组织转型深入	0.18	0.39

回归分析结果部分验证了假设2，学校层次院系层次组织转型均深入对教师挂职锻炼时长有显著正向影响，开展更多的企业生产实践类培训，培训内容更有针对性和实用性，但是未能更好地吸纳与专业相关的行业企业经验丰富的教师。研究还发现仅学校层次组织转型深入的院系在教师挂职锻炼和企业生产实践类培训方面表现更好。

3. 组织转型维度与类型的影响对比分析

结合组织转型维度、组织转型类型对应用型师资建设的影响，虽然院系层次的"应用型定位及教师认同""实训条件及实践教学保障"等维度对教师挂职与培训有显著的正向影响，但是院系层次组织转型若不够深入，或缺少学校层次整体、深入的支持，也很难和学校层次院系层次组织转型均不深入的院系拉开显著差距。

值得注意的是，组织转型类型对应用型师资的影响反映的是学校和院系两个层次整体转型深度及配合度的影响，而且是和学校层次院系层次组织转型均不深入的院系对比的结果。组织转型维度对应用型师资的影响是在其他条件相同的情况下，某个组织转型维度做得好带来的影响，反映的是学校层次和院系层次单个维度的影响。两组回归分析结果反映的情况以及参照不同，因此院系层次组织转型维度对挂职与培训影响较大，与学校层次院系层次组织转型均深入和仅学校层次组织转型深入的院系在挂职与培训方面表现得更好的结果并不矛盾。

四 研究发现与建议

学校层次的行政推动方式有助于提高教师选聘标准，提高教师行业企业经验，但本章的实证研究表明，行政推动方式并不适用于所有变革，转型过程应该根据具体要达成的目标选择采用强推还是激励的方式。

院系层次定位及认可、资源保障、团队建设、考核管理等维度有机配合，有助于激发教师挂职锻炼的内外部动力，提高教师挂职锻炼时长。多种培训类型中企业生产实践类培训是针对性较强的培训，但开展率只有23%。学校层次组织转型深入有助于挂职锻炼和生产实践类培训的开展。学校层次院系层次组织转型均深入，以及仅学校层次组织转型深入的院系教师挂职锻炼时间更长，开展更多的企业生产实践类培训，培训质量更高。研究发现，学校层次院系层次组织转型均深入和仅学校层次组织转型深入两种转型类型对应用型师资提升作用更明显，说明应用型转型实践更符合顶层管理驱动的变革（E 理论），体现了应用型转型自上而下推进、需要学校层次大力推动等特点。

根据以上研究，对新建本科高校加强应用型师资建设有以下建议。

深入进行组织转型，增加挂职锻炼时长。挂职锻炼是系统提高教师应用实践能力的重要方法，但目前挂职锻炼参与率只有 44.5%，只有 9% 的教师挂职锻炼超过半年。研究结果显示院系层次落实应用型定位并获得教师认同、加强实践实训资源保障以及学校层次协调深入的转型均有助于增加挂职锻炼时长。新建本科高校在学校层次要加强转型的整体性和协调性，为教师挂职锻炼提供必要资源，院系层次要从理念认同和资源保障等方面激发教师参与挂职锻炼的内外部动力，合理安排工作任务，推动教师深入企业挂职锻炼。

合理安排转型进程，厘清不同改革目标之间的关系。应用型转型面临校企合作、教师队伍建设、应用型教学改革等多重任务。研究结果显示，学校层次重视实践教学及教学改革不利于挂职锻炼时长的增加。参与挂职锻炼与投入大量精力进行课程改革对于教师有时间与精力的冲突，学校和院系要厘清不同目标之间是互补还是竞争关系，根据转型进程，合理安排教师挂职锻炼和教学改革，减少任务竞争给教师的时间和精力带来的冲突。

刚柔并济，结合不同目标采取合适推动方式。应用型转型过程中教师培训、实践教学、校企合作等任务是并存的，针对不同任务要采用合适的推动方式。本章研究发现，学校层次采用行政强推与严格考核的方式有助于提高教师与专业相关的行业企业经验，但是可能导致院系选择简单的进修培训内容，不利于开展针对性强的企业生产实践类培训。原因在于教师与专业相关的行业企业经验容易测量，采用行政强推方式更加高效便捷。对于很难简单从时长进行衡量的生产实践类培训内容及质量，单方面强调行政推动和强制考核，可能导致产生应付现象，更适宜采用激励引导方式，给予院系更大的自主权和更多的支持。

第十二章　组织转型对教学科研的影响

一　问题的提出

　　培养应用型人才的应用型教学与服务于当地经济产业发展的应用型科研是应用型高校的重要职能。姚吉祥（2010）基于安徽省13所应用型高校的调查数据，发现高校对教师实践能力的培养机制是影响实践教学能力的显著性因素之一，并提出通过岗前培训、挂职锻炼、企业对口培训、产学研合作培养等方式加强应用型高校教师的实践能力。王鹏（2017）发现应用型高校实践教学存在与实际生产脱节，教学方法过于单一，缺乏有效的实践教学管理制度和科学的实践教学评价标准，实践教学基地建设不够完善等问题，并从实践教学目标体系、内容体系、管理体系、评价体系、保障体系五个方面提出了对策建议。教师实践教学能力的提升同样需要组织在理念、规划、领导、制度、资源等方面的支持，已有研究缺少组织要素影响实践教学和应用型教学的实证研究。在应用型科研发展现状方面，已有研究发现应用型高校普遍存在科研意识薄弱、科研基础条件差、科研产出低和科研管理混乱等问题（陈亚兰，2018）。在提升应用型科研的建议方面，一些学者提出应该关注组织管理层面，如明确应用型科研定位，建立应用技术型高校科研评价新标准（崔志莉，2020）。尽管对地方高校应用型科研的开展有不少的观察和建议，但总体来看，学术界对组织要素在推动应用型科研方面的实证研究还比较缺乏。

　　从组织理论的视角看，教学和科研向应用型转型是新建本科高校组织的技术和任务转变，理念、领导、资源等组织转型能够为科研和教学的转型提供组织保障，推动科研和教学顺利向应用型转型。但实践中高校多是松散联结组织，可能出现学校和院系转型不协调，影响转型效果。鉴于已有研究缺少组织转型推动应用型科研与应用型教学的实证分析，本研究采用倾向值匹配法控制样本选择偏差，以便更准确地评估学校和院系组织转型对应用型科研与应用型教学的影响。

二　数据与变量

1. 数据

本章采用北京大学教育经济研究所 2017 年"地方高校转型发展调查"教师数据。为增强可比性，仅采用 1999 年后成立的 32 所新建本科高校的 1252 个教师样本。

2. 组织转型变量

学校层次和院系层次的组织转型程度是本研究的核心自变量，本研究基于问卷调查中关于学校和院系组织转型的题项进行转型类型的划分，将所有学校分为学校层次组织转型深入和不深入两类，同样将院系划分为院系层次组织转型深入和不深入两类，具体方法同第十章。此处不再赘述。

3. 应用型科研与应用型教学变量

应用型科研与应用型教学是本研究关注的因变量，具体定义与说明见表 12 – 1。

表 12 – 1　应用型科研与应用型教学变量说明

变量类别	变量名称	变量定义	取值	变量类型
应用型科研	教师科研导向为应用型	"您参与科研活动是因为___"一题中选择"回应企业需求"＝1	0 或 1	虚拟变量
	应用型科研项目比例	过去两年内您参与的科研项目（请填写比例，各项总和100%）：①基础研究____②应用研究____③新产品开发____④技术攻关____⑤技术咨询____	教师填写的应用研究、新产品开发、技术攻关、技术咨询比例的总和	连续变量
应用型教学	课程设置 – 职业就业性	课程设置 – 职业就业性因子得分		连续变量
	课程设置 – 应用复合性	课程设置 – 应用复合性因子得分		连续变量
	教学行为 – 学以致用性	教学行为 – 学以致用性因子得分		连续变量

根据表 12 - 1，应用型科研同时考察教师的科研导向和应用型科研项目的比例，包括思想认同与实际开展两方面。应用型教学考察课程设置和教学行为的三个方面，根据应用型教学量表进行因子分析得到，量表信效度良好，课程设置和教学行为的三个方面均通过了探索性因子分析和验证性因子分析的相关检验。

三　方法与模型

采用回归分析检验转型类型对应用型科研与应用型教学的影响时容易产生样本选择偏差，即应用实践能力强的教师对组织转型感知更强烈，更愿意积极参与应用型科研和实践教学，使估计结果产生偏差。通过随机分组实验可以很好地解决选择偏差对处理结果的影响，但实践中采用随机分组实验成本较高，实施难度较大。倾向值匹配法就是一种替代性办法，具体思路是：找到属于控制组的某个体 j，使其与处理组中个体 i 的可观测变量取值尽可能匹配，然后观测特定项目对 i 和 j 造成的影响的差异，作为对个体 i 处理效应的度量（陈强，2010）。按照这样的思路，对控制组中每个个体进行匹配，然后对每个个体的处理效应进行平均，就可以得到政策或项目的处理效果。

本研究采取倾向值匹配法，尽可能减轻教师能力、意愿、挂职与锻炼情况对科研和教学的影响，准确估计组织转型的效应。具体而言，先建立学校或院系组织转型深入的 Logit 回归模型。应用型转型过程中组织转型深入的学校/院系的教师可能企业经验更丰富、能力更强、更愿意参与挂职锻炼，因此本研究在回归方程中加入了教师的能力与经验、主观意愿、挂职与培训三方面的特征。回归模型如式 12 - 1：

$$\mathrm{logit}(D_i) = \beta_0 + \beta_1 Ability_i + \beta_2 Will_i + \beta_3 Train_i + \varepsilon_i \qquad (式 12 - 1)$$

其中 D_i 为是否进入转型深入的学校/院系的虚拟变量，$i = 1$ 时教师进入转型深入的学校/院系，$i = 0$ 时教师进入转型不深入的学校/院系。$Ability_i$ 为教师能力与经验相关变量，$Will_i$ 为教师主观意愿的二元分类变量，$Train_i$ 为教师挂职与培训相关变量。表 12 - 2 呈现了可能影响教师进入不同转型程度的学校/院系的变量定义与说明。

表 12 - 2　可能影响教师进入不同转型程度的学校/院系的变量定义与说明

	最后学历为硕士	最后学历为硕士 = 1	0 或 1	虚拟变量
	最后学历为博士	最后学历为博士 = 1	0 或 1	虚拟变量
能力与经验	工作年限			连续变量
	中级以上职称	中级以上职称 = 1	0 或 1	虚拟变量
	与专业相关的行业企业经验			连续变量
主观意愿	愿意挂职锻炼	对挂职学习或锻炼，您倾向于_____选择"较愿意"和"很愿意" = 1	0 或 1	虚拟变量
挂职与培训	挂职锻炼月数	过去两年您参加企业或政府部门挂职锻炼的时间为_____月		连续变量
	进修培训周数	在过去两年，您进修和培训的时间约为_____周		连续变量
	培训内容 - 本专业理论	培训内容一题中选择"本专业理论"选项 = 1	0 或 1	虚拟变量
	培训内容 - 企业生产实践	培训内容一题中选择"企业生产实践"选项 = 1	0 或 1	虚拟变量
	培训内容 - 课程开发与教学	培训内容一题中选择"课程开发与教学"选项 = 1	0 或 1	虚拟变量
	培训内容 - 相关会议	培训内容一题中选择"相关会议"选项 = 1	0 或 1	虚拟变量

　　然后，根据模型回归分析结果，选择教师能力与经验、主观意愿、挂职与培训等变量为匹配变量，根据式 12 - 2 计算教师进入转型深入学校/院系的倾向值。

$$Pscpre_i = \beta_0 + \beta_1 Ability_i + \beta_2 Will_i + \beta_3 Train_i \qquad （式 12 - 2）$$

　　最后，基于倾向值，为身处转型深入的学校/院系的教师匹配到能力与经验、主观意愿、挂职与培训等方面基本近似，但是在转型不深入的学校/院系的教师，从而控制样本选择偏差，得到更准确的转型深入效果的估计值。

　　表 12 -3 呈现了匹配前后实验组（学校转型深入）和控制组（学校转型不深入）教师在各变量上的差异及显著性。匹配前学校转型深入和转型不深入的教师在工作年限、学历、与专业相关的行业企业经验、挂职锻炼意愿等方面存在显著性差异，因此简单的回归分析容易造成样本选择偏差，使学校转型深入的估计结果有偏。

　　匹配后学校组织转型深入与不深入的教师在能力与经验、主观意愿、挂职与培训等方面都没有显著性差异，匹配后能够获得更准确的学校转型深入效果的估计值。本研究同样以院系转型深入为实验组进行了实验组和控制组各变量的差异及显著性检验，结果同样显示匹配前实验组（院系转型深入）和控制组（院系转型不深入）在许多变量上存在显著性差异，匹配后教师情况接近，差异不再显著。

表 12 – 3　匹配前后实验组与控制组在各变量上的差异

	变量名		实验组	控制组	偏差（%）	*t* 值	*p* 值
能力与经验	工作年限	匹配前	11.29	13.70	− 26.8	− 4.00	0.000
		匹配后	11.32	11.48	− 1.8	− 0.31	0.755
	中级以上职称	匹配前	0.326	0.38	− 11.9	− 1.77	0.078
		匹配后	0.326	0.30	6.5	1.01	0.314
	最后学历为硕士	匹配前	0.687	0.52	34.6	5.13	0.000
		匹配后	0.690	0.71	− 5.1	− 0.80	0.424
	最后学历为博士	匹配前	0.137	0.36	− 53.3	− 7.94	0.000
		匹配后	0.137	0.12	3.2	0.59	0.554
	与专业相关的行业企业经验	匹配前	3.534	4.30	− 14.5	− 2.15	0.032
		匹配后	3.549	3.76	− 4.0	− 0.63	0.530
主观意愿	愿意挂职锻炼	匹配前	0.771	0.69	18.2	2.70	0.007
		匹配后	0.769	0.75	4.0	0.62	0.533
挂职与培训	挂职锻炼月数	匹配前	2.587	2.86	− 5.0	− 0.74	0.457
		匹配后	2.582	3.05	− 8.5	− 1.44	0.151
	进修培训周数	匹配前	5.452	5.89	− 5.9	− 0.88	0.382
		匹配后	5.463	5.42	0.6	0.10	0.922
	培训内容 – 本专业理论	匹配前	0.394	0.45	− 11.6	− 1.72	0.086
		匹配后	0.395	0.37	5.8	0.89	0.373
	培训内容 – 企业生产实践	匹配前	0.233	0.20	7.3	1.08	0.281
		匹配后	0.231	0.27	− 9.1	− 1.31	0.191
	培训内容 – 课程开发与教学	匹配前	0.601	0.53	15.5	2.29	0.022
		匹配后	0.599	0.59	2.7	0.41	0.685
	培训内容 – 相关会议	匹配前	0.454	0.45	0.9	0.14	0.892
		匹配后	0.450	0.48	− 1.3	− 0.20	0.841

　　倾向值匹配法需要满足重叠假定和平衡性假定。重叠假定指匹配后大

部分样本要落在共同取值范围内，样本损失量较少，能够保证可用样本充足。对各组估计值均进行重叠假定检验，样本共同取值范围均在 80% 以上。平衡性假定要求匹配后各变量在实验组和控制组上不存在显著性差异，而且一般要求标准化后的各变量偏差小于 10%，本研究匹配后实验组和控制组在各控制变量方面不存在显著性差异，标准化后的平均偏差均在 10% 以下。

四　估计结果

本研究主要采用近邻匹配方法，分别呈现学校转型深入、院系转型深入影响应用型科研与应用型教学的参与者平均处理效应（ATT）估计。考虑到新建本科高校可能存在学校和院系转型程度不一致的情况，影响转型结果，本研究还分别进行了院系转型不深入、学校转型深入、学校转型不深入等分样本的估计。为保证估计结果稳健可信，本研究均在估计之后采取了多种匹配方法和偏差校正方法进行稳健性检验。

1. 学校层次组织转型的影响

（1）估计结果

表 12 - 4 呈现了针对新建本科高校全样本和院系层次组织转型不深入分样本的估计结果，针对院系层次组织转型深入分样本的估计未通过相关检验，因此没有予以呈现。

根据表 12 - 4，对于新建本科高校，排除教师的学历、经验、培训及培训意愿等情况的影响后，学校层次组织转型深入的高校教师的应用型教学做得更好，但是应用型科研方面没有显著优势。具体而言，课程设置的职业就业性、应用复合性及教学行为的学以致用性均显著高于学校层次组织转型不深入的高校，而且各因变量的差值相近，均在 0.3 以上。其中课程设置两方面的优势高于教学行为，尤其是课程设置的应用复合性优势明显，高于学校层次组织转型不深入的高校 0.446，而且显著性最高。

但是，学校层次组织转型深入需要院系的贯彻落实才能对应用型教学产生影响，对于院系层次组织转型不深入的高校，学校层次组织转型深入并不能对应用型科研和应用型教学产生显著的影响。

表 12 – 4　学校层次组织转型深入影响应用型科研与应用型教学的 ATT 估计结果

	变量	处理组	控制组	差值（ATT）	标准误	t 值
新建本科高校全样本	教师科研导向为应用型	0.234	0.234	0.000	0.044	0.00
	应用型科研项目比例	39.100	38.970	0.131	4.567	0.03
	课程设置 – 职业就业性	0.184	– 0.190	0.374	0.111	3.38
	课程设置 – 应用复合性	0.124	– 0.322	0.446	0.108	4.11
	教学行为 – 学以致用性	0.215	– 0.113	0.328	0.114	2.88
院系层次组织转型不深入	教师科研导向为应用型	0.142	0.208	– 0.066	0.067	– 0.98
	应用型科研项目比例	37.250	47.980	– 10.730	7.235	– 1.48
	课程设置 – 职业就业性	– 0.163	– 0.297	0.134	0.169	0.80
	课程设置 – 应用复合性	– 0.370	– 0.088	– 0.282	0.179	– 1.57
	教学行为 – 学以致用性	0.080	– 0.247	0.327	0.213	1.53

注：以教师科研导向为应用型为因变量的近邻匹配为一对二匹配，其他均为一对一匹配。

（2）稳健性检验

多种匹配方法检验。为进一步检验倾向值匹配结果是否稳健，本研究还采用半径匹配和核匹配两种匹配方法检验学校层次组织转型深入对教师科研与教学的影响，结果显示显著性与近邻匹配结果一致，差值也与近邻匹配结果接近，结果非常稳健。只有对于院系层次组织转型不深入的新建本科高校子样本，采用半径匹配方法的估计结果显示学校层次组织转型深入也能够显著提升教学行为的学以致用性，与近邻匹配结果有差异。

偏差校正法检验。倾向值匹配的第一阶段估计倾向得分时存在一定的不确定性，而且非精确匹配一般存在偏差，本研究采用有放回且允许并列的 k 近邻匹配，并通过回归的方法来估计偏差，通过在实验组和控制组内部进行二次匹配，得到在异方差条件下也成立的稳健标准误。经过分析，偏差校正估计结果见表 12 – 5。

表 12 – 5　学校层次组织转型深入的效应偏差校正匹配估计结果

	新建本科高校		院系层次组织转型不深入的新建本科高校	
	差值（ATT）	标准误	差值（ATT）	标准误
教师科研导向为应用型	0.028	0.036	0.056	0.046
应用型科研项目比例	– 3.296	4.488	– 11.080	7.223

续表

	新建本科高校		院系层次组织转型不深入的 新建本科高校	
	差值（ATT）	标准误	差值（ATT）	标准误
课程设置 – 职业就业性	0.100	0.086	− 0.019	0.154
课程设置 – 应用复合性	0.278***	0.097	0.084	0.178
教学行为 – 学以致用性	0.318***	0.101	0.122	0.151

*** $p < 0.01$。

偏差校正匹配估计结果与近邻匹配结果接近，结果稳健。偏差校正后，对于新建本科高校全样本，学校层次组织转型深入对课程设置的职业就业性没有显著提升，学校层次组织转型深入对课程设置的应用复合性和教学行为的效应依然稳健。

2. 院系层次组织转型的影响

（1）估计结果

表 12 – 6 呈现了分别针对新建本科高校全样本、学校层次组织转型深入子样本、学校层次组织转型不深入子样本，采用近邻匹配方法进行院系层次组织转型深入效应的倾向值匹配估计，受篇幅限制，只呈现了 ATT 值标准误和 t 值。

对于新建本科高校全样本，院系层次组织转型深入的，教师科研导向为应用型的比例显著更高，教师课程设置的职业就业性和应用复合性、教学行为的学以致用性均显著更高，而且课程设置方面的差值高于教学行为。院系层次组织转型深入对科研和教学向应用型转型均有显著的正向影响。

对于学校层次组织转型不深入的新建本科高校子样本，院系层次组织转型深入只对教师科研导向为应用型和课程设置的职业就业性有显著的促进效应。在缺少学校配合的情况下，院系层次组织转型深入无法显著提高课程设置的应用复合性和教学行为的学以致用性，但对教师科研导向为应用型和课程设置的职业就业性的促进效果更大。学校层次组织转型不深入而院系层次组织转型深入的院系很可能由于长期进行校企合作，积累了较多资源和实践教学经验，在应用型转型的某些方面更有积累和优势，因此即使缺少学校层次的推动，依然积极进行应用型转型，并在教师科研导向为应用型和课程设置的职业就业性上有显著的优势。

　　对于学校层次组织转型深入的新建本科高校子样本，院系层次组织转型深入对教师科研导向为应用型，以及课程设置的职业就业性和应用复合性有显著的提升效果。在学校层次组织转型深入的配合下，院系层次组织转型深入对课程设置的促进效应更强，大于新建本科高校全样本下院系层次组织转型深入对相应方面的促进效应。

表 12 – 6　院系层次组织转型深入影响应用型科研与应用型教学的 ATT 估计结果

匹配方法	变量	处理组	控制组	差值（ATT）	标准误	t 值
新建本科高校全样本	教师科研导向为应用型	0.300	0.106	0.194	0.039	5.01
	应用型科研项目比例	41.330	42.340	– 1.011	3.518	– 0.29
	课程设置 – 职业就业性	0.348	– 0.146	0.494	0.101	4.91
	课程设置 – 应用复合性	0.206	– 0.352	0.558	0.109	5.11
	教学行为 – 学以致用性	0.215	– 0.020	0.235	0.119	1.98
学校层次组织转型不深入子样本	教师科研导向为应用型	0.431	0.146	0.285	0.075	3.80
	应用型科研项目比例	46.990	41.480	5.507	8.995	0.61
	课程设置 – 职业就业性	0.578	– 0.298	0.876	0.185	4.73
	课程设置 – 应用复合性	– 0.136	– 0.133	– 0.003	0.250	– 0.01
	教学行为 – 学以致用性	0.010	– 0.306	0.316	0.256	1.23
学校层次组织转型深入子样本	教师科研导向为应用型	0.268	0.102	0.166	0.047	3.56
	应用型科研项目比例	39.660	40.280	– 0.622	5.724	– 0.11
	课程设置 – 职业就业性	0.286	– 0.363	0.649	0.176	3.68
	课程设置 – 应用复合性	0.284	– 0.524	0.808	0.168	4.82
	教学行为 – 学以致用性	0.266	0.178	0.089	0.182	0.49

注：以应用型科研项目比例为因变量的近邻匹配为一对二匹配，其他均为一对一匹配。

　　对比不同子样本下院系层次组织转型对课程设置的效果，从表 12 – 6 看，在学校层次组织转型深入的支持下，院系层次组织转型深入能够有效提升课程设置的应用复合性。但没有学校层次组织转型的支持，院系层次组织转型深入也能有效促进课程设置的职业就业性，说明课程设置的应用复合性更需要学校层次和院系层次组织转型的共同配合，课程设置的职业就业性更多受院系层次组织转型的影响。

　　整体而言，教师科研导向为应用型、课程设置的职业就业性主要受院系层次组织转型的影响，在学校层次组织转型不深入的新建本科高校中，院系层次组织转型深入也能有效提升这两方面。

（2）稳健性检验

为了进一步检验倾向值匹配结果是否稳健，本研究还采用多种匹配方法和偏差校正方法进行稳健性检验。

多种匹配方法检验。再次采用半径匹配和核匹配针对院系层次组织转型深入对应用型科研与应用型教学的影响进行估计，结果与近邻匹配的估计结果接近，显著性、差值都较接近，结果非常稳健。仅在对于学校层次组织转型不深入的新建本科高校子样本采用半径匹配和核匹配方法进行估计时，院系层次组织转型深入的教师教学行为的学以致用性显著更高，与近邻匹配方法估计结果有一定差异。

偏差校正方法检验。同对学校层次组织转型深入的效应的偏差校正检验一致，也对院系层次组织转型深入的效应进行了偏差校正。表 12 - 7 呈现了对不同样本采用近邻匹配方法的偏差校正匹配估计结果。

表 12 - 7　院系层次组织转型深入的效应偏差校正匹配估计结果

	新建本科高校全样本		学校层次组织转型不深入的新建本科高校		学校层次组织转型深入的新建本科高校	
	ATT	标准误	ATT	标准误	ATT	标准误
教师科研导向为应用型	0.164***	0.031	0.291***	0.063	0.140***	0.031
应用型科研项目比例	-4.245	3.534	-12.350	9.336	3.190	5.032
课程设置 - 职业就业性	0.534***	0.088	1.345***	0.200	0.543***	0.138
课程设置 - 应用复合性	0.519***	0.090	0.424**	0.212	0.725***	0.107
教学行为 - 学以致用性	0.399***	0.106	0.522***	0.181	0.145	0.181

*** $p < 0.01$。

根据表 12 - 7，院系层次组织转型深入的效应偏差校正匹配估计结果与最初估计结果接近，估计结果比较稳健。除了针对学校层次组织转型不深入的新建本科高校子样本的偏差估计结果在课程设置的应用复合性和教学行为的学以致用性的显著性上存在差异外，其他方面均非常稳健。

3. 学校层次和院系层次组织转型影响的对比分析

对比学校层次和院系层次组织转型深入对应用型科研与应用型教学的效应（结合表 12 - 4 和表 12 - 6），院系层次组织转型深入对应用型科研与应用型教学产生的效应更加广泛而且更大。从影响范围来看，学校层次组织转型深入只能影响应用型教学，院系层次组织转型深入还能提高教师的应用型科研导向，但目前学校层次和院系层次组织转型都不能显著提高教师应用型科研项目的比例；从影响大小和显著性来看，院系层次组织转型深入对课程设置的影响更大，显著性更高，学校层次组织转型深入对教学行为的影响更大，显著性更高。

五 研究发现与建议

学校层次组织转型深入能够有效推动应用型教学，院系层次组织转型深入能够有效推动应用型科研和应用型教学。根据倾向值匹配结果，在教师能力、意愿、挂职与培训等条件相同的情况下，学校层次组织转型深入的学校教师课程设置和教学行为更偏向应用型，院系层次组织转型深入的学校教师的科研导向更多为应用型，课程设置和教学行为更偏向应用型人才培养。因此，新建本科高校在应用型转型变革过程中，应注重从组织层面系统发力。科研导向和人才培养过程的转变不仅仅是科研或教学单一模块的转变，涉及学校和院系在理念、制度、资源等方面的协调与配合，在配套制度和资源的支持下才能产生良好的转型效果。在实践中推动应用型科研与应用型教学时，应注意做好组织保障、体系支持，为应用型科研和应用型教学营造顺畅发展的环境，及时提供相应的政策、资金与制度支持。

院系层次组织转型深入对应用型科研和应用型教学的影响更为全面、影响更大。对比学校层次和院系层次组织转型深入的影响，可以发现院系层次组织转型深入对应用型科研和应用型教学的影响更大。其一，学校层次组织转型深入不能有效扭转教师科研导向，而院系层次组织转型深入可以帮助教师将科研导向转为应用型；其二，对比差值和显著性可以发现，学校层次组织转型深入对课程设置的职业就业性和应用复合性方面的提升作用小于院系层次组织转型深入的作用；其三，在学校层次组织转型不深入情况下，院系层次组织转型深入也能有效促进教师转变科研方向，提高课程设置的职业就业性；但在院系层次组织转型不深入时，仅依靠学校层次组织转型深入不能有效推动应用型科研和应用型教学。应用型科研和应用型教学的开展最终由一线教师执行，在高校松散联结的组织模式下，教师更多聚合在院系一级，受到院系文化、制度与资源的影响，因此应用型转型的关键在于院系的贯彻落实。

推动应用型科研和应用型教学需要学校和院系的配合。分样本倾向值匹配结果显示，对于院系层次组织转型不深入的院系，即使学校层次组织转型深入也不能有效推动应用型科研和应用型教学。在学校层次组织转型不深入的情况下，院系层次组织转型深入也不能提高课程设置的应用复合性和教学行为的学以致用性。相对于学校层次组织转型不深入的新建本科高校，在学校层次组织转型深入的配合下，院系层次组织转型深入对课程设置的职业就业性和应用复合性的提升效果更大（见表12－7）。缺少院系层次的贯彻落实，学校层次组织转型很难深入影响教师行动；有了学校层次的支持，院系层次组织转型能够更好地发挥作用。学校和院系协调配合，能够更好地推动向应用型科研和应用型教学的转变。

第四编

······

培养模式变革

第十三章　转型高校培养模式变革
与学生发展

一　问题的提出

地方高校的数量和在校生规模在高等教育大众化过程中得到快速发展，地方高校已成为我国本科高等教育的主体部分。长期以来，地方高校的人才培养模式与研究型大学雷同，毕业生就业难的问题在新建地方高校中尤为突出。

地方高校转型的核心是人才培养模式的变革，主要表现在课程设置、教学行为、实践教学和校企合作等方面，其中校企合作集中体现在学生的毕业/综合实习上。本章采用北京大学教育经济研究所2016年"地方高校人才培养与就业调查"学生数据，着重分析转型试点高校人才培养模式变革与学生发展情况，初步探讨培养模式变革与学生发展的关系。

二　数据说明

北京大学教育经济研究所2016年"地方高校人才培养与就业调查"的问卷设计参考了国内外已有相关调查，并充分结合地方高校转型的特征与要求，共抽取25所高校进行问卷调查，其中东部地区10所、中部地区8所、西部地区7所。高校的抽取考虑到同省份转型高校[①]和非转型高校的可比性，每所高校抽取计算机类、电气类、机械类、信息工程类、化学与工程类、工商管理类、会计学、新闻传媒类、艺术设计类等应用型较强的学科专业，兼顾理工和人文社科专业。为使不同高校间的专业具有可比

---

① 转型高校的认定参考各省教育厅官方文件公布的转型试点高校名单。

性，对相关专业毕业生调研采取整群抽样。课题组于 2016 年 6、7 月到抽样高校对抽取专业的毕业生进行现场集中指导填答，以保证问卷填写质量。最终实际回收的有效样本数为 7241 份，有效样本占比为 76.22%，东部、中部、西部样本占比分别为 37.30%、39.33% 和 23.37%，样本中转型高校共 10 所，且均为 1999 年以后成立的新建本科高校。

三　人才培养模式变革程度

人才培养模式变革程度为学生对学校人才培养模式变革的感知情况，主要包括对学校整体人才培养模式的变化、所在专业人才培养模式的变化，以及对所在专业的课程设置、教师教学、专业实习和校企合作等方面变化的认知程度。

表 13 - 1　分高校类型人才培养模式变革程度

单位：%

维度	高校类型	几乎没有	变化较小	变化较大	变化很大
学校整体	老本科高校	26.9	48.3	21.9	2.9
	新建本科 - 转型试点	19.7	34.9	36.7	8.8
	新建本科 - 非转型试点	23.1	48.3	24.9	3.7
所在专业	老本科高校	23.8	53.6	18.5	4.1
	新建本科 - 转型试点	16.5	40.9	32.3	10.4
	新建本科 - 非转型试点	23.3	51.9	20.8	4.0
课程设置	老本科高校	25.3	51.1	20.0	3.6
	新建本科 - 转型试点	18.3	45.0	28.7	7.9
	新建本科 - 非转型试点	21.6	54.6	20.5	3.4
教师教学	老本科高校	21.2	56.0	17.8	5.0
	新建本科 - 转型试点	16.5	46.5	28.3	8.7
	新建本科 - 非转型试点	17.5	56.0	21.5	4.9
专业实习	老本科高校	24.3	51.6	20.0	4.1
	新建本科 - 转型试点	17.4	41.0	31.9	9.7
	新建本科 - 非转型试点	21.2	50.2	23.3	5.3
校企合作	老本科高校	27.9	46.8	17.7	7.6
	新建本科 - 转型试点	20.7	34.2	27.0	18.1
	新建本科 - 非转型试点	27.7	44.0	20.5	7.8

需要注意的是，在以上六个方面，转型试点新建本科高校学生在"变化较大"中的比例均明显高于其他两类高校，认同学校整体"变化较大"的学生比例达到 36.7%，而老本科高校和非转型试点新建本科高校只有 21.9% 和 24.9%。在"变化很大"比例上，转型试点新建本科高校的学生在"校企合作"上认同比例最高，达到 18.1%，而其他两类高校都不足 8%。对于转型试点新建本科高校，"变化很大"的学生认同比例从高到低依次是校企合作、所在专业、专业实习、学校整体、教师教学、课程设置。

为更直观地展示上述六个维度的变化和进一步比较三类高校，本研究对上述六个方面变革程度的变量进一步处理并进行方差分析。具体处理上，将"几乎没有"和"变化较小"操作化为 0，将"变化较大"和"变化很大"操作化为 1，生成上述六个方面的虚拟变量。取值为 1 可简单理解为"发生了变化"，取值为 0 可认为"没有发生变化"。六个方面的均值比较和差异性分析结果见表 13-2。

由表 13-2 可知，转型试点新建本科高校学生在学校整体、所在专业、课程设置、教师教学、专业实习和校企合作等方面的变革感知比例均明显高于老本科高校和非转型试点新建本科高校，其比例均在 36% 以上，而老本科高校和非转型试点新建本科高校均不到 29%。具体来看，转型试点新建本科高校在学校整体和校企合作上变化较大，分别达到 45.5% 和 45.3%。而在课程设置和教师教学上相对而言变化较小，比例分别为 36.6% 和 37.0%。对于新建本科非转型试点高校，从六个方面比较来看，课程设置变化相对最小，只有 23.8%。转型试点新建本科高校和非转型试点新建本科高校在上述六个方面变化差异明显，但是在各类型高校内部专业实习和校企合作相对变化均较大，而课程设置和教师教学相对变化较小，这说明深处的、内部的变革难度更大。老本科高校在课程设置、教师教学、专业实习和校企合作四个方面，教师教学变化最小，校企合作相对变化更大。从三类高校方差分析比较来看，三类高校之间存在显著性差异。转型试点新建本科高校在这六个方面的变化均显著高于地方高校和非转型试点新建本科高校，但老本科高校和非转型试点新建本科高校之间在所在专业人才培养模式和课程设置变化上不存在显著性差异。

表 13 - 2 不同类型高校学生在人才培养模式变革感知上的均值比较和差异性分析

变量	老本科高校		新建本科 - 转型试点		新建本科 - 非转型试点		*F* 值	*p* 值
	均值	标准差	均值	标准差	均值	标准差		
学校整体	0.248	0.432	0.455	0.498	0.286	0.452	139	0.00
所在专业	0.226	0.418	0.426	0.495	0.248	0.432	146	0.00
课程设置	0.236	0.424	0.366	0.482	0.238	0.426	70	0.00
教师教学	0.228	0.420	0.370	0.483	0.265	0.441	66	0.00
专业实习	0.241	0.428	0.418	0.500	0.286	0.452	96	0.00
校企合作	0.256	0.454	0.453	0.508	0.283	0.451	125	0.00

学生对上述六个方面的变革感知程度存在一定的关联性,在此对六个方面的相关性进行检验。为保留更多的信息,将六个变量仍按照五个维度的定序变量进行处理,表 13 - 3 报告了人才培养模式变革感知间的 Spearman 相关分析结果。

表 13 - 3 人才培养模式变革感知间的相关分析

	学校整体	所在专业	课程设置	教师教学	专业实习	校企合作
学校整体	1.000	0.655**	0.452**	0.449**	0.495**	0.441**
所在专业		1.000	0.538**	0.509**	0.520**	0.487**
课程设置			1.000	0.561**	0.451**	0.394**
教师教学				1.000	0.515**	0.406**
专业实习					1.000	0.530**
校企合作						1.000

** $p < 0.01$。

由表 13 - 3 可看到,六个方面两两之间均在 1% 水平上显著相关。具体而言,对学校整体人才培养模式和对所在专业变革感知相关性最大,达到 0.655,这说明学生对学校改革的认知很大程度上取决于对专业变革或变化的认知。课程设置与教师教学相关性最大,专业实习与校企合作相关性最大。

四 人才培养模式变革的具体方面

1. 课程设置

为探究转型试点高校与其他类型高校在课程设置上的不同,利用因子分析得到课程设置各维度的因子得分结果，采用单因素方差分析进行差异性检验。同时，对课程设置总体评价的满意度项进行处理，得到课程设置满意度的二分变量，将"很不同意"和"较不同意"取值为 0，"较同意"和"很同意"取值为 1。进行方差分析时，对课程设置满意度一并分析，结果见表 13 – 4。

表 13 – 4　课程设置的比较分析

变量	老本科		新建本科 – 转型试点		新建本科 – 非转型试点		F 值	p 值
	均值	标准差	均值	标准差	均值	标准差		
应用实践性	– 0.035	0.998	0.081	0.955	– 0.087	0.975	21.02	0.00
前沿交叉性	0.001	0.926	0.051	0.985	– 0.075	0.963	10.77	0.00
学科理论性	0.019	0.978	– 0.008	0.965	– 0.017	0.952	0.79	0.454
职业就业性	– 0.075	0.967	0.060	0.955	– 0.014	0.971	12.40	0.00
满意度[①]	0.802	0.398	0.816	0.387	0.782	0.413	4.54	0.011

　　注：满意度为二分类变量，一般不能像其他变量一样直接进行方差分析得到差异性检验结果，不过考虑到此二分类变量的 0、1 取值特性，其方差检验结果可以接受。为保证其结果的可靠性，本研究还对此进行检验，辅以卡方检验。课堂教学、实践教学和毕业/综合实习中满意度变量类似，不再进行说明。

　　从课程设置满意度来看，三类高校在 5% 水平上存在显著性差异，其中转型试点新建本科高校课程设置满意度最高，达到 81.6%，其次为老本科高校，而非转型试点新建本科高校满意度相对最低，只有 78.2%。从课程设置的四个维度来看，三类高校在应用实践性、前沿交叉性和职业就业性上存在显著性差异，转型试点新建本科高校在上述三个维度的得分均显著高于老本科高校和非转型试点新建本科高校，且在课程设置应用实践性上表现最为明显。在学科理论性上，老本科高校好于转型试点新建本科高校和非转型试点新建本科高校，但三类高校之间不存在显著性差异。

2. 教学方式

　　为探究转型试点新建本科高校与其他类型高校在教学方式上的不同，利用因子分析得到教学方式各维度的因子得分结果，采用单因素方差分析法进行差异性检验。同时，对任课教师教学方式总体评价的满意度项进行处理，得到教师教学满意度的二分变量，将"很不同意"和"较不同意"取值为 0，"较同意"和"很同意"取值为 1。进行方差分析时，对教师教学满意度一并分析，结果见表 13 – 5。

表 13 - 5　教学方式的比较分析

变量	老本科高校		新建本科 - 转型试点		新建本科 - 非转型试点		F 值	p 值
	均值	标准差	均值	标准差	均值	标准差		
探究引导型	- 0.006	0.993	0.061	0.996	- 0.085	1.007	12.545	0.000
传统教学型	- 0.039	0.999	0.032	1.016	- 0.009	0.977	2.968	0.051
学以致用型	- 0.029	1.009	0.056	1.007	- 0.056	0.976	8.506	0.000
满意度	0.886	0.318	0.884	0.321	0.873	0.333	0.885	0.413

从教师教学总体评价满意度来看，三类高校不存在显著性差异，但老本科高校教师教学满意度总体最高，其次为转型试点新建本科高校，转型试点新建本科高校教师教学满意度和老本科高校差异非常小。从教学方式的三个维度来看，三类高校在探究引导型、学以致用型上存在显著性差异，转型试点新建本科高校在上述两个维度上的得分都显著高于老本科高校和非转型试点新建本科高校，在探究引导型上得分最高。在传统教学型上，三类高校在 5% 的水平上不存在显著性差异。

3. 实践教学

为探究转型试点新建本科高校与其他类型高校在实践教学上的不同，利用因子分析得到实践教学各维度的因子得分结果，采用单因素方差分析法进行差异性检验。同时，对实践教学满意度项进行处理，得到实践教学满意度的二分变量，将"很不同意"和"较不同意"取值为 0，"较同意"和"很同意"取值为 1。进行方差分析时，对实践教学满意度一并分析，结果见表 13 - 6。

表 13 - 6　实践教学的比较分析

变量	老本科高校		新建本科 - 转型试点		新建本科 - 非转型试点		F 值	p 值
	均值	标准差	均值	标准差	均值	标准差		
资源充分性	- 0.071	0.972	0.104	0.948	- 0.081	0.991	30.934	0.000
内容质量性	- 0.047	0.940	0.013	1.010	0.016	0.940	2.913	0.054
自主性	- 0.018	0.933	0.074	0.972	- 0.094	0.994	19.281	0.000
教师应用性	0.001	0.934	0.029	0.979	- 0.044	0.990	3.528	0.043
满意度	0.756	0.429	0.803	0.398	0.779	0.415	7.987	0.000

从实践教学满意度来看，三类高校在 5% 水平上存在显著性差异。转型试点新建本科高校实践教学满意度最高，达到 80.3%，其次为非转型试

点新建本科高校，而老本科高校实践教学满意度最低，为75.6%。从实践教学的四个维度来看，在5%的显著性水平上，三类高校在资源充分性、自主性和教师应用性上存在显著性差异，转型试点新建本科高校在上述三个维度上的得分显著高于老本科高校和非转型试点新建本科高校，且在资源充分性上差异最为明显。在内容质量性上，三类高校在5%的显著性水平上不存在显著性差异。

4. 毕业/综合实习

对校企合作的考察不仅体现在实践教学上，还体现在学生毕业/综合实习上。为探究不同类型高校在毕业/综合实习上的不同，利用因子分析得到毕业/综合实习各维度的因子得分结果，采用单因素方差分析法进行差异性检验。同时，对毕业/综合实习总的评价满意度项进行处理，得到毕业/综合实习满意度的二分变量，将"很不同意"和"较不同意"取值为0，"较同意"和"很同意"取值为1。进行方差分析时，对毕业/综合实习满意度一并分析，结果见表13-7。

表 13-7 毕业/综合实习的比较分析

变量	老本科高校		新建本科-转型试点		新建本科-非转型试点		F 值	p 值
	均值	标准差	均值	标准差	均值	标准差		
实习指导	-0.016	0.959	0.032	0.954	-0.055	0.936	5.418	0.004
实习制度	-0.036	0.940	0.044	0.957	-0.022	0.945	5.381	0.005
实习考评	-0.096	0.991	0.086	0.939	-0.029	0.916	24.125	0.000
满意度	0.811	0.392	0.852	0.357	0.848	0.359	7.320	0.001

从毕业/综合实习满意度来看，三类高校在5%的水平上存在显著性差异，但转型试点新建本科高校和非转型试点新建本科高校间不存在显著性差异，转型试点新建本科高校学生毕业/综合实习满意度显著高于老本科高校。从毕业/综合实习的三个维度来看，在实习指导、实习制度和实习考评上，三类高校间均存在显著性差异。具体的多重比较分析发现，在实习指导上，转型试点新建本科高校显著高于老本科高校，但与非转型试点新建本科高校在5%水平上不存在显著性差异；在实习制度上，转型试点新建本科高校均在5%水平上显著高于老本科高校和非转型试点新建本科高校，但老本科高校和非转型试点新建本科高校之间不存在显著性差异；在实习考评上，三类高校两两之间均存在显著性差异。

五 学生发展

1. 能力与素质

为探究转型试点新建本科高校与其他高校在学生能力与素质上的不同，采用因子分析得到能力与素质各维度的因子得分结果，采用单因素方差分析法进行差异性检验，结果见表 13 – 8。在 5% 的显著水平上，三类高校在学生总体能力与素质、专业技术能力、批判创新能力和职业认知与规划上存在显著性差异，而在专业素养与态度、团队协作能力和沟通表达能力上不存在显著性差异。

进一步，具体比较转型试点新建本科高校和其他两类高校在学生能力与素质各维度上的差异性，发现在专业技术能力上，转型试点新建本科高校显著高于非转型试点新建本科高校，但与老本科高校无显著性差异；在专业素养与态度上，转型试点新建本科高校高于老本科高校和非转型试点新建本科高校，但都不存在显著性差异；在批判创新能力上，转型试点新建本科高校高于老本科高校和非转型试点新建本科高校，但只和非转型试点新建本科高校存在显著性差异，即显著高于非转型试点新建本科高校；在职业认知与规划上，转型试点新建本科高校高于非转型试点新建本科高校，但两者之间不存在显著性差异；在团队协作能力上，转型试点新建本科高校高于老本科高校和非转型试点新建本科高校，但都不存在显著性差异；在沟通表达能力上，转型试点新建本科高校高于非转型试点新建本科高校，且显著高于老本科高校。

表 13 – 8 能力与素质的比较分析

变量	老本科高校		新建本科 – 转型试点		新建本科 – 非转型试点		F 值	p 值
	均值	标准差	均值	标准差	均值	标准差		
总体	3.09	0.489	3.10	0.475	3.04	0.451	10	0.000
专业技术能力	0.046	0.984	0.01	1.012	− 0.058	0.996	5.0	0.007
专业素养与态度	− 0.010	0.998	0.013	1.008	− 0.009	0.99	0.4	0.678
批判创新能力	0.007	0.996	0.035	1.003	− 0.059	0.997	4.8	0.008
职业认知与规划	0.040	0.994	0.008	0.986	− 0.051	1.024	3.8	0.022
团队协作能力	− 0.029	0.994	0.029	1.008	− 0.015	0.992	2.1	0.128
沟通表达能力	− 0.030	1.006	0.032	0.998	− 0.018	0.996	2.4	0.087

2. 就业状况

在就业状况变量处理上，就业起薪为连续性变量，而就业比例、就业对口程度、工作总体满意度为虚拟变量。需要说明的是，学生就业比例为就业倾向（含确定就业）比例。学生就业取值为 1，非就业（如升学、考研等）取值为 0；在学生就业对口程度变量上，"很对口"和"基本对口"取值为 1，"毫不相关"和"有些关联"取值为 1；在工作总体满意度上，"很满意"和"满意"取值为 1，其余取值为 0；在学生就业起薪变量上，对就业起薪变量进行清洗，清洗后样本中只有 12 个个案就业起薪大于10000 元，将就业起薪变量设定为小于等于 10000 元，超过 10000 元的就业起薪以 10000 元计。表 13 - 9 报告了三类高校在就业状况的四个变量上的描述统计情况。

表 13 - 9 分高校类型的学生就业状况的描述统计

变量	院校类型	学生数	均值	标准差	*F* 值	*p* 值
就业比例	老本科高校	1734	0.762	0.426	43.71	0.000
	新建本科 - 转型试点	2750	0.866	0.341		
	新建本科 - 非转型试点	1859	0.847	0.360		
就业对口程度	老本科高校	1084	0.762	0.426	10.09	0.000
	新建本科 - 转型试点	1935	0.694	0.461		
	新建本科 - 非转型试点	1098	0.685	0.465		
就业起薪	老本科高校	978	3643	1383	82.12	0.000
	新建本科 - 转型试点	1796	2965	1369		
	新建本科 - 非转型试点	1025	3092	1286		
工作总体满意度	老本科高校	1029	0.758	0.428	2.71	0.066
	新建本科 - 转型试点	1856	0.721	0.448		
	新建本科 - 非转型试点	1044	0.749	0.434		

由表 13 - 9 可知，在就业比例上，转型试点新建本科高校就业比例最高，达到 86.6%，而老本科高校学生就业比例相对最低，三者之间存在显著性差异；在就业对口程度上，老本科高校就业对口程度相对最高，达到76.2%，而转型试点新建本科高校和非转型试点新建本科高校就业对口程度均不到 70.0%，转型试点新建本科高校略高于非转型试点新建本科高校；在就业起薪上，老本科高校学生平均就业起薪为 3643 元，远远高于转型试点新建本科高校的 2965 元和非转型试点新建本科高校的 3092 元。在

工作总体满意度上，老本科高校满意度最高，为 75.8%，转型试点新建本科高校满意度相对最低，为 72.1%。F 检验显示，不同类型高校在就业比例、就业对口程度和就业起薪上均存在显著性差异，工作总体满意度在 5% 水平上不存在显著性差异。工作总体满意度与就业起薪的变化趋势一致。

为进一步比较转型试点新建本科高校和其他两类高校在就业状况上的差异，以上述四个变量为因变量进行了多重比较分析。结果显示，在就业比例上，转型试点新建本科高校就业比例显著高于老本科高校，但与非转型试点新建本科高校不存在显著性差异；在就业对口程度上，转型试点新建本科高校显著低于老本科高校，与非转型试点新建本科高校不存在显著性差异；在就业起薪上，转型试点新建本科高校均显著低于老本科高校和非转型试点新建本科高校；在工作总体满意度上，转型试点新建本科高校显著低于老本科高校。

3. 变革感知与学生发展

对学生的变革感知和学生发展进行了 Spearman 相关分析，结果见表 13 - 10。可以看到，能力与素质和培养模式变革感知的六个方面均显著相关，整体上，专业技术能力、专业素养与态度和各变革感知方面的相关关系相对较大，而沟通表达能力与各变革感知方面的相关系数相对较小。具体而言，专业技术能力与教师教学的相关程度最高，专业素养与态度和学校整体的相关程度最高，批判创新能力与校企合作的相关程度最高。

在就业状况上，就业起薪与学生对各方面变革的感知大多为负相关，但都不显著，这是由于转型试点高校大多集中在新建本科高校，而新建本科高校就业起薪明显较低；工作总体满意度与校企合作的相关程度相对最高；就业对口程度则与所在专业的人才培养模式变革的相关程度最高；就业比例与专业实习的相关程度最高，与校企合作的相关程度较高。

表 13 - 10　变革感知与学生发展的相关关系

		学校整体	所在专业	课程设置	教师教学	专业实习	校企合作
能力与素质	专业技术能力	0.078**	0.082**	0.102**	0.131**	0.102**	0.076**
	专业素养与态度	0.131**	0.116**	0.080**	0.074**	0.095**	0.066**
	批判创新能力	0.038**	0.040**	0.032*	0.047**	0.064**	0.067**
	职业认知与规划	0.079**	0.073**	0.088**	0.084**	0.072**	0.077**

续表

		学校整体	所在专业	课程设置	教师教学	专业实习	校企合作
能力与素质	团队协作能力	0.091 **	0.072 **	0.065 **	0.061 **	0.051 **	0.062 **
	沟通表达能力	0.027 *	0.053 **	0.041 **	0.044 **	0.041 **	0.034 **
就业状况	就业比例	0.021	0.032 *	0.023	0.029 **	0.037 **	0.034 **
	就业对口程度	0.030	0.059 **	0.027	0.043 **	0.043 **	0.044 **
	工作总体满意度	0.048 **	0.053 **	0.041 *	0.057 **	0.064 **	0.083 **
	就业起薪	−0.016	−0.026	−0.020	−0.027	0.013	0.001

** $p < 0.01$,* $p < 0.05$。

六 进一步的讨论

本章比较分析了转型试点新建本科高校和其他两类高校在人才培养模式变革上学生的感知差异和三类高校在人才培养模式变革过程中的课程设置、教学方式、实践教学和毕业/综合实习的差异。最后着重比较了转型试点新建本科高校在学生发展上与其他两类高校的差异，并分析了学生发展和学生对变革的感知程度之间的相关关系。

第一，转型试点新建本科高校在人才培养模式上发生了显著变化，学生能够明显感知发生的变化，尤其是在校企合作、专业实习上，与非转型试点新建本科高校差异显著。转型试点新建本科高校学生对学校整体人才培养模式变革的认同度达到45.5%，而老本科高校和非转型试点新建本科高校只有24.8%和28.6%。在校企合作上，转型试点新建本科高校认为发生变化的学生比例达到45.3%，而老本科高校和非转型试点新建本科高校则只有25.6%和28.3%。在转型试点新建本科高校内部，从课程设置、教师教学、专业实习和校企合作来看，课程设置变化的比例相对最低。

第二，转型试点新建本科高校和非转型试点新建本科高校在人才培养模式变革中的课程设置、教学方式、实践教学和毕业/综合实习上存在显著性差异。转型试点新建本科高校具有更高的课程设置满意度、更高的实践教学满意度和更高的毕业/综合实习满意度，但是在教师教学满意度上老本科高校学生满意度最高。转型试点新建本科高校在课程设置上表现为更高的应用实践性、前沿交叉性和职业就业性；在教学方式上学以致用型和探究引导型更明显；在实践教学中资源充分性评价更好、学生自主性更强；在毕业/综合实习中，在实习指导、实习制度和实习考评上均表现更佳。

第三，转型试点新建本科高校和非转型试点新建本科高校在学生发展上存在显著性差异，但在学生发展的能力与素质和就业状况上表现并不一致。在能力与素质上，相比于非转型试点新建本科高校，转型试点新建本科高校在能力与素质的六个维度上均表现更好，在总体能力与素质发展上也显著更高；相比于老本科高校，转型试点新建本科高校在专业技术能力和职业认知与规划上相对较低。三类高校在专业技术能力、批判创新能力和职业认知与规划上存在显著性差异，而在其他三种能力与素质上不存在显著性差异。在学生就业状况上，三类高校中，学生就业起薪和工作总体满意度趋势一致，均表现为老本科高校最高、转型试点新建本科高校最低。转型试点新建本科高校的就业比例显著更高，但相比于老本科高校，学生就业对口程度较低。学生对变革感知的多项指标与就业起薪呈负相关，虽然不显著，但这是否因为转型效果并不能很好地体现在就业上呢？下一章将对这一问题进行更细致的分析。

第十四章 高校转型影响学生发展的实证分析

一 问题的提出与研究思路

1. 问题的提出

前章发现，转型试点新建本科高校相对于非转型试点新建本科高校和老本科高校来讲，在人才培养模式的关键方面有显著的变化，并且发现在学生的能力与素质上也存在较大的差异，另外还发现培养模式的变化并没有导致学生就业状况的显著变化。不仅如此，培养模式变革的一些关键指标还与毕业生的就业起薪呈现负相关，尽管没有达到统计上的显著程度。这可能是因为受到学生入校前的个人能力与素质、家庭背景以及入校后学校其他因素的影响，如何才能够准确地衡量转型试点新建本科高校进行的变革对学生能力与素质及就业状况的影响呢？本章采取准实验的倾向值匹配法对这一问题进行探讨。

2. 数据与研究方法

本章采用北京大学教育经济研究所 2016 年"地方高校人才培养与就业调查"学生数据，本研究的因变量是学生发展，对学生发展的考察从能力与素质和就业状况两个方面进行。为对学生能力与素质进行测量，课题组设计了"能力与素质"量表，经过探索性因子和验证性因子分析，将学生能力与素质分为专业技术能力、专业素养与态度、批判创新能力、职业认知与规划、团队协作能力和沟通表达能力；结合教育部等三部委关于转型发展的《指导意见》和已有研究对就业状况的考察，本研究中就业状况包括就业比例、就业对口程度、就业起薪和工作总体满意度等四个方面。模型设定时，控制变量是学生的个体特征，包括人口学特征、家庭背景、高中及入学前特征。变量的定义与说明见表 14-1。高校转型影响学生在高校的学习与生活，故在控制变量中不纳入与学生生活相关的培养过程变量。

表 14 – 1　变量定义与说明

因变量		变量定义	取值	变量类型
能力与素质	总体	能力与素质量表中 20 题项平均得分	1 ~ 4(1)	连续变量
	专业技术能力	专业技术能力因子标准得分		连续变量
	专业素养与态度	专业素养与态度因子标准得分		连续变量
	批判创新能力	批判创新能力因子标准得分		连续变量
	职业认知与规划	职业认知与规划因子标准得分		连续变量
	团队协作能力	团队协作能力因子标准得分		连续变量
	沟通表达能力	沟通表达能力因子标准得分		连续变量
就业状况	就业比例	就业 = 1	0 或 1	虚拟变量
	就业对口程度	对口 = 1	0 或 1	虚拟变量
	就业起薪	起始月薪	1000 ~ 10000	连续变量
	工作总体满意度	满意 = 1	0 或 1	虚拟变量
控制变量				
人口学特征	性别	男性 = 1	0 或 1	虚拟变量
	民族	汉族 = 1	0 或 1	虚拟变量
	独生子女状况	独生子女 = 1	0 或 1	虚拟变量
家庭背景	城乡	城市 = 1	0 或 1	虚拟变量
	父亲受教育程度(2)	小学及以下、初中、高中（含中职）、大专及以上		分类变量
	母亲受教育程度			分类变量
	家庭 ISEI(3)	根据父母亲职业编制	15 ~ 80	连续变量
	家庭经济状况	低收入、中等收入、高收入		分类变量
高中及入学前特征	高考分数	标准化高考分数		连续变量
	高中类型	重点或示范高中 = 1	0 或 1	虚拟变量
	高中文理	理科 = 1	0 或 1	虚拟变量
	志愿录取	第一志愿录取 = 1	0 或 1	虚拟变量

　　注：（1）能力与素质量表中各题项为对学生能力与素质的陈述，其选项为"很不同意""较不同意""较同意""很同意"，取值分别为 1、2、3、4。

　　（2）父母亲的受教育程度没有直接用受教育年数的原因是对于分类变量，在模型中使用多个虚拟变量，具有更好的实际解释意义。

　　（3）ISEI，即国际社会经济指数，家庭 ISEI 根据父母亲职业编制，本研究选取的是父母亲职业阶层中更高的一个。

　　表 14 - 2 报告了进入转型高校和进入非转型高校的学生在因变量和控制变量上的均值比较情况。两类高校学生几乎在所有控制变量上均存在显著性差异，两类高校学生在因变量上的不同难以归因于"高校转型"，因此有必要采用恰当方法克服这些特征差异，以准确评估高校转型对学生发展的影响。

表 14 - 2　转型高校和非转型高校各变量均值比较

		转型高校	非转型高校	差值	*t* 值	*p* 值
人口学特征	男性	0.579	0.549	- 0.030	- 2.56	0.010
	汉族	0.890	0.957	0.067	10.47	0.000
	独生子女	0.293	0.413	0.120	10.72	0.000
家庭背景	城市	0.437	0.479	0.042	3.57	0.000
	父亲初中	0.353	0.399	0.046	4.01	0.000
	父亲高中	0.221	0.239	0.018	1.84	0.066
	父亲大专及以上	0.146	0.169	0.023	2.64	0.008
	母亲初中	0.337	0.372	0.036	3.13	0.002
	母亲高中	0.165	0.189	0.024	2.67	0.008
	母亲大专及以上	0.102	0.125	0.023	3.07	0.002
	家庭 ISEI	29.98	32.15	2.172	4.72	0.000
	家庭经济状况中等	0.252	0.344	0.093	8.65	0.000
	家庭经济状况好	0.084	0.167	0.082	10.77	0.000
高中及入学前特征	高考分数 - 标准化	- 0.304	0.216	0.520	22.56	0.000
	高中类型 - 重点	0.335	0.427	0.092	8.06	0.000
	高中理科	0.608	0.723	0.115	10.32	0.000
	第一志愿录取	0.607	0.614	0.008	0.54	0.587
能力与素质	总体	3.103	3.064	- 0.039	- 3.24	0.001
	专业技术能力	0.010	- 0.007	- 0.017	- 0.657	0.511
	专业素养与态度	0.013	- 0.010	- 0.023	- 0.879	0.379
	批判创新能力	0.035	- 0.026	- 0.061	- 2.391	0.017
	职业认知与规划	0.008	- 0.006	- 0.014	- 0.567	0.571
	团队协作能力	0.029	- 0.022	- 0.051	- 1.978	0.048
	沟通表达能力	0.032	- 0.024	- 0.056	- 2.179	0.029

续表

		转型高校	非转型高校	差值	t 值	p 值
就业状况	就业比例	0.866	0.806	-0.060	-6.472	0.000
	就业对口程度	0.694	0.723	0.030	2.088	0.037
	就业起薪	2965.5	3361.1	395.7	8.914	0.000
	工作总体满意度	0.721	0.753	0.032	2.283	0.001

3. 模型选择

为避免学生个体特征的内生性影响，准确估计高校转型对学生发展的影响，本研究采用倾向值匹配法。倾向值匹配法首先选择协变量，协变量要求尽可能将影响学生发展和是否进入转型高校的相关变量包括进来。协变量选择模型如下：

$$Zxsd_i = D_1 \times Demog_i + D_2 \times Family_i + D_3 \times Presch + \varepsilon_i \qquad （式 14-1）$$

式 14-1 中 $Zxsd$ 为是否进入转型高校的虚拟变量，取值为 1 时学生进入转型高校，取值为 0 时学生进入非转型高校。$Demog$ 为人口学特征变量，$Family$ 为家庭背景变量，$Presch$ 为高中及入学前特征变量。根据协变量选择模型回归分析结果，选择 $Demog$、$Family$ 和 $Presch$ 等变量为匹配变量。研究进一步根据式 14-2 计算学生进入转型高校的倾向得分。

$$Pscore_i = D_1 \times Demog_i + D_2 \times Family_i + D_3 \times Presch \qquad （式 14-2）$$

需要说明的是，D_1、D_2、D_3 分别为式 14-2 中得到的回归系数。根据不同的匹配方法得到不同的权重系数 w_{ij}，i、j 分别是处理组和控制组的个体。根据权重系数 w_{ij}，计算处理组和控制组在因变量上的差异，即各变量的平均处理效应 ATT。其计算公式为：

$$ATT = \frac{1}{N^T} \sum_{i \in T} \left\{ yi^T - \frac{\sum_{j \in C} y_j^c w_{ij}}{\sum_{j \in C} w_{ij}} \right\} \qquad （式 14-3）$$

式 14-3 中上标 T 和 C 分别代表处理组和控制组，y 为因变量，即衡量学生能力与素质和就业状况的各个指标，N^T 为处理组的样本量。

倾向值匹配法需满足重叠假定和平衡性假定。在本研究中，重叠假定要求具有某些控制变量特征的学生个体可能进入转型高校，也可能进入非转型高校，本研究的数据满足重叠假定。平衡性假定指的是通过倾向值匹配后的样本，处理组和控制组在控制变量上不存在显著性差异，以便估计高校转型对学生发展的净影响。平衡性检验后，研究发现所有匹配变量在匹配后，处理组和控制组之间均不存在显著性差异，且各匹配变量标准化偏差在匹配后均小于5%，表明匹配后平衡性良好。各因变量的 LR 检验结果显示匹配后的平均偏差均较小，均不存在显著性，可判定各个因变量平衡性假定均得到满足。①

二　估计结果

1. 全样本下的估计

表 14 – 3 为采用三阶近邻匹配得到的高校转型对因变量的平均处理效应结果。从能力与素质看，在总体能力与素质上，处理组和控制组得分分别为 3.103 分和 3.045 分，平均处理效应为 0.058，即高校转型对学生总体能力与素质产生的影响为 0.058，根据 *t* 值可知，在 1%②水平上具有显著性；在能力与素质的各维度上，高校转型对学生的批判创新能力、团队协作能力和沟通表达能力都在 5% 水平上具有显著性影响，而对专业技术能力、专业素养与态度和职业认知与规划没有显著性影响。

从就业状况看，就业比例和就业起薪均通过 5% 显著性水平检验，说明在全样本下，进入转型高校的学生就业比例比进入非转型高校的学生就业比例高 3.1%，而就业起薪低 268 元。学生是否进入转型高校，在就业对口程度上无显著性差异，其就业对口程度均在 70% 左右。从就业起薪看，由于教育信号作用，高考分数要求更高的高校（如老本科高校）在劳动力市场享有更高声誉，在全样本分析下转型高校毕业生的平均起薪更低。不过，通过倾向值匹配得到的两类型高校差异结果明显小于直接比较的结果（直接比较时，两者差值为 395.7 元）。可以认为，高校转型可能在其中起到了一定作用，缩小了两者差距。

---

① 相关检验具体结果在此省略。
② 双侧检验下，1%、5%、10% 显著性水平对应的 *t* 值分别为 2.58、1.96 和 1.65，没有特别指明的情况下显著性影响是指在 5% 水平。

表 14 – 3　学生发展各因变量的 ATT 估计结果（全样本）

分类	因变量	处理组	控制组	差值（ATT）	标准误	t 值
能力与素质	总体	3.103	3.045	0.058	0.016	3.64
	专业技术能力	0.010	− 0.030	0.039	0.033	1.18
	专业素养与态度	0.013	− 0.032	0.045	0.033	1.36
	批判创新能力	0.035	− 0.036	0.071	0.033	2.14
	职业认知与规划	0.008	− 0.034	0.043	0.033	1.28
	团队协作能力	0.029	− 0.048	0.076	0.033	2.29
	沟通表达能力	0.032	− 0.039	0.071	0.033	2.13
就业状况	就业比例	0.866	0.835	0.031	0.012	2.50
	就业对口程度	0.694	0.712	− 0.018	0.019	− 0.98
	就业起薪	2965.5	3233.5	− 268.0	58.2	− 4.61
	工作总体满意度	0.721	0.749	− 0.028	0.018	− 1.51

考虑到学生的能力与素质和就业状况受学科特征影响，本研究根据理工科和人文社科两个学科大类进一步分析。在本研究中，理工科有效样本 4154 份，人文社科有效样本 3087 份，两类样本估计结果见表 14 – 4 和表 14 – 5。对比全样本估计，在理工科样本中，高校转型对总体能力与素质仍有显著性影响，且影响程度更大；同时，高校转型不仅在团队协作能力、沟通表达能力上仍保持显著性正向影响，对理工科学生的专业素养与态度也具有显著性影响。在就业状况上，高校转型对理工科学生的就业比例和就业起薪具有显著性影响，在就业起薪上 ATT 绝对值明显下降。对于人文社科样本，除就业起薪和批判创新能力外，高校转型对学生发展的其他各方面均不存在显著性影响。对比以上估计结果，并考虑到两类高校本身在就业起薪上的差异，可以认为高校转型对于人文社科学生就业起薪的正向影响小于对理工科学生的影响。

表 14 – 4　学生发展各因变量的 ATT 估计结果（理工科样本）

分类	因变量	处理组	控制组	差值（ATT）	标准误	t 值
能力与素质	总体	3.112	3.017	0.095	0.021	4.43
	专业技术能力	− 0.008	− 0.031	0.023	0.045	0.52

续表

分类	因变量	处理组	控制组	差值（ATT）	标准误	t 值
能力与素质	专业素养与态度	0.030	-0.087	0.117	0.044	2.67
	批判创新能力	0.032	-0.034	0.065	0.045	1.46
	职业认知与规划	0.014	0.030	-0.017	0.044	-0.38
	团队协作能力	0.058	-0.078	0.136	0.044	3.07
	沟通表达能力	0.063	-0.066	0.129	0.045	2.84
就业状况	就业比例	0.849	0.813	0.036	0.017	2.09
	就业对口程度	0.715	0.696	0.019	0.025	0.79
	就业起薪	3011.6	3204.4	-192.7	78.9	-2.44
	工作总体满意度	0.708	0.750	-0.043	0.024	-1.76

表 14-5　学生发展各因变量的 ATT 估计结果（人文社科样本）

分类	因变量	处理组	控制组	差值（ATT）	标准误	t 值
能力与素质	总体	3.092	3.048	0.044	0.024	1.86
	专业技术能力	0.031	-0.010	0.041	0.051	0.80
	专业素养与态度	-0.008	0.012	-0.021	0.052	-0.4
	批判创新能力	0.039	-0.051	0.090	0.052	1.74
	职业认知与规划	0.002	-0.061	0.062	0.052	1.20
	团队协作能力	-0.007	-0.014	0.008	0.051	0.15
	沟通表达能力	-0.007	-0.036	0.029	0.051	0.58
就业状况	就业比例	0.887	0.863	0.025	0.019	1.30
	就业对口程度	0.669	0.670	-0.001	0.029	-0.05
	就业起薪	2909.9	3221.6	-311.7	84.7	-3.68
	工作总体满意度	0.738	0.712	0.026	0.029	0.91

2. 新建本科样本下的估计

样本中的转型高校均来自新建本科高校，考虑到新建本科高校和老本科高校在社会声誉、高校办学整体等方面存在差异，有必要针对新建本科高校样本进行进一步分析，以期得到对转型试点效果更准确的估计。在本研究中，新建本科高校样本共 18 所，占总样本的 72%，其中转型高校 10 所，占新建本科高校样本的 55.6%。对新建本科高校样本进行倾向值匹配估计，样本符合统计模型的相关假定。

表 14 - 6 为新建本科高校样本下学生发展各因变量的 ATT 估计结果。在能力与素质上，高校转型对总体能力与素质具有显著性影响，且相比全样本影响程度更大，效果为 0.067。与全样本下估计结果有所不同的是，在能力与素质的各维度上，高校转型对团队协作能力不存在显著性影响。对此，一个可能的解释是，相比老本科高校，新建本科高校整体上实践、实训实习相对较多，学生在团队协作能力上的差异并不能有效区分新建本科高校中的转型高校和非转型高校。

在就业状况上，高校转型对就业比例、就业对口程度、就业起薪和工作总体满意度均没有显著性影响。但 ATT 估计值和全样本的对比发现，在上述四个指标上均有明显变化。就业比例估计值由 0.031 下降为 0.003，就业对口程度的估计值由 - 0.018 增加为 0.019，就业起薪的估计值由 - 268.0 增加为 - 57.6，工作总体满意度估计值由 - 0.028 增加到 - 0.002。这可能说明在就业状况上，高校层面的影响作用相对较大。

表 14 - 6　学生发展各因变量的 ATT 估计结果（新建本科高校样本）

分类	因变量	处理组	控制组	差值（ATT）	标准误	t 值
能力与素质	总体	3.103	3.036	0.067	0.018	3.82
	专业技术能力	0.010	- 0.062	0.072	0.038	1.88
	专业素养与态度	0.013	- 0.040	0.053	0.038	1.38
	批判创新能力	0.035	- 0.041	0.076	0.038	1.98
	职业认知与规划	0.008	- 0.065	0.073	0.039	1.88
	团队协作能力	0.029	- 0.020	0.049	0.038	1.28
	沟通表达能力	0.032	- 0.050	0.082	0.038	2.15
就业状况	就业比例	0.866	0.864	0.003	0.013	0.19
	就业对口程度	0.694	0.674	0.019	0.022	0.9
	就业起薪	2965.5	3023.0	- 57.6	62.1	- 0.93
	工作总体满意度	0.721	0.723	- 0.002	0.021	- 0.1

将新建本科高校样本进一步细分为理工科样本和人文社科样本，得到 ATT 估计结果，见表 14 - 7 和表 14 - 8。由表 14 - 7 可知，对于理工科专业，高校转型对总体能力与素质具有显著性影响，且影响程度明显大于新建本科样本的平均估计值。同时，对于理工科专业，高校转型对学生专业素养与态度、团队协作能力和沟通表达能力均具有显著正向影响。在就业

状况上，高校转型对就业对口程度和就业起薪都有正向作用，但均不显著。对于人文社科专业，在能力与素质方面，高校转型对学生的职业认知与规划和批判创新能力具有显著性影响，而对学生发展其他方面的能力与素质均没有显著性影响。对比可知，高校转型对于理工科学生发展的促进作用明显好于人文社科专业。

表 14 – 7　学生发展各因变量的 ATT 估计结果（新建本科高校理工科样本）

分类	因变量	处理组	控制组	差值（ATT）	标准误	t 值
能力与素质	总体	3.112	3.001	0.111	0.024	4.57
	专业技术能力	− 0.008	− 0.083	0.075	0.053	1.42
	专业素养与态度	0.030	− 0.146	0.176	0.053	3.35
	批判创新能力	0.032	− 0.013	0.045	0.052	0.86
	职业认知与规划	0.014	− 0.057	0.071	0.053	1.34
	团队协作能力	0.058	− 0.068	0.126	0.052	2.42
	沟通表达能力	0.063	− 0.063	0.126	0.054	2.33
就业状况	就业比例	0.849	0.829	0.020	0.019	1.06
	就业对口程度	0.715	0.678	0.037	0.030	1.26
	就业起薪	3011.6	2891.4	120.3	83.1	1.45
	工作总体满意度	0.708	0.714	− 0.007	0.029	− 0.23

表 14 – 8　学生发展各因变量的 ATT 估计结果（新建本科高校人文社科样本）

分类	因变量	处理组	控制组	差值（ATT）	标准误	t 值
能力与素质	总体	3.092	3.087	0.005	0.027	0.20
	专业技术能力	0.031	0.028	0.003	0.059	0.05
	专业素养与态度	− 0.008	0.079	− 0.087	0.059	− 1.48
	批判创新能力	0.039	− 0.070	0.109	0.058	1.88
	职业认知与规划	0.002	− 0.161	0.163	0.061	2.66
	团队协作能力	− 0.007	0.050	− 0.057	0.059	− 0.97
	沟通表达能力	− 0.007	0.009	− 0.016	0.057	− 0.27
就业状况	就业比例	0.887	0.907	− 0.019	0.020	− 0.98
	就业对口程度	0.669	0.685	− 0.016	0.035	− 0.46

续表

分类	因变量	处理组	控制组	差值（ATT）	标准误	*t* 值
就业状况	就业起薪	2909.9	3078.8	−168.9	100.5	−1.68
	工作总体满意度	0.738	0.688	0.050	0.033	1.50

三　稳健性检验

1. 偏差校正匹配估计检验

针对估计倾向值时可能存在不确定性，由此产生不精确的匹配，最终导致偏差的问题，本研究在全样本下，通过偏差校正匹配估计进行稳健性检验，并对理工科样本和人文社科样本分别进行估计检验，得到表 14 − 9。偏差校正匹配估计结果显示，无论是对于全样本还是对于理工科样本或人文社科样本，高校转型对总体能力与素质均有显著的正向影响，且相较于人文社科学生，高校转型对于理工科学生的总体能力与素质影响更大。此外，和前面估计的结果一致，高校转型对于理工科学生的专业素养与态度、团队协作能力和沟通表达能力影响显著，这也是在全样本下高校转型对总体能力与素质具有显著性影响的重要原因。在人文社科样本中，和全样本中人文社科样本估计不同的是，偏差校正匹配估计后，高校转型对学生的批判创新能力没有显著性的影响，而对学生的专业技术能力具有显著性影响，这也使得在全样本估计下，高校转型对专业技术能力具有显著性影响。在就业状况上，在全样本和理工科、人文社科样本中，高校转型对就业比例具有显著性正向影响，对就业起薪具有显著性负向影响，这与之前结果保持一致。整体对比可知，全样本下的估计结果较为稳定。

表 14 − 9　偏差校正匹配估计结果

分类	因变量	全样本		理工科样本		人文社科样本	
		ATT	标准误	ATT	标准误	ATT	标准误
能力与素质	总体	0.071***	0.015	0.081***	−0.021	0.049**	−0.022
	专业技术能力	0.083**	0.033	0.039	−0.045	0.128***	−0.049
	专业素养与态度	0.017	0.032	0.087**	−0.044	−0.063	−0.049
	批判创新能力	0.056*	0.031	0.027	−0.042	0.043	−0.048

续表

分类	因变量	全样本		理工科样本		人文社科样本	
		ATT	标准误	ATT	标准误	ATT	标准误
能力与素质	职业认知与规划	0.045	0.031	0.055	-0.041	0.048	-0.048
	团队协作能力	0.067**	0.032	0.131***	-0.042	-0.025	-0.05
	沟通表达能力	0.088***	0.032	0.112**	-0.044	0.062	-0.048
就业状况	就业比例	0.037***	0.011	0.050***	-0.016	0.035**	-0.015
	就业对口程度	0.002	0.018	0.02	-0.023	-0.017	-0.029
	就业起薪	-246.1***	54.5	-190.2**	-77.56	-343.3***	-70.68
	工作总体满意度	-0.009	0.018	-0.027	-0.023	0.013	-0.028

$***p<0.01$, $**p<0.05$, $*p<0.1$。

2. 匹配性样本检验

为进一步降低高校本身带来的影响，同时也为验证估计结果的稳定性，结合高校具体情况，在转型高校和非转型高校中各选择三所高校进行分析。选择的三所转型高校分别为山东的 L 大学、陕西的 A 学院和河南的 H 学院，而非转型高校相应的为山东的 D 学院、陕西的 W 学院和河南的 G 学院。三所转型高校和三所非转型高校在地理位置、高校资源情况、学生入学特征（包括高考分数）等方面相差较小，但各自在学生对高校人才培养模式变革感知上存在显著性差异，三所转型高校毕业生对学校人才培养模式发生变革的认同比例平均为 50.2%，而非转型高校其比例只有 26.0%。在通过倾向值匹配检验后，进行配对倾向值匹配估计，得到各因变量的 ATT 估计结果，见表 14-10。

由表 14-10 可知，在 1% 水平上，高校转型对总体能力与素质具有显著性影响，且估计值较全样本和新建本科总体样本更大。从就业状况来看，虽然高校转型对就业比例、就业对口程度、就业起薪和工作总体满意度均不存在显著性影响，但对比发现，高校转型对就业起薪和工作总体满意度的影响不再为负值，取值均明显大于全样本和新建本科样本下的估计值。

进一步考虑理工科专业和人文社科专业之间的差异。对于理工科，和新建本科高校理工科样本类似，高校转型对总体能力与素质、专业素养与态度、团队协作能力和沟通表达能力均有显著性影响，且相比较而言，估计值更大。在就业状况上，高校转型对学生就业比例具有显著性影响。对于人文社科样本，高校转型对专业素养与态度的影响最明显，且在1%水平上显著，对其他变量的影响并不显著。

考虑到匹配性样本中样本较少，采用自助法对匹配性样本检验结果进行了再检验，与上述结果一致。

表 14 - 10　学生发展各因变量的 ATT 估计结果（六所高校样本）

分类	因变量	处理组	控制组	差值（ATT）	标准误	t 值
能力与素质	总体	3.193	3.025	0.169	0.033	5.10
	专业技术能力	0.093	0.013	0.080	0.069	1.15
	专业素养与态度	0.194	-0.248	0.443	0.073	6.05
	批判创新能力	0.087	-0.051	0.138	0.072	1.92
	职业认知与规划	0.066	0.084	-0.018	0.069	-0.26
	团队协作能力	0.091	-0.087	0.178	0.069	2.55
	沟通表达能力	0.083	-0.010	0.093	0.069	1.35
就业状况	就业比例	0.873	0.851	0.022	0.025	0.89
	就业对口程度	0.708	0.691	0.016	0.035	0.47
	就业起薪	3127.0	3014.7	112.3	123.8	0.91
	工作总体满意度	0.776	0.741	0.035	0.033	1.07

3. 异质性检验

高校公私立办学性质的不同使得高校在资源获取上存在明显差异，私立高校在经费来源上更依赖学费收入，这使得私立高校在办学特征上与市场的关系更加紧密，相对而言会更加注重学生就业的能力与素质，如专业技术能力和职业认知与规划等。样本中私立高校共有7所，均为新建本科高校，其中有3所转型高校。样本共有11所公立新建本科高校，其中转型高校6所。表14-11和表14-12报告了公立高校和私立高校下的估计结果。

在总体能力与素质上，高校转型对公立高校学生总体能力与素质具有显著性影响，但对于私立高校学生总体能力与素质没有显著性影响。对于公立高校，高校转型对学生的专业素养与态度和就业比例均有显著性影响，且在专业素养与态度上表现得更明显。对于私立高校，高校转型对学生的专业技术能力、职业认知与规划具有显著性正向影响。

表 14 - 11 学生发展各因变量的 ATT 估计结果（新建本科 - 公立高校）

分类	因变量	处理组	控制组	差值（ATT）	标准误	*t* 值
	总体	3.102	3.002	0.101	0.022	4.60
	专业技术能力	- 0.055	0.007	- 0.061	0.047	- 1.31
	专业素养与态度	0.134	- 0.134	0.268	0.047	5.74
能力与素质	批判创新能力	0.022	- 0.060	0.082	0.046	1.80
	职业认知与规划	- 0.038	- 0.080	0.041	0.047	0.88
	团队协作能力	0.064	- 0.026	0.090	0.047	1.93
	沟通表达能力	0.035	- 0.040	0.074	0.046	1.62
	就业比例	0.867	0.827	0.040	0.017	2.37
就业状况	就业对口程度	0.700	0.672	0.029	0.029	0.99
	就业起薪	2961.8	2944.5	17.3	91.0	0.19
	工作总体满意度	0.714	0.712	0.002	0.029	0.08

表 14 - 12 学生发展各因变量的 ATT 估计结果（新建本科 - 私立高校）

分类	因变量	处理组	控制组	差值（ATT）	标准误	*t* 值
	总体	3.104	3.074	0.030	0.035	0.87
	专业技术能力	0.146	- 0.147	0.294	0.070	4.19
	专业素养与态度	- 0.245	0.153	- 0.397	0.068	- 5.83
能力与素质	批判创新能力	0.063	0.076	- 0.014	0.070	- 0.2
	职业认知与规划	0.107	- 0.122	0.229	0.072	3.16
	团队协作能力	- 0.046	- 0.057	0.011	0.069	0.16
	沟通表达能力	0.026	0.070	- 0.044	0.071	- 0.62
	就业比例	0.864	0.847	0.017	0.023	0.71
就业状况	就业对口程度	0.682	0.675	0.007	0.038	0.18
	就业起薪	2972.4	3045.0	- 72.6	102.4	- 0.71
	工作总体满意度	0.735	0.735	0.001	0.035	0.01

四 进一步的讨论

本章采用倾向值匹配法，将学生入学前特征和学生进入的高校类型（转型高校和非转型高校）对学生发展的影响相分离，较好地解决了变量的内生性问题，从而可以较准确地估计高校转型对学生发展的影响。从学生发展的视角来看，高校转型效果整体上较明显，主要表现在学生能力与素质上。在此，根据实证结果做进一步的说明和讨论。

首先，从学生发展的能力与素质来看，无论是全样本、新建本科样本还是匹配性样本，高校转型对学生总体能力与素质均有显著影响，且样本选择越是细分，高校转型对学生总体能力与素质影响程度越大。总的来看，高校转型对学生能力与素质的影响主要体现在核心非认知能力上，这可能与培养模式变革程度及培养模式变革的侧重点有很大关系。

其次，从学生发展的就业状况来看，整体上高校转型对学生就业状况影响较弱。高校转型对就业起薪、工作总体满意度和就业对口程度均没有正向影响，而对学生就业比例具有显著性正向影响。对于工作总体满意度，进一步分析发现，工作总体满意度与工资福利满意度显著相关，相关程度达到 0.52。就业起薪和就业对口程度，容易受到专业本身和劳动力市场的影响，特别是高校声誉的信号作用可能会对就业起薪产生重要影响。就业起薪高低也受到学生个体特征的影响，在生源质量上转型高校明显弱于老本科高校，也弱于非转型高校。不过，对比不同样本估计下的系数大小，在就业起薪上变化最明显。在全样本统计描述中，转型高校毕业生比非转型高校毕业生的就业起薪低 395.7 元（见表 14-2）。在新建本科高校的样本中，*ATT* 估计结果是，转型高校就业起薪只比非转型高校低 57.6 元（见表 14-6）。进一步将新建本科高校分理工科样本和人文社科样本看，新建本科高校的理工科专业毕业生的就业起薪，转型高校比非转型高校多 120.3 元，人文社科专业毕业生的就业起薪则低 168.9 元。在新建本科高校的偏差校正匹配估计中，转型高校对就业起薪的影响系数是 -246.1，理工科和人文社科样本的系数大小分别为 -190.2 和 -343.3（见表 14-9），且影响显著。而在六所可比性更高的新建本科高校样本中，高校转型对就业起薪的影响系数为 112.3（见表 14-10），即转型新建本科高校毕业生就业起薪比非转型新建本科高校毕业生的就业起薪高 112.3 元，尽管没有达到显著性水平。从比较中可以看到，表面上看高校转型对就业状况影响甚微，但实际上也产生着正向影响，在理工科专业中表现得相对更明显。对于目前我国地方高校正在进行的转型发展，在评估高校转型对学生就业状况的影响时，不能简单地看其平均就业起薪，要综合考虑学科专业之间的差异和高校本身的信号作用。另外，从就业比例看，无论高校转型与否，新建本科高校毕业生就业比例均已超过 86% ，但就业对口程度均不到 70% （见表 14 –6）。就业对口程度反映出学生在学校期间专业方面的人力资本积累程度和对专业的认同程度，在某种程度上也反映了对企业需求满足的水平。相对来讲，地方高校的就业对口程度相对较低，显示这方面还有进一步提升空间。

再次，从专业大类看，理工科专业和人文社科专业在转型高校间学生发展存在差异。在整体上，高校转型过程中，理工科专业学生发展变化更明显。在理工科专业中，高校转型对专业素养与态度、团队协作能力和沟通表达能力影响显著，人文社科专业则表现在批判创新能力上。这与理工科和人文社科专业的特性可能相关。一般而言，理工科专业学生在团队协作、沟通表达等非认知能力上相对较弱，转型高校进行的人才培养模式变革注重教学的互动参与性、实践教学的团队协作性，有利于培养学生上述能力与素质的发展。而人文社科专业相比理工科专业，学生在表达、协作等方面均相对表现得更好，因此高校转型对其影响并不显著，而高校转型在人才培养模式变革上更注重应用实践性和职业就业性（理工科专业这方面特征较明显），这使得高校转型对理工科专业学生这些能力与素质促进作用明显。在就业起薪上，虽然高校转型对就业起薪不存在显著性水平上的影响，但比较可知高校转型对理工科专业学生的正向影响更突出。

最后，从高校办学性质看，高校转型对学生总体能力与素质的显著性影响主要体现在公立高校中。高校转型对公立高校学生的总体能力与素质具有显著性影响，而在私立高校中影响并不显著。考察能力与素质各维度发现，私立高校中转型发展对学生的专业技术能力和职业认知与规划具有显著性影响，这可能与私立高校中人文社科专业较多有关（在样本中私立高校人文社科专业学生占比为 65.60% ，而在同样为新建本科高校但办学性质为公立高校的样本中，人文社科专业学生占比为 34.32% ）。私立高校本身办学的市场化导向更明显，对学生的就业能力更重视，新建本科高校学生就业能力的核心体现在学生的专业技术能力上，高校转型所进行的人才培养模式变革可能会使这一特征更加突出。

第十五章 培养模式变革影响
学业成就的机制

地方高校转型发展的核心任务是提升学生的能力与素质，前一章通过倾向值匹配法，对转型试点高校对学生能力与素质和就业状况的影响做了相对精确的分析，那么转型试点高校是如何通过人才培养模式的变革来影响学生的能力与素质的提升呢？本章将聚焦于此问题的探讨。

一 概念界定与测量

1. 学业成就的测量

对学生学业成就的界定和测量的探讨源于 20 世纪 60 年代高等教育质量问责的不断强化。不同的研究者从不同视角给出了学生学业成就的定义。Astin（1991）从学生成就的类型（认知和情感）、测评资料特性以及时间三个维度对学生学业成就进行了系统定义。Pascarella 和 Terenzini（2005）认为高校学生学业成就是较为宽泛的概念，与没有高校学习经历的同龄群体相比，高等教育不仅使学生收获学术性和认知性变化（增值），同时高等教育的作用也体现在心理、态度与价值观、职业生涯与经济收益、生活质量等多个方面。鲍威（2015）介绍了日本学者吉田文基于学业成就和评估方式的两维分类框架（见图 15-1），指出模式 4 评估多数采用问卷调查，以学生自我陈述形式对学业成就进行评价，且将评估指标扩展至高等院校的"教"与"学"过程。虽然这类评估模式没有提供关于学生学业成就的直接证据，但是通过反映高校教学质量的二级指标，可发现提升学生学业成就的院校影响作用。

近年来，国内学者在研究中也给出了关于学生学业成就测量的不同指标。朱红（2010）在研究学生发展中的学生参与时，将学生学业成就分为知识活动、认知思维能力、组织表达能力、道德价值观四个维度来测量；

		教学内容/活动与学业成就的相关性	
		直接性	间接性
学业成就的评估方式	直接性	模式1：对高校学生的学科专业知识能力进行直接评估的测量指标 例：学科专业的科目考试、毕业考试、GPA、毕业论文等相关评估指标等	模式3：对高校学生通过高校学习所掌握的通用性能力或胜任力进行直接评估的测量指标 例：美国的CAAP、WAPP、CLA评估，澳大利亚的GSA评估等
	间接性	模式2：对高校学生的学科专业知识能力进行间接评估的测量指标 例：学分、毕业率等	模式4：对高校学生通过高校学习所掌握的通用性能力或胜任力进行间接评估的测量指标 例：学生学业成就调查、学生满意度调查、学生学业参与调查等

图 15 - 1 高校学生学业成就的评估模式

资料来源：引自鲍威（2015）。

杨钋、许申（2010）在研究本专科学生能力发展时，从科学思维和领导沟通能力、知识和一般技能、公民素质、职业和心理素质等四个维度进行测量；周廷勇、周作宇（2012）将学生发展设定为社会性发展、通识能力发展、实践能力发展和科学技术能力发展四个维度；赵晓阳（2013）从认知学习、实践能力和情感道德发展三个方面衡量学生的学业成就水平；鲍威（2015）认为我国高校学生学业成就的增值体现在核心胜任力、公民意识、专业素养等三个方面；马莉萍和管清天（2016）采用全国85所高校学生的调查数据，将学生学业成就（能力素质增值）分为创新能力、非认知技能、专业素养、公民素养和认知技能等五个方面。

本章依据吉田文分类框架中的模式4，结合转型发展的要求和地方高校人才培养特点，在已有研究基础上专门设计了学生学业成就（能力素质增值）量表，根据探索性因子分析和验证性因子分析的结果将学生学业成就分为专业技术能力、专业素养与态度、批判创新能力、职业认知与规划、团队协作能力和沟通表达能力。

2. 学业成就影响因素

已有多个研究指出高中经历、高中学业成绩等入学前学生特征与大学学习成绩有密切关系。根据多家研究机构1986～1990年合作调查的数据，Smith 和 Morrison（1994）研究认为，高等教育会使男女学生的学业成就有所不同。在人口学特征上除性别外，已有研究也分析了独生子女和民族等特征对学生学业成就的影响（黄琳、文东茅，2008）。在人口学特征上，学生在校的身份特征，如党员身份（张恺，2016）、学生干部身份（达睿，2012）也都被证实对学生发展有影响。除学生入学前特征和人口学特征外，还有大量研究探讨了家庭背景对学生学业成就的影响。

除上述非院校因素（个体因素）外，院校影响力理论提供了分析院校等因素对学生学业成就影响的框架。综观已有研究文献发现，许多研究都在不同程度上证明高校特征、课程设置、教学行为和学生参与等院校因素对学生学业成就的影响。在高校特征上，关注的有高校选拔性（质量）、高校所在地区、办学属性、高校投入和资源配置、高校人才培养模式变革等，相关研究者如杨钋和许申（2010）、刘精明（2014）、郭建如（2014）等。在课程设置和教学行为方面，研究表明课程经历对于学生的认知能力提升具有重要的影响，朱红和安栋（2016）利用全国高校调查数据分析了各类教学行为对本科生创新能力的影响程度和机制。学生参与是在分析高校学生成就中经常被关注的因素，朱红（2010）使用首都高等学校学生发展调查数据，验证了 Astin 的学生参与度理论在中国大学情境下的适切性，学生参与度理论认为学生在大学的学习参与程度是影响学生成长极为关键的因素。

本章聚焦于地方高校转型对学生学业成就的影响，控制变量和核心自变量主要考虑学生个体特征和高校特征。其中学生个体特征包括学生人口学特征、高中及入学前特征和家庭背景。高校特征包括代表资源特征的生均收入、所在地区、公私立属性等。地方高校转型的核心是人才培养模式的变革，人才培养模式的变革体现在人才培养过程中的课程设置、教学行为、实践教学、毕业/综合实习和学生参与等重要方面。

二　数据与方法

1. 数据来源

本章采用北京大学教育经济研究所 2016 年"地方高校人才培养与就业调查"学生数据，样本中专业分为八类，转型试点高校和非转型试点高校各类别专业样本结构见表 15 - 1。

表 15 - 1　样本专业类分布

专业类	总样本		转型试点高校 （43.07%）		非转型试点高校 （56.93%）	
	学生数	%	学生数	%	学生数	%
经济管理类	1728	23.85	771	24.72	957	23.22
公共管理/教育类	424	5.86	122	3.91	302	7.33
人文类	387	5.34	293	9.39	94	2.28
传媒艺术类	548	7.58	230	7.37	318	7.71
基础学科应用类	730	10.08	201	6.44	529	12.83
计算机/信息类	1369	18.91	506	16.22	863	20.94
机械/电气/制造类	1108	15.30	610	19.56	498	12.08
工程类	947	13.08	386	12.38	561	13.61

2. 变量定义

各变量定义和说明见表 15 - 2。因变量中学业成就各维度分别为专业技术能力、专业素养与态度、批判创新能力、职业认知与规划、团队协作能力和沟通表达能力。转型试点为虚拟变量，是研究的核心自变量。

表 15 - 2　变量定义与说明

因变量		变量定义	取值	变量类型
学业成就	学业成就	学业成就量表中 20 个题项平均得分	1 ~ 4	连续变量
	各维度	根据学业成就量表各维度而得，取值为因子标准得分		连续变量
个体特征				
人口学特征	性别	男性 = 1	0 或 1	虚拟变量
	民族	汉族 = 1	0 或 1	虚拟变量
	独生子女状况	独生子女 = 1	0 或 1	虚拟变量
家庭背景	城乡	城市 = 1	0 或 1	虚拟变量
	父亲受教育程度[1]	小学及以下、初中、高中（含中职）、大专及以上		分类变量
	母亲受教育程度			分类变量
	家庭 ISEI[2]	根据父母亲职业编制	15 ~ 80	连续变量
	家庭经济状况	低收入、中等收入、高收入		分类变量

续表

因变量		变量定义	取值	变量类型
高中及入学前特征	高考分数	标准化高考分数		连续变量
	高中类型	重点或示范高中 = 1	0 或 1	虚拟变量
	高中文理	理科 = 1	0 或 1	虚拟变量
	志愿录取	第一志愿录取 = 1	0 或 1	虚拟变量
高校特征				
高校特征	转型试点	是否转型试点	转型试点 = 1	0 或 1
	资源	生均收入	生均收入	取对数
	属性	私立高校	私立高校 = 1	0 或 1
	地区	东部、中部、西部地区，放入中部、西部地区两个虚拟变量		分类变量

注：（1）具体模型中父母亲受教育程度均放入三个虚拟变量（初中、高中、大专及以上）。
（2）ISEI 为国际社会经济指数，家庭 ISEI 选取父母亲职业阶层中更高的一个。

高校人才培养过程中的学生参与、课程设置、教学行为、实践教学、毕业/综合实习均是根据相应量表探索性因子分析和验证性因子分析，得到各维度因子。表 15 - 3 报告了转型试点高校和非转型试点高校人才培养过程比较情况。由表 15 - 3 可知，转型试点高校和非转型试点高校人才培养过程存在明显差异，且转型试点高校在学生参与的活动参与、课程设置的应用实践性、教学行为的探究引导型、实践教学的资源充分性、毕业/综合实习的实习考评等方面均显著高于非转型试点高校。需要说明的是，在模型对变量的实际处理上，由于课程设置、教学行为和实践教学均是针对学生所在高校专业的，因此在涉及这三类变量时，将会采用 Rwg 和 ICC 检验聚合到专业类层面，以便得到更为准确的估计。

表 15 - 3　转型试点高校和非转型试点高校人才培养过程比较

		转型试点高校		非转型试点高校		差值	t 值	p 值
		均值	标准差	均值	标准差			
学生参与	课程参与	0.0674	0.946	- 0.0529	0.965	0.120	5.29	0.000
	规则参与	- 0.0325	0.988	0.0192	0.938	- 0.052	- 2.26	0.024
	活动参与	0.0824	0.955	- 0.0661	0.955	0.149	6.55	0.000
	主动学习	0.0853	0.955	- 0.0660	0.955	0.151	6.68	0.000

续表

		转型试点高校		非转型试点高校		差值	t 值	p 值
		均值	标准差	均值	标准差			
课程设置	应用实践性	0.0812	0.955	− 0.0614	0.967	0.143	6.25	0.000
	前沿交叉性	0.0509	0.985	− 0.0375	0.946	0.088	3.87	0.000
	学科理论性	− 0.00820	0.965	0.000411	0.965	− 0.009	− 0.38	0.707
	职业就业性	0.0599	0.955	− 0.0439	0.969	0.104	4.54	0.000
教学行为	探究引导型	0.0611	0.996	− 0.0464	1.001	0.108	4.38	0.000
	传统教学型	0.0315	1.016	− 0.0240	0.987	0.056	2.26	0.024
	学以致用型	0.0563	1.007	− 0.0428	0.993	0.099	4.04	0.000
实践教学	资源充分性	0.104	0.948	− 0.0762	0.981	0.180	7.86	0.000
	内容质量性	0.0130	1.010	− 0.0154	0.940	0.028	1.23	0.218
	自主性	0.0740	0.972	− 0.0565	0.965	0.131	5.68	0.000
	教师应用性	0.0287	0.979	− 0.0219	0.963	0.051	2.19	0.028
毕业/综合实习	实习指导	0.0323	0.954	− 0.0357	0.948	0.068	3.01	0.003
	实习制度	0.0443	0.957	− 0.0288	0.943	0.073	3.24	0.001
	实习考评	0.0856	0.939	− 0.0620	0.954	0.148	6.56	0.000

3. 模型与方法

本研究中，因变量为学生学业成就及各维度，核心自变量为转型试点。首先假定高校人才培养过程的变化（即转型内涵）是由转型试点产生的，在不控制转型内涵而控制高校特征和学生个体特征的情况下，考察高校转型试点对学生学业成就的影响，模型见式 15 − 1：

$$Y_{ijk} = \partial_{ijk} + \beta_1 \times Zxsd_k + \beta_2 \times Private_k + \beta_3 \times Lnsjsr_k + \beta_4 \times Locate_k +$$
$$\beta_5 \times Zxsd_k \times Private_k + \beta_6 Major_j + D \times X_{ijk} + \varepsilon_{ijk} \qquad （式 15 − 1）$$

式 15 − 1 中，i、j、k 分别代表学生个体、专业类和院校，$Zxsd$、$Private$、$Lnsjsr$、$Locate$ 分别为转型试点、私立属性、生均收入取对数、所在地区变量，X 为学生个体特征变量。$Major$ 为专业类别，专业类共八类，以经济管理类为基底。

进一步考察转型试点对学生学业成就提升的影响，高校人才培养过程所起的作用。由于专业类别变量（课程设置、教学行为和实践教学）由学生个体评价而得，直接采用学生个体评价可能会产生较大偏差，因此研究根据聚合后的结果，对样本重新进行了选择，并根据专业类均值得到变量新的取值，重新选择后的样本数为 4295 份，其中转型试点高校共 9 所，样本数为 2929。在实际模型估计时采用逐步回归方法，全模型见式 15 – 2：

$$Y_{ijk} = \partial_{ijk} + \beta_1 \times Zxsd_k + \beta_2 \times Private_k + \beta_3 \times Lnsjsr_k + \beta_4 \times Locate_k + \beta_5 \times Kcsz_{jk} +$$
$$\beta_6 \times Teaching_{jk} + \beta_7 \times Practice_{jk} + \beta_8 \times Zxsd_k \times Private_k + \beta_9 Major_j + D \times Z_{ijk} + \varepsilon_{ijk}$$

（式 15 – 2）

式 15 – 2 增加了 *Kcsz*、*Teaching* 和 *Practice* 等专业类变量，*Z* 包括学生个体特征和个体层面的学生参与和毕业/综合实习。学生参与和毕业/综合实习也进行了聚合检验，检验表明两者组内和组间差异性都较大，表明两者并不适合聚合到专业类层面。学生参与和毕业/综合实习等院校经历是学生学业成就的重要影响因素，同时也是转型内涵的重要组成部分。为较准确地估计学生参与、毕业/综合实习对学生学业成就的影响，避免院校和专业类层面遗漏变量带来估计的误差，研究在模型中加入院校 – 专业类的虚拟变量。该模型可理解为院校 – 专业类的固定效应模型，模型公式为：

$$Y_{ij} = \partial_{ij} + \beta_1 \times X_{ij} + \beta_2 \times Xscy_{ij} + \beta_3 \times GraInter_{ij} + \beta_4 \times UnivMajor_{jk} + \varepsilon_{ij}$$

（式 15 – 3）

式 15 – 3 中 *i*、*j* 分别为学生个体、院校 – 专业类，*Xscy* 为学生参与变量、*GraInter* 为学生毕业/综合实习变量，*UnivMajor* 为院校 + 专业的虚拟变量，∂ 和 ε 分别为常项和扰动项。

最后，为比较转型试点高校和非转型试点高校各种不同因素，尤其是两类高校人才培养过程对学生学业成就的不同影响，采用夏普利值分解法（Shapley Value Decomposition）进一步分析。夏普利值分解法是一种基于回归方程的分解方法，方法的优点在于符合自然分解原理，能够分解出各解释变量对被解释变量总体差异来源的贡献份额。

三 实证结果

1. 高校转型对学生学业成就的影响

表 15 – 4 中没有控制专业类和学生个体特征。由表 15 – 4 可知，在仅控制高校特征情况下，相对于非转型试点高校，转型试点高校学生平均学业成就显著高 0. 088 个单位，公立转型试点高校对学业成就具有显著的正

向影响。从学业成就各维度来看，公立转型试点高校对学生专业素养与态度方面影响程度相对最大。

　　表 15 - 5 为根据式 15 - 1 得到的稳健性回归分析结果。相比表 15 - 4 的结果，表 15 - 5 进一步控制了专业类和学生个体特征，上述结果的显著性进一步维持，且影响系数均相对更大。对此，一个可能的解释是相比非转型试点高校，转型试点高校学生在个体特征上相对更弱，当不控制学生个体特征时，转型试点对学生学业成就的估计偏低。对转型试点高校和非转型试点高校学生个体特征的差异检验支持上述解释。从学业成就各维度来看，在私立高校中，转型试点能有效提升学生专业技术能力和职业认知与规划，这在公立高校中并不能体现。观察其他变量发现，在一定程度上代表高校声望的生均收入对专业技术能力和批判创新能力具有显著的影响，相比其他学业成就维度，这两个维度属于核心认知层面。东部地区学生学业成就显著更高，计算机/信息类学生学业成就相对更高。

表 15 - 4　高校转型对学生学业成就影响（1）

变量	（1）学业成就	（2）专业技术能力	（3）专业素养与态度	（4）批判创新能力	（5）职业认知与规划	（6）团队协作能力	（7）沟通表达能力
转型试点	0.088 *** (0.016)	- 0.026 (0.034)	0.272 *** (0.033)	0.098 *** (0.033)	- 0.022 (0.035)	0.124 *** (0.034)	0.093 *** (0.034)
私立高校	- 0.040 * (0.023)	- 0.152 *** (0.052)	0.076 (0.052)	0.052 (0.053)	- 0.118 ** (0.053)	- 0.004 (0.052)	0.003 (0.053)
转型试点 & 私立高校	0.087 *** (0.029)	0.423 *** (0.063)	- 0.403 *** (0.063)	0.058 (0.064)	0.289 *** (0.063)	- 0.107 * (0.064)	0.000 (0.064)
生均收入取对数	0.048 * (0.028)	0.180 *** (0.059)	- 0.086 (0.059)	0.173 *** (0.059)	0.045 (0.061)	- 0.087 (0.058)	- 0.035 (0.058)
中部	- 0.137 *** (0.016)	- 0.213 *** (0.034)	- 0.105 *** (0.034)	- 0.100 *** (0.034)	- 0.144 *** (0.036)	- 0.068 ** (0.034)	- 0.036 (0.034)
西部	- 0.159 *** (0.021)	- 0.128 *** (0.046)	- 0.340 *** (0.045)	- 0.113 ** (0.045)	- 0.081 * (0.046)	- 0.109 ** (0.045)	- 0.100 ** (0.046)
观察值	6247	6247	6247	6247	6247	6247	6247
R^2	0.015	0.012	0.030	0.003	0.005	0.004	0.002

　　注：*** $p < 0.01$，** $p < 0.05$，* $p < 0.1$。模型进行了 VIF 检验，检验结果显示不存在明显的多重共线性。为控制异方差，采用稳健性标准回归。

表 15 – 5　高校转型对学生学业成就的影响（2）

变量	（1）学业成就	（2）专业技术能力	（3）专业素养与态度	（4）批判创新能力	（5）职业认知与规划	（6）团队协作能力	（7）沟通表达能力
转型试点	0.098 *** (0.017)	– 0.015 (0.037)	0.310 *** (0.035)	0.089 ** (0.036)	– 0.029 (0.037)	0.123 *** (0.037)	0.111 *** (0.037)
私立高校	– 0.028 (0.026)	– 0.123 ** (0.057)	0.092 (0.057)	0.082 (0.058)	– 0.113 * (0.058)	– 0.021 (0.058)	0.000 (0.058)
转型试点 & 私立高校	0.063 ** (0.030)	0.350 *** (0.065)	– 0.430 *** (0.065)	0.052 (0.067)	0.277 *** (0.066)	– 0.100 (0.067)	0.015 (0.067)
生均收入取对数	0.036 (0.029)	0.166 *** (0.061)	– 0.121 ** (0.061)	0.184 *** (0.061)	0.024 (0.063)	– 0.097 (0.060)	– 0.015 (0.060)
中部	– 0.123 *** (0.017)	– 0.182 *** (0.037)	– 0.116 *** (0.035)	– 0.075 ** (0.036)	– 0.120 *** (0.038)	– 0.076 ** (0.036)	– 0.032 (0.036)
西部	– 0.134 *** (0.022)	– 0.077 (0.049)	– 0.320 *** (0.048)	– 0.084 * (0.049)	– 0.069 (0.049)	– 0.104 ** (0.049)	– 0.099 ** (0.049)
公共管理/ 教育类	0.057 * (0.029)	0.004 (0.067)	0.184 *** (0.059)	– 0.030 (0.066)	0.112 * (0.064)	0.052 (0.062)	– 0.027 (0.060)
人文类	0.024 (0.026)	0.072 (0.056)	0.054 (0.060)	– 0.045 (0.055)	0.048 (0.060)	– 0.086 (0.061)	0.079 (0.062)
传媒艺术类	0.045 (0.028)	0.078 (0.055)	0.110 * (0.058)	0.063 (0.059)	– 0.030 (0.058)	– 0.050 (0.058)	0.104 * (0.055)
基础学科 应用类	0.020 (0.025)	0.045 (0.054)	– 0.009 (0.055)	0.003 (0.053)	– 0.017 (0.057)	0.002 (0.056)	0.121 ** (0.055)
计算机/ 信息类	0.103 *** (0.021)	0.135 *** (0.045)	– 0.017 (0.045)	0.134 *** (0.045)	0.073 (0.045)	0.047 (0.045)	0.176 *** (0.046)
机械/电气/ 制造类	0.020 (0.023)	– 0.048 (0.049)	– 0.016 (0.049)	0.037 (0.051)	0.060 (0.049)	0.069 (0.049)	0.065 (0.051)
工程类	0.030 (0.023)	0.004 (0.049)	0.007 (0.050)	– 0.001 (0.050)	0.046 (0.049)	– 0.037 (0.048)	0.177 *** (0.050)
个体特征	YES	YES	YES	YES	YES	YES	YES
观察值	6247	6247	6247	6247	6247	6247	6247
R^2	0.034	0.030	0.046	0.013	0.014	0.014	0.015

注：*** $p < 0.01$，** $p < 0.05$，* $p < 0.1$。模型进行了 *VIF* 检验，检验结果显示不存在明显的多重共线性。为控制异方差，采用稳健性标准回归。

2. 高校转型对学生学业成就的影响路径探讨：专业培养的作用

表 15 – 6 为根据式 15 – 2 对学生学业成就的回归分析结果。（1）中的

结果相对表 15 - 4 和表 15 - 5 的结果，公立高校中转型试点对学业成就的影响有较明显的加大，这主要是重新选择样本时，更多的老本科高校样本被剔除的结果。模型（2）（3）（4）（5）（6）一步步控制了学生参与、毕业/综合实习，学生参与和毕业/综合实习对学生学业成就的估计将根据高校专业固定模型结果来进行说明。由模型（2）到模型（6）转型试点估计系数变化可知，在控制高校转型试点内涵后，转型试点对学生学业成就的影响逐渐缩小。由系数变化可知，高校转型试点中，学生参与和毕业/综合实习对学业成就提升作用较大，而课程设置和教学行为整体上发挥作用较为有限。在实践教学上，相比模型（5），转型试点的回归系数有所增加，这可能说明在实践教学上转型试点高校并没有表现得更好，或者说转型试点高校在实践教学上落实并不到位，可能存在已有研究中指出的"形式化倾向"（邹建国、言捷智，2017）。具体从实践教学的四个维度来看，实践教学中内容质量性对能力与素质具有显著的负向影响，而教师应用性对能力与素质具有显著的正向影响。可知，教师的应用型水平起到关键作用。

表 15 - 6　能力与素质的回归结果

变量	（1）学业成就	（2）能力与素质	（3）能力与素质	（4）能力与素质	（5）能力与素质	（6）能力与素质
转型试点	0.180*** (0.029)	0.050** (0.025)	-0.048** (0.022)	-0.056** (0.027)	-0.059** (0.027)	-0.052 (0.027)
私立高校	-0.014 (0.044)	-0.033 (0.040)	-0.024 (0.039)	-0.013 (0.041)	-0.038 (0.042)	-0.022 (0.045)
转型试点 & 私立高校	-0.002 (0.046)	0.010 (0.042)	0.017 (0.039)	-0.016 (0.043)	-0.004 (0.043)	-0.040 (0.047)
生均收入取对数	-0.022 (0.040)	-0.031 (0.036)	-0.030 (0.032)	-0.032 (0.034)	-0.043 (0.035)	-0.055 (0.035)
中部	-0.236*** (0.030)	-0.130*** (0.025)	-0.022 (0.023)	-0.007 (0.025)	-0.000 (0.025)	0.014 (0.027)
西部	-0.137*** (0.036)	-0.046 (0.030)	0.019 (0.027)	0.021 (0.028)	0.026 (0.029)	0.037 (0.030)
应用实践性				0.043 (0.033)	-0.011 (0.038)	0.018 (0.045)
前沿交叉性				0.055 (0.037)	-0.051 (0.050)	0.031 (0.065)

续表

变量	（1）学业成就	（2）能力与素质	（3）能力与素质	（4）能力与素质	（5）能力与素质	（6）能力与素质
学科理论性				−0.038 （0.029）	−0.109*** （0.040）	−0.076* （0.045）
职业就业性				0.042 （0.038）	−0.034 （0.043）	0.001 （0.045）
探究引导型				0.109** （0.049）		0.123** （0.056）
传统教学型				0.090** （0.043）		0.113** （0.046）
学以致用型				0.099** （0.050）		0.119** （0.053）
资源充分性						−0.088 （0.072）
内容质量性						−0.093* （0.055）
自主性						−0.072 （0.054）
教师应用性						0.034*** （0.007）
个体特征	YES	YES	YES	YES	YES	YES
学生参与	NO	YES	YES	YES	YES	YES
毕业/综合实习	NO	NO	YES	YES	YES	YES
观察值	3675	3675	3675	3675	3675	3675
R^2	0.038	0.302	0.452	0.454	0.456	0.461

注：根据 Rwg 和 ICC 结果重新选择的"地方高校人才培养与就业调查"数据；全模型（6）通过了 VIF 检验，不存在明显的多重共线性；模型中控制了专业类变量。

由表15-6可知，高校转型试点会在一定程度上通过影响学生院校经历和专业人才培养过程对学生学业成就产生影响，在学业成就的各维度上基本得到同样的结果（限于篇幅，不一一报告）。表15-7报告了包括学业成就各维度在内的根据式15-2全模型得到的结果。由表15-7可知，在控制学生个体特征、高校特征和转型内涵的情况下，转型试点对学业成就没有显著的影响，在学业成就各维度上发现，转型试点对学生专业素养与态度具有显著的正向影响，而对专业技术能力、职业认知与规划和沟通表达能力具有显著的负向影响。具体看专业培养中课程设置、教学行为和实践教学各取向上的作用发现，课程设置的应用实践性和职业就业性对团队协作能力具有显著的提升作用，学科理论性对学生的职业认知与规划具有显著的负向作用，课程设置的职业就业性还会弱化专业技术能力的提高。在教学行为上，探究引导型教学行为对专业技术能力具有显著的提升作用，每增加 1 个标准单位专业技术能力增加 0.318 个标准单位。此外，教学行为中学以致用型对职业认知与规划和团队协作能力也均具有显著的正向影响。在实践教学上，资源充分性对专业技术能力影响显著，且影响程度较大，教师应用性对学生的专业技术能力、批判创新能力和团队协作能力的提升均具有显著的影响。

表 15 - 7 转型试点对能力与素质各维度的影响

变量	（1）学业成就	（2）专业技术能力	（3）专业素养与态度	（4）批判创新能力	（5）职业认知与规划	（6）团队协作能力	（7）沟通表达能力
转型试点	- 0.052 (0.027)	- 0.254 *** (0.074)	0.211 *** (0.070)	0.089 (0.080)	- 0.158 ** (0.080)	0.144 * (0.075)	- 0.136 * (0.080)
私立高校	- 0.022 (0.045)	- 0.098 (0.103)	- 0.100 (0.109)	0.023 (0.116)	0.057 (0.108)	0.091 (0.110)	- 0.040 (0.119)
转型试点 & 私立高校	- 0.040 (0.047)	0.167 (0.114)	- 0.087 (0.113)	- 0.051 (0.129)	- 0.074 (0.118)	- 0.33 *** (0.121)	0.072 (0.128)
生均收入取对数	- 0.055 (0.035)	0.022 (0.087)	- 0.098 (0.083)	0.056 (0.090)	- 0.228 ** (0.093)	- 0.161 * (0.091)	0.104 (0.089)
中部	0.014 (0.027)	0.037 (0.070)	- 0.164 ** (0.068)	- 0.002 (0.078)	0.047 (0.082)	- 0.022 (0.074)	0.141 * (0.080)
西部	0.037 (0.030)	0.137 * (0.077)	- 0.227 *** (0.075)	0.013 (0.086)	0.094 (0.089)	- 0.025 (0.080)	0.114 (0.087)
应用实践性	0.018 (0.045)	- 0.186 (0.125)	0.133 (0.110)	- 0.018 (0.124)	- 0.142 (0.109)	0.242 ** (0.114)	0.153 (0.116)
前沿交叉性	0.031 (0.065)	- 0.129 (0.158)	- 0.073 (0.155)	0.131 (0.179)	- 0.042 (0.167)	0.218 (0.170)	0.121 (0.171)
学科理论性	- 0.076 * (0.045)	- 0.166 (0.109)	0.176 (0.113)	0.130 (0.129)	- 0.31 *** (0.117)	- 0.055 (0.118)	- 0.077 (0.118)
职业就业性	0.001 (0.045)	- 0.221 ** (0.112)	- 0.043 (0.116)	0.125 (0.126)	0.062 (0.119)	0.232 * (0.122)	- 0.068 (0.123)
探究引导型	0.123 ** (0.056)	0.318 ** (0.145)	- 0.082 (0.143)	·0.165 (0.161)	0.100 (0.148)	0.147 (0.148)	- 0.070 (0.156)

续表

变量	（1） 学业成就	（2） 专业技术 能力	（3） 专业素养 与态度	（4） 批判创新 能力	（5） 职业认知 与规划	（6） 团队协作 能力	（7） 沟通表达 能力
传统教学型	0.113 ** （0.046）	− 0.114 （0.106）	0.204 * （0.114）	0.259 ** （0.128）	− 0.066 （0.115）	0.224 * （0.118）	0.230 * （0.119）
学以致用型	0.119 ** （0.053）	− 0.079 （0.131）	− 0.101 （0.136）	0.209 （0.156）	0.373 ** （0.145）	0.273 * （0.155）	0.024 （0.158）
资源充分性	− 0.088 （0.072）	0.396 ** （0.170）	− 0.060 （0.173）	− 0.290 （0.193）	− 0.032 （0.189）	− 0.623 *** （0.186）	− 0.140 （0.194）
内容质量性	− 0.093 * （0.055）	0.296 ** （0.138）	− 0.091 （0.148）	− 0.514 *** （0.162）	0.093 （0.150）	− 0.386 ** （0.156）	− 0.079 （0.163）
自主性	− 0.072 （0.054）	0.188 （0.129）	− 0.062 （0.139）	− 0.257 * （0.147）	− 0.071 （0.137）	− 0.306 ** （0.150）	− 0.020 （0.151）
教师应用性	0.034 *** （0.007）	0.048 *** （0.018）	− 0.005 （0.019）	0.069 *** （0.020）	0.022 （0.019）	0.047 ** （0.020）	0.004 （0.020）
个体特征	YES	YES	YES	YES	YES	YES	YES
学生参与	NO	NO	YES	YES	YES	YES	YES
毕业/综合 实习	NO	NO	NO	YES	YES	YES	YES
观察值	3675	3687	3687	3687	3687	3687	3687
R^2	0.461	0.211	0.224	0.064	0.097	0.081	0.056

注：根据 *Rwg* 和 *ICC* 结果重新选择的地方本科人才培养与就业调查数据；模型通过了 *VIF* 检验，检验结果显示不存在明显的多重共线性；模型中控制了专业类变量。

3. 院校经历对学生学业成就的影响

表 15 – 8 为根据式 15 – 3 得到的稳健性回归分析结果。由表 15 – 8 可知，在学生参与上，课程参与发挥最主要作用，对学生学业成就及各维度均具有显著影响，相比较而言，课程参与对专业技术能力提升作用最明显。规则参与能显著提升学生的专业素养与态度，但并不能提升学业成就及其他维度上的能力与素质，甚至会产生显著的负向影响。活动参与对学业成就及各维度的能力与素质均具有显著的影响，尤其对团队协作能力提升作用最大。主动学习参与对学业成就有显著影响，并对除专业素养与态度外的其他维度都有显著影响，且对专业技术能力的影响最大。

表 15 - 8 院校经历（学生参与、毕业/综合实习）对学生学业成就的影响

变量		(1) 学业成就	(2) 专业技术能力	(3) 专业素养与态度	(4) 批判创新能力	(5) 职业认知与规划	(6) 团队协作能力	(7) 沟通表达能力
学生参与	课程参与	0.091*** (0.006)	0.134*** (0.015)	0.106*** (0.015)	0.040** (0.016)	0.078*** (0.015)	0.036** (0.016)	0.047*** (0.016)
	规则参与	-0.021*** (0.005)	-0.064*** (0.013)	0.130*** (0.013)	-0.054*** (0.014)	-0.064*** (0.014)	-0.006 (0.014)	-0.014 (0.014)
	活动参与	0.072*** (0.006)	0.066*** (0.014)	0.085*** (0.014)	0.037** (0.015)	0.031** (0.015)	0.089*** (0.016)	0.063*** (0.015)
	主动学习	0.066*** (0.006)	0.087*** (0.014)	0.021 (0.014)	0.052*** (0.015)	0.074*** (0.015)	0.071*** (0.015)	0.036** (0.015)
毕业/综合实习	实习指导	0.144*** (0.007)	0.127*** (0.016)	0.293*** (0.016)	0.053*** (0.016)	0.128*** (0.016)	0.113*** (0.017)	0.042** (0.017)
	实习制度	0.133*** (0.006)	0.158*** (0.015)	0.069*** (0.015)	0.106*** (0.016)	0.120*** (0.016)	0.122*** (0.016)	0.112*** (0.016)
	实习考评	0.123*** (0.006)	0.201*** (0.015)	0.038** (0.015)	0.086*** (0.016)	0.129*** (0.016)	0.067*** (0.016)	0.061*** (0.016)
观察值		6247	6247	6247	6247	6247	6247	6247
R^2		0.464	0.215	0.221	0.069	0.117	0.086	0.061

注：*** $p<0.01$，** $p<0.05$，* $p<0.1$。模型进行了 VIF 检验，检验结果显示不存在明显的多重共线性。为控制异方差，采用稳健性标准回归。

毕业/综合实习的三个维度对学业成就和学业成就的各维度均具有显著的正向影响。对于学业成就，实习指导的影响更大，实习指导每提高 1 个单位，学业成就提高 0.144 个单位。对于专业技术能力，实习考评影响更大，即实习越与学生学业成绩相关联，对学生专业技术能力提高越明显；对于专业素养与态度，实习指导的作用更明显，实习指导每提高 1 个单位，专业素养与态度提高 0.293 个单位，这与实习制度和实习考评的影响大小差距较大，这说明学生专业素养与态度的养成受实习教师指导影响明显。在批判创新能力上，实习制度影响更大；在职业认知与规划上，三者的影响差距相对较小；在团队协作能力和沟通表达能力上，实习制度的作用均相对更大。

4. 转型高校和非转型高校的比较：夏普利值分解法

表 15 - 9 为根据式 15 - 2 进行的夏普利值分解结果。由表 15 - 9 可知，在学业成就上，转型高校和非转型高校样本，个体特征对学业成就总体差异来源的贡献份额分别为 1.4% 和 4.4%。在个体特征中，转型试点高校和非转型试点高校的毕业生家庭背景的贡献份额差异明显，相比非转型试点高校，转型试点高校中毕业生家庭背景对学业成就的作用明显降低。院校经历对学业成就总体差异的贡献份额相对最大，转型试点高校和非转型试点高校分别达到 79.7% 和 77.4%，且相比学生参与，毕业/综合实习的作用均相对更大。对于专业培养的贡献份额，转型试点和非转型试点分别为 17.0% 和 14.8%，实践教学作用均更明显。由此可知，相比非转型试点高校，在转型试点高校中个体特征的作用有所减弱，专业培养和院校经历的作用有所加强。这也进一步说明高校转型能够有效降低个体特征的作用，而增强人才培养过程的作用，这体现了转型的效果。表 15 - 10 是根据式 15 - 3 进行的夏普利值分解结果，得到与表 15 - 9 同样的结果：相比非转型试点高校，在转型试点高校中，专业层面对学业成就的作用明显更大，说明转型试点高校的培养过程作用可能更明显。观察学业成就其他变量，且比较表 15 - 9 和表 15 - 10，基本得到同样结果。

表 15 – 9 夏普利值分解 1

因变量		个体特征			院校经历		专业培养			高校特征	专业类	R^2
		人口学特征	家庭背景	高中及入学前特征	学生参与	毕业/综合实习	课程设置	教学行为	实践教学			
学业成就	转型	0.5	0.5	0.4	31.2	48.5	4.1	4.2	8.7	1.3	0.6	0.490
	非转型	0.7	3.4	0.3	29.7	47.7	4.5	3.4	6.9	0.3	3.2	0.437
专业技术能力	转型	1.1	2.0	0.5	25.5	40.9	6.6	7.6	11.1	3.4	1.4	0.228
	非转型	5.5	8.6	0.7	27.3	33.4	7.1	5.2	7.9	1.1	3.3	0.198
专业素养与态度	转型	1.1	4.3	0.8	20.0	39.1	8.6	6.3	8.3	9.2	2.4	0.250
	非转型	6.6	10.4	3.1	23.9	35.9	6.0	4.0	2.6	0.9	6.6	0.223
批判创新能力	转型	3.9	1.6	1.2	28.3	27.6	3.2	4.1	16.1	2.9	11.1	0.065
	非转型	7.7	8.6	4.1	20.4	25.2	5.5	3.9	12.2	1.2	11.3	0.110
职业认知与规划	转型	2.8	3.8	0.9	32.5	38.0	5.7	5.3	5.4	3.8	1.8	0.104
	非转型	8.6	9.5	2.2	19.3	25.4	9.1	4.7	11.8	1.9	7.6	0.127
团队协作能力	转型	2.1	5.5	2.6	31.0	29.8	4.4	4.2	10.1	6.8	3.6	0.093
	非转型	6.2	7.3	4.2	21.7	34.2	6.3	5.0	11.0	0.5	3.6	0.096
沟通表达能力	转型	6.5	4.4	1.6	23.7	36.3	4.9	3.7	4.4	4.1	10.6	0.065
	非转型	10.4	16.9	2.6	10.0	29.5	10.2	2.9	5.2	2.3	10.1	0.085

注：根据式 15 – 2 回归得到，表中因变量第一列为因变量，每一行为一个模型回归后夏普利值分解的结果，除 R^2 外，其余数字单位均为%，相加结果为 100%。

表 15 – 10 夏普利值分解 2

因变量		个体特征			院校经历		高校专业层面	R^2
		人口学特征	家庭背景	高中及入学前特征	学生参与	毕业/综合实习		
学业成就	转型	0.66	0.55	0.41	34.59	52.19	11.58	0.510
	非转型	1.43	2.35	0.61	31.48	56.10	5.20	0.433
专业技术能力	转型	1.08	2.12	0.43	28.85	44.03	22.93	0.239
	非转型	4.13	5.37	1.36	28.00	42.20	8.22	0.202
专业素养与态度	转型	1.02	4.73	0.73	22.27	40.79	30.04	0.262
	非转型	2.08	3.04	0.34	29.52	46.47	6.57	0.196
批判创新能力	转型	3.32	2.36	1.57	25.12	27.58	39.32	0.082
	非转型	13.96	4.21	0.92	18.62	34.61	17.70	0.064
职业认知与规划	转型	1.99	3.36	0.45	32.26	34.05	27.79	0.129
	非转型	3.38	2.98	1.32	24.7	43.33	12.52	0.116
团队协作能力	转型	2.43	4.37	1.95	28.34	30.21	30.03	0.102
	非转型	6.16	5.46	1.65	23.87	40.27	8.01	0.086
沟通表达能力	转型	5.93	3.89	0.96	24.26	36.97	27.32	0.074
	非转型	7.08	15.59	0.33	18.16	26.03	15.58	0.058

注：根据式 15 – 3 回归得到，表中因变量第一列为因变量，每一行为一个模型回归后夏普利值分解的结果，除 R^2 外，其余数字单位均为%，相加结果为 100%。

四 研究发现与建议

本章研究结果显示，地方高校的转型试点能有效提升学生的学业成就，具体表现在专业素养与态度、批判创新能力、团队协作能力和沟通表达能力等非认知能力上。进一步的分析显示，转型试点对学生学业成就的作用明显受到高校转型内涵，即高校人才培养过程的影响。夏普利值分解结果显示，院校经历对学生学业成就解释力度最大，其次为专业培养，学生个体特征和高校特征相对较小；相比非转型试点高校，转型试点高校中学生个体特征，尤其是家庭背景对学生学业成就的作用明显较小，且转型试点高校中专业培养和院校经历的作用相对更大。据此可认为，当下各省开展的地方高校转型试点工作已经在学生学业成就上产生一定效果。

　　结合上述结果，针对地方高校的转型发展，提出如下建议。

　　大力推进以人才培养模式变革为核心的地方高校转型发展，并充分考虑公私立高校的不同。转型试点高校和非转型试点高校在人才培养过程上存在较大差异，高校人才培养过程对学生学业成就提升产生显著的影响。高校转型试点对学生学业成就的影响主要是通过高校人才培养过程发挥作用。当控制高校转型试点人才培养过程的内涵后，转型试点更多地表现为"标签效应"，结果显示目前转型试点对学业成就提升的"标签效应"并不明显，相对而言主要体现在专业素养与态度上，可能的解释是高校的转型试点能较有效地改善校园教与学的氛围，从而有利于提升学生专业素养与态度。通过分析学生对人才培养模式变革的感知对学业成就的影响，初步验证了这一解释。此外还发现，私立高校的转型试点对学生学业成就的提升更明显，公私立高校的转型试点对学生学业成就各维度的影响并不相同，相比公立高校，私立高校的转型试点能较为有效地提升学生专业技术能力，但私立高校的转型试点对学生的核心非认知能力提升较为不够。因此，对于公私立高校的转型发展，应该结合公私立高校的特点，在支持方式和支持内容上应有一定的不同。

　　注重学生院校经历，切实做好学生的毕业/综合实习，有力促进学生在校的有效参与。对学生学业成就总体差异贡献的分解结果显示，模型中院校经历对学生学业成就差异的解释力度最大，在转型试点高校和非转型试点高校中分别达到79.7%和77.4%。在院校经历中，整体上对于学生学业成就及各维度，相比学生参与，毕业/综合实习的作用更大。因此，在高校转型发展过程中，要通过校企合作、产教融合等多种方式，切实提升学生的综合实习水平。在学生毕业/综合实习的提升上，注重实习考评、实习指导和实习制度的建设。在学生参与上，课程参与仍然发挥着主要作用，各高校在转型试点过程中，切不可忽视学生课堂学习的作用。

　　积极推进教师教学方法和实践教学的改善，着力加强学生专业技术能力培养。以学生专业技术能力为主的核心认知能力是学生良好就业的保障，研究结果显示，高校转型试点并不能有效提升学生专业技术能力。但教师采用探究引导型教学方式、实践教学中资源充分性和教师应用性水平均能显著提升学生专业技术能力，因此，高校在转型试点过程中要围绕教师教学方式、教师应用性水平和实践教学资源等方面进行提高，以此来加强学生专业技术能力的培养。当然，也应看到，学生专业技术能力等核心认知能力不像核心非认知能力更容易改变、更容易被高校专业等层面因素来解释，这说明对于专业技术能力的评估可能更需要"耐心"，地方高校在转型试点过程中要深刻认识到学生专业技术能力的提升、学生就业质量的提高绝非一蹴而就的，地方高校转型发展需着力于内涵上的不断提升。

第十六章 培养模式变革影响学生发展的机制

一 问题的提出

地方高校转型的关键在于人才培养模式的变革，在于有效地促进学生发展。学生的发展不仅仅表现在学业成就上，还体现在学生的就业情况上。国内学界对地方高校的转型发展如何促进学生发展缺乏实证研究，特别是学生发展既受到其个体参与方式和参与程度的影响，也受到其所在院系的影响，还受到所在院系以外的高校层次因素的影响，国内学术界鲜有对这些不同层次是如何相互作用，并最终影响到学生发展结果的研究。本章采用多层线性模型，尝试打开地方高校人才培养过程的"黑匣"，揭示地方高校转型试点对学生发展的影响机制。

二 数据与变量

本章采用北京大学教育经济研究所 2016 年"地方高校人才培养与就业调查"学生数据。本研究的因变量是个体层面的学生发展，从能力与素质和就业状况两个方面进行分析。学生能力与素质的测量主要依据"能力与素质"量表，该量表由 20 道题组成，经过探索性因子分析和验证性因子分析，认为学生能力与素质可分为专业技术能力、专业素养与态度、批判创新能力、职业认知与规划、团队协作能力和沟通表达能力；学生就业状况则从就业比例、就业对口程度、就业起薪和工作总体满意度四个方面考察。学生个体层面，相关控制变量包括学生人口学特征、家庭背景、高中及入学前特征等个体信息。学生参与是高校学生发展研究中经常被关注的因素，学生参与理论认为学生在高校的学习生活参与程度是影响学生成长的关键因素。结合地方高校特点，本研究设计了"学生参与"量表，将学生参与分为课程参与、规则参与、活动参与和主动学习。对于应用型专业，学生的毕业/综合实习是学生院校经历的重要环节，本研究针对学生的毕业/综合实习（考虑到不少学校将这两者结合在一起，本书不单独区分毕业实习和综合实习）设计专门量表，根据探索性和验证性因子分析结果，将学生毕业/综合实习分为实习指导、实习制度和实习考评三个维度。毕业/综合实习是试点改革的重点内容，本研究对毕业/综合实习个体层面数据进行聚合转化后发现检验效果不佳，说明毕业/综合实习更多地表现为个体的院校经历，属于学生个体层面的变量。①

专业类层面变量包括高校人才培养模式变革的课程设置、教学行为、实践教学等关键环节。对于课程设置、教学行为和实践教学，本研究均结合地方高校特点和转型试点要求设计专门量表，并通过探索性和验证性因子分析得到课程设置、教学行为和实践教学的相应维度。如前所述，专业类层面的课程设置、教学行为、实践教学的数据是基于学生个体层面的评价进行聚合转化，通过 Rwg 和 ICC 检验（Rwg 和 ICC 值达到某种要求，即可进行由个体层面变量到上一层面变量的聚合加总计算，之后取平均值作为上一层面的变量）得到的。

在高校层面，核心自变量为是否转型试点。考虑到高校资源配置可能会对学生发展具有显著影响，因此高校层面变量还有代表高校资源配置的生均收入。高校的公私立属性和高校所在地区也会影响高校人才培养，进而会对学生发展产生影响。

高校、专业类、个体三个层面变量定义和说明见表 16-1。

表 16-1　变量定义和说明

变量			变量定义	取值	变量类型
因变量	能力与素质	总体	能力与素质量表中 20 题项平均得分[1]		连续变量
		专业技术能力	能力与素质量表专业技术能力因子标准得分		连续变量

---

① 本研究对毕业/综合实习个体层面数据进行聚合转化后发现检验效果均不佳，这既说明毕业/综合实习更多地属于学生个体层面的变量，也从侧面印证了采用 Rwg 和 ICC 检验对专业类层面的课程设置、教学行为和实践教学进行组内一致性和组间差异性检验的必要性，保证了从个体层面聚合到专业类层面的有效性，保证了用模型分析估计相关结果时能够有效选择相应样本，得到更加准确的估计结果。

续表

变量			变量定义	取值	变量类型
因变量	能力与素质	专业素养与态度	能力与素质量表专业素养与态度因子标准得分		连续变量
		批判创新能力	能力与素质量表批判创新能力因子标准得分		连续变量
		职业认知与规划	能力与素质量表职业认知与规划因子标准得分		连续变量
		团队协作能力	能力与素质量表团队协作能力因子标准得分		连续变量
		沟通表达能力	能力与素质量表沟通表达能力因子标准得分		连续变量
	就业状况	就业比例	就业 = 1	0 或 1	虚拟变量
		就业对口程度	对口 = 1	0 或 1	虚拟变量
		就业起薪	起始月薪	1000 ~ 10000	连续变量
		工作总体满意度	满意 = 1	0 或 1	虚拟变量
高校层面	转型	是否转型试点	转型试点 = 1	0 或 1	虚拟变量
	资源	生均收入	生均收入	取对数	连续变量
	属性	私立高校	私立高校 = 1	0 或 1	虚拟变量
	地区	高校所在地区	东部、中部、西部地区，放入中部、西部地区两个虚拟变量		分类变量
专业类层面	课程设置	应用实践性	课程设置量表应用实践性因子标准得分		连续变量
		前沿交叉性	课程设置量表前沿交叉性因子标准得分		连续变量
		学科理论性	课程设置量表学科理论性因子标准得分		连续变量
		职业就业性	课程设置量表职业就业性因子标准得分		连续变量
	教学行为	探究引导型	教学行为量表探究引导型因子标准得分		连续变量
		传统教学型	教学行为量表传统教学型因子标准得分		连续变量
		学以致用型	教学行为量表学以致用型因子标准得分		连续变量
	实践教学	资源充分性	实践教学量表资源充分性因子标准得分		连续变量
		内容质量性	实践教学量表内容质量性因子标准得分		连续变量
		自主性	实践教学量表自主性因子标准得分		连续变量
		教师应用性	实践教学量表教师应用性因子标准得分		连续变量
个体层面	学生参与	课程参与	学生参与量表课程参与因子标准得分		连续变量
		规则参与	学生参与量表规则参与因子标准得分		连续变量
		活动参与	学生参与量表活动参与因子标准得分		连续变量
		主动学习	学生参与量表主动学习因子标准得分		连续变量
	毕业/综合实习	实习指导	毕业/综合实习量表实习指导因子标准得分		连续变量
		实习制度	毕业/综合实习量表实习制度因子标准得分		连续变量
		实习考评	毕业/综合实习量表实习考评因子标准得分		连续变量

变量			变量定义	取值	变量类型
个体层面	人口学特征	男性	男性 = 1	0 或 1	虚拟变量
		汉族	汉族 = 1	0 或 1	虚拟变量
		独生子女	独生子女 = 1	0 或 1	虚拟变量
		中共党员	党员 = 1	0 或 1	虚拟变量
		学生干部	学生干部 = 1	0 或 1	虚拟变量
	高中及入学前特征	高考分数	标准化高考分数		连续变量
		高中重点	重点或示范高中 = 1，非重点和示范高中 = 0	0 或 1	虚拟变量
		高中理科	理科 = 1，非理科 = 0	0 或 1	虚拟变量
		第一志愿录取	第一志愿录取 = 1	0 或 1	虚拟变量
	家庭背景	城市	城市 = 1，非城市 = 0	0 或 1	虚拟变量
		父母亲受教育程度[2]	小学及以下、初中、高中（含中职）、大专及以上		分类变量
		家庭 ISEI[3]	根据父母亲职业编制	10 ~ 100	连续变量
		家庭经济收入	低收入 = 1，中等收入 = 2，高收入 = 3，模型中放入两个虚拟变量		

注：（1）能力与素质量表中各题项为对学生能力与素质的陈述，其选项为"很不同意""较不同意""较同意""很同意"，取值分别为 1、2、3、4。

（2）具体模型中父母亲受教育程度均放入三个虚拟变量（初中、高中、大专及以上）。

（3）ISEI 为国际社会经济指数，家庭 ISEI 选取父母亲职业阶层中更高的一个。

1. 变量的描述统计

表 16 - 2 是多层模型中分转型试点高校和非转型试点高校各变量的描述统计结果。在能力与素质上，转型试点和非转型试点高校总体能力与素质相同，非转型试点高校学生在专业技术能力和职业认知与规划上得分相对更高，转型试点高校在能力与素质的其他维度上得分相对更高。在就业状况上，非转型试点高校毕业生的就业起薪、就业对口程度和工作总体满意度相对更高，但就业比例相对较低。两类高校在生均收入上差异较小，*t* 检验显示不存在显著性差异。但是，转型试点样本和非转型试点样本在高校人才培养过程的关键环节（课程设置、教学行为、实践教学）与学生的院校经历（学生参与、毕业/综合实习）上存在较明显差异。

表 16 - 2 变量描述统计（三层模型、分样本比较）

变量			非转型试点			转型试点		
			样本数	均值	标准差	样本数	均值	标准差
因变量	能力与素质	总体	1171	3.120	0.482	2504	3.120	0.472
		专业技术能力	1175	0.090	0.978	2512	0.035	1.01
		专业素养与态度	1175	-0.018	1.012	2512	0.022	1.008
		批判创新能力	1175	-0.029	1.015	2512	0.054	0.993
		职业认知与规划	1175	0.103	0.984	2512	0.029	0.982
		团队协作能力	1175	-0.008	0.97	2512	0.032	0.999
		沟通表达能力	1175	0.011	0.993	2512	0.041	0.988
	就业状况	就业比例	1190	0.765	0.424	2576	0.859	0.348
		就业对口程度	754	0.751	0.433	1862	0.690	0.463
		就业起薪	677	3172	1437	1729	2971	1385
		工作总体满意度	715	0.775	0.418	1783	0.727	0.445
高校层面	资源属性	生均收入	1366	17745	6176	2929	18414	5399
		私立高校	1366	0.120	0.325	2929	0.365	0.481
专业类层面	课程设置	应用实践性	1366	-0.033	0.224	2929	0.100	0.274
		前沿交叉性	1366	0.018	0.22	2929	0.072	0.263
		学科理论性	1366	-0.006	0.306	2929	0.006	0.326
		职业就业性	1366	0.010	0.224	2929	0.082	0.249
	教学行为	探究引导型	1366	0.039	0.192	2929	0.079	0.31
		传统教学型	1366	0.002	0.193	2929	0.041	0.286
		学以致用型	1366	-0.024	0.241	2929	0.066	0.259
	实践教学	资源充分性	1366	0.014	0.235	2929	0.130	0.266
		内容质量性	1366	0.005	0.192	2929	0.035	0.34
		自主性	1366	-0.038	0.168	2929	0.087	0.219
		教师应用性	1366	0.019	0.164	2929	0.040	0.216
个体层面	学生参与	课程参与	1366	0.041	0.971	2929	0.091	0.945
		规则参与	1366	-0.061	0.976	2929	-0.032	0.997
		活动参与	1366	-0.045	0.942	2929	0.082	0.947
		主动学习	1366	0.008	0.968	2929	0.115	0.939
	毕业/综合实习	实习指导	1366	-0.031	0.935	2929	0.044	0.953
		实习制度	1366	0.005	0.96	2929	0.060	0.951
		实习考评	1366	-0.023	0.939	2929	0.110	0.924

续表

变量			非转型试点			转型试点		
			样本数	均值	标准差	样本数	均值	标准差
个体层面	人口学特征	男性	1366	0.578	0.494	2929	0.577	0.494
		汉族	1366	0.975	0.156	2929	0.903	0.296
		独生子女	1366	0.447	0.497	2929	0.299	0.458
		中共党员	1366	0.122	0.328	2929	0.238	0.426
		学生干部	1366	0.461	0.499	2929	0.469	0.499
	高中及入学前特征	高考分数	1366	0.319	0.926	2929	−0.295	1.007
		高中重点	1366	0.319	0.466	2929	0.347	0.476
		高中理科	1366	0.776	0.417	2929	0.597	0.490
		第一志愿录取	1366	0.760	0.427	2929	0.616	0.486
	家庭背景	城市	1366	0.414	0.493	2929	0.452	0.498
		父亲初中	1366	0.430	0.495	2929	0.352	0.478
		父亲高中	1366	0.231	0.421	2929	0.225	0.418
		父亲大专及以上	1366	0.148	0.355	2929	0.150	0.357
		母亲初中	1366	0.395	0.489	2929	0.340	0.474
		母亲高中	1366	0.171	0.377	2929	0.170	0.376
		母亲大专及以上	1366	0.108	0.311	2929	0.107	0.309
		家庭 ISEI	1366	31.340	19.310	2929	30.470	19.850
		家庭收入高	1366	0.150	0.357	2929	0.088	0.283
		家庭收入中	1366	0.328	0.47	2929	0.256	0.437

2. 模型

考虑到本研究使用的数据包括高校、专业类和个体三个层面，而多层模型能够有效地解决传统多元线性回归模型在处理嵌套数据时个体间随机误差独立性假设不能满足的情况，还有助于探讨不同层面自变量对因变量的影响和层次间效应，所以本章将采用三层模型，通过建立三层回归方程组，将误差按层次分解为层一个体间的差异、层二专业类间的差异和层三高校间的差异。同时考虑到本研究的因变量就业状况的就业比例、就业对口程度和工作总体满意度是二分变量，在模型中将结合使用多层 Logit 模型。使用多层模型需要先进行零模型检验，跨级效应系数（确认因变量的总变异数中能够被组间变异解释的百分比）大于 0.059，且 p 值小于 0.05，即说明层级之间存在显著性差异，且系数越大越适宜采用多层模型分析。

　　由于本次调研对专业类层面的课程设置、教学行为和实践教学情况的了解是通过学生个体的评价进行的，这就需要通过 *Rwg* 和 *ICC* 检验将个体层面变量聚合，得到专业类层面变量。有些高校的样本不符合聚合条件，在进行多层模型分析时不予考虑，这样聚合后共得到样本数 4295 份，全部来自新建本科高校。样本中高校层面的组数为 14，高校 – 专业类组数为 72，可知平均每高校 – 专业类组中学生个体数为 60 人，满足多层模型分析中层级交互作用样本的要求。

　　在多层模型分析中，零模型也称为截距模型。在本研究的零模型中，层一、层二和层三都不包含任何解释变量，零模型见式 16 – 1。

$$Level1 : Y_{ijk} = \beta_{0jk} + \varepsilon_{ijk}$$
$$Level2 : \beta_{0jk} = \gamma_{00k} + \mu_{0jk} \qquad （式 16 - 1）$$
$$Level3 : \gamma_{00k} = \lambda_{000} + \xi_{00k}$$

　　在式 16 – 1 中，i、j、k 分别表示个体、专业类和高校。λ_{000} 表示样本整体因变量的总体平均值，ξ_{00k} 是与第 k 个层三单位相联系的随机效应，γ_{00k}、β_{0jk} 分别为专业类层面和个体层面的截距项，μ_{0jk}、ε_{ijk} 分别为专业类层面和个体层面的随机项。Y 为本研究中各个因变量，需要说明的是，由于就业比例、就业对口程度和工作总体满意度为 0、1 变量，模型选择中使用多层 Logit 模型进行了对比，综合考虑后采用多层线性模型。

三　实证分析

1. 零模型

　　表 16 – 3 是各变量的零模型结果。由表 16 – 3 可知，在总体能力与素质、沟通表达能力、职业认知与规划、就业比例、就业对口程度、就业起薪、工作总体满意度上方差检验 p 值均在 5% 水平上显著，而在专业技术能力、专业素养与态度、团队协作能力上在 5% 水平上并不显著，可以认为这三个方面不存在显著的层级效应。从跨级相关系数看，存在显著层级效应的变量，如职业认知与规划、沟通表达能力和工作总体满意度，在层三、层二上的跨级相关系数均小于 0.04，不适宜进行多层分析。因此，选用学生总体能力与素质、就业比例、就业对口程度和就业起薪进行多层分析。从零模型结果可知，就业状况受高校、专业类层面影响更明显，相对

而言受个人能力与素质的发展影响较小。

表 16 – 3　零模型结果

因变量		随机效应	稳健性标准误	方差	p 值	跨级相关系数
能力与素质	总体	层三	0.002	0.002	0.000	0.0108
		层二	0.004	0.017		0.0766
		层一	0.010	0.206		
	专业技术能力	层三	0.012	0.022	0.063	0.0219
		层二	0.013	0.032		0.0328
		层一	0.040	0.936		
	专业素养与态度	层三	0.032	0.052	0.594	0.0509
		层二	0.006	0.041		0.0405
		层一	0.046	0.929		
	批判创新能力	层三	0.000	0.000	0.229	0
		层二	0.052	0.019		0.0194
		层一	0.140	0.983		
	职业认知与规划	层三	0.008	0.012	0.047	0.0124
		层二	0.004	0.013		0.0139
		层一	0.063	0.940		
	团队协作能力	层三	0.004	0.002	0.466	0.0023
		层二	0.007	0.014		0.0142
		层一	0.040	0.963		
	沟通表达能力	层三	0.000	0.000	0.040	0
		层二	0.008	0.006		0.0066
		层一	0.039	0.973		
就业状况	就业比例	层三	0.002	0.004	0.000	0.0249
		层二	0.003	0.012		0.0850
		层一	0.013	0.126		
	就业对口程度	层三	0.002	0.004	0.000	0.0174
		层二	0.004	0.010		0.0477
		层一	0.010	0.195		
	就业起薪	层三	0.002	0.002	0.000	0.0086
		层二	0.005	0.018		0.1025
		层一	0.019	0.160		

续表

因变量		随机效应	稳健性标准误	方差	p 值	跨级相关系数
就业状况	工作总体满意度	层三	0.002	0.004		0.0228
		层二	0.002	0.004	0.000	0.0214
		层一	0.013	0.183		

2. 随机截距模型

随机截距模型见式 16 - 2。在随机截距模型中，在层一的截距项 Y_{ijk} 模型中加入相关控制变量，包括学生特征（*Feature*）、学生参与变量（*Xscy*）和学生毕业/综合实习变量（*GraInter*），其中学生特征变量有学生人口学特征（*Demog*）、家庭背景特征（*Family*）和高中及入学前特征（*Presch*）。在层一的截距项 β_{0jk} 模型中，加入层二模型的控制变量，分别为课程设置（*Kcsz*）、教学行为（*Teaching*）和实践教学（*Practice*）。在层三模型，即高校层面模型中，在层二的截距项 γ_{00k} 模型中，加入层三模型的控制变量，分别为高校转型试点特征（*Zxsd*）、高校办学特征（*Private*）、高校资源状况（Lnsjsr）和高校所在地区（*Locate*）。

$$Level1 : Y_{ijk} = \beta_{0jk} + \beta_{1jk} Feature_{ijk} + \beta_{2jk} Xscy_{ijk} + \beta_{3jk} GraInter_{ijk} + \varepsilon_{ijk}$$

$$Level2 : \beta_{0jk} = \gamma_{00k} + \gamma_{01k} \times Kcsz_{jk} + \gamma_{02k} \times Teaching_{jk} + \gamma_{03k} \times Practice_{jk} + \mu_{0jk}$$

$$\beta_{1jk} = \gamma_{10k}$$

$$\beta_{2jk} = \gamma_{20k}$$

$$\beta_{3jk} = \gamma_{30k}$$

$$Level3 : \gamma_{00k} = \lambda_{000} + \lambda_{001} \times Zxsd_k + \lambda_{002} \times Private_k + \lambda_{002} \times Lnsjsr_k + \lambda_{003} \times Locate_k + \xi_{00k}$$

$$\gamma_{01k} = \lambda_{010}$$

$$\gamma_{02k} = \lambda_{020}$$

$$\gamma_{03k} = \lambda_{030}$$

$$\gamma_{10k} = \lambda_{100}$$

$$\gamma_{20k} = \lambda_{200}$$

$$\gamma_{30k} = \lambda_{300}$$

（式 16 - 2）

表 16 - 4 为随机截距模型结果。从学生能力与素质发展看，在控制层一和层二变量后，转型试点对学生能力与素质没有显著影响。不过，转型试点和私立高校的交互项系数为负，且在 5% 水平上显著，说明私立高校

在控制高校人才培养过程、学生特征等情况下，转型试点并没有有效提高学生总体能力与素质。在课程设置上，可以发现，职业就业性对学生能力与素质发展影响相对最大，在1%水平上显著，其次为前沿交叉性和应用实践性，而课程设置的学科理论性特征对能力与素质发展没有显著性影响。从教师的教学行为来看，传统教学型对学生能力与素质发展影响显著，且在三类教学行为中影响最大，其次为学以致用型。学生个人毕业/综合实习的三个指标（实习指导、实习制度和实习考评）都对学生能力与素质发展影响显著，其中实习指导的作用相对最大。在学生参与上，课程参与对能力与素质发展正向影响显著，且影响程度相对最高，其次为活动参与和主动学习，而循规蹈矩的规则参与反向影响学生总体能力与素质的提升。在学生个体特征上，男性和家庭收入高均对学生能力与素质发展在1%水平上显著影响，性别为男、家庭收入越高，学生能力与素质提升相对越好。

从就业状况看，在控制层一和层二的变量后，转型试点对于毕业生的就业状况没有产生显著的影响。在就业起薪上，能对就业起薪产生显著提升作用的在高校层次上是生均收入和院校的公立性质：高校生均收入取对数每提高1%，学生平均就业起薪提高2%；私立高校学生平均就业起薪显著更低。专业类层面上，课程设置和教学行为对就业起薪均没有显著性影响。实践教学上，教师应用性水平对学生平均就业起薪具有显著的正向影响。在学生个体层面，学生参与中的学生活动参与和主动学习对平均就业起薪均有显著正向影响。在家庭背景上，家庭收入高和母亲大专及以上学历对就业起薪都有显著提升作用。在就业比例上，私立高校、中部和西部地区高校就业比例明显更高，这可能与生源的职业期望有关。课程设置的前沿交叉性对学生就业比例具有显著的正向影响。个体层面的毕业/综合实习的实习指导、实习制度和实习考评都能在一定程度上促进学生就业比例的提高，且在实习指导上表现得更明显。学生的活动参与能够显著提高学生就业比例，男性的就业比例显著提高，学生干部就业比例则显著降低。在就业对口程度上，私立高校就业对口程度明显更低，但是转型试点能够显著提升私立高校的就业对口程度，中部、西部地区学生就业对口程度显著低于东部地区高校。目前的课程设置并不利于提升毕业生的就业对口程度，课程设置强调职业就业性、前沿交叉性和应用实践性反而会降低毕业生的就业对口程度。教学行为和实践教学对学生就业对口程度均没有显著影响。学生个体层面的毕业/综合实习中的实习指导和实习考评均能有效提升学生就业对口程度，学生参与对就业对口程度均没有显著的影响。担任学生干部、家庭社会经济地位高、高中为理科、第一志愿录取的学生就业对口程度显著更高。

表 16 - 4 　随机截距模型结果

固定效应		变量	能力与素质	就业起薪	就业比例	就业对口程度
层三	特征	转型试点	- 0.017	- 0.053	0.055	- 0.021
		私立高校	0.009	- 0.180 **	0.277 ***	- 0.130 ***
		转型试点 & 私立高校	- 0.078 **	0.113	- 0.367 ***	0.179 ***
	资源	生均收入取对数	- 0.002	0.02 **	0.009	0.036
	地区	中部	- 0.03	- 0.002	0.078 ***	- 0.132 ***
		西部	0.02	0.006	0.087 ***	- 0.071 **
层二	课程设置	应用实践性	0.083 *	- 0.042	0.081	- 0.136 *
		前沿交叉性	0.138 *	0.041	0.361 ***	- 0.260 **
		学科理论性	0.016	0.023	0.043	- 0.053
		职业就业性	0.158 ***	- 0.117	0.116	- 0.233 ***
	教学行为	探究引导型	0.063	- 0.096	- 0.092	0.182
		传统教学型	0.138 ***	0.125	0.006	- 0.03
		学以致用型	0.096 **	- 0.073	0.022	0.213
	实践教学	资源充分性	0.015	0.297	- 0.038	0.102
		内容质量性	- 0.027	- 0.122	- 0.214 **	0.121
		自主性	0.047	0.035	- 0.031	0.089
		教师应用性	0.001	0.148 *	- 0.016	0.096
层一	毕业/综合实习	实习指导	0.144 ***	0.013	0.023 ***	0.060 ***
		实习制度	0.134 ***	0.004	0.011 *	0.008
		实习考评	0.121 ***	0.006	0.017 **	0.025 ***
	学生参与	课程参与	0.097 ***	- 0.005	- 0.007	0.017
		规则参与	- 0.021 ***	- 0.017 **	- 0.012 ***	0.013
		活动参与	0.073 ***	0.022 *	0.015 ***	- 0.012
		主动学习	0.068 ***	0.019 ***	0.001	0.009

续表

固定效应		变量	能力与素质	就业起薪	就业比例	就业对口程度
层一	人口学特征	男性	0.043 ***	0.045 **	0.036 *	0.01
		汉族	0.012	− 0.009	− 0.016	− 0.063 *
		独生子女	− 0.004	− 0.001	− 0.009	0.021
		中共党员	− 0.003	− 0.03	− 0.024	− 0.01
		学生干部	0.014	0.023 **	− 0.061 ***	0.042 **
	家庭背景	城市	− 0.002	0.005	0.019	− 0.048 **
		父亲初中	− 0.005	0.006	0.005	0.013
		父亲高中	0.003	− 0.01	− 0.02	0.028
		父亲大专及以上	− 0.019	− 0.025	0.005	0.016
		母亲初中	0.01	0.024	− 0.008	0
		母亲高中	0.001	0.049	0.007	− 0.023
		母亲大专及以上	0.03	0.070 **	− 0.016	0.026
		家庭 ISEI	0.000	0.000	0.000	0.001 **
		家庭收入高	0.071 ***	0.150 ***	− 0.03	− 0.053
		家庭收入中	0.013	0.065 **	0.02	− 0.03
	高中及入学前特征	高考分数	0.004	0.006	0.001	0.001
		高中重点	0.018	− 0.005	0.002	0.000
		高中理科	− 0.003	0.048	− 0.009	0.055 **
		第一志愿录取	− 0.013	− 0.026	− 0.016	0.069 ***

注：$*** p < 0.01$，$** p < 0.05$，$* p < 0.1$，为节省篇幅，在此没有报告标准误；群组数量，高校层面为 16，高校 – 专业类层面为 72。

3. 完全模型

由描述统计可知，转型试点高校和非转型试点高校在专业类层面的课程设置、教学行为和实践教学与个体层面的学生参与、毕业/综合实习上存在明显差异。随机截距模型发现，专业类层面的课程设置、教学行为和实践教学以及学生个体层面的学生参与和毕业/综合实习，都会在不同程度上对学生发展产生影响。高校转型试点的核心在于人才培养模式变革，具体体现在专业类层面的课程设置、教学行为和实践教学等环节上，并体现在学生参与和毕业/综合实习等学生院校经历上。考虑到转型试点可能会通过影响专业类层面的课程设置、教学行为和实践教学，还会通过影响学生个体层面的学生参与、毕业/综合实习经历对学生发展产生影响，即转型试点对学生发展的影响存在层级效应。因此，在随机截距模型的基础上，构建随机斜率模型，得到多层模型的完全模型，来考察转型试点对学生发展在层级间的影响机制。完全模型如下：

$$Level1 : Y_{ijk} = \beta_{0jk} + \beta_{1jk} Feature_{ijk} + \beta_{2jk} Xscy_{ijk} + \beta_{3jk} GraInter_{ijk} + \varepsilon_{ijk}$$

$$Level2 : \beta_{0jk} = \gamma_{00k} + \gamma_{01k} \times Kcsz_{jk} + \gamma_{02k} \times Teaching_{jk} + \gamma_{03k} \times Practice_{jk} + \mu_{0jk}$$

$$\beta_{1jk} = \gamma_{10k}$$

$$\beta_{2jk} = \gamma_{20k}$$

$$\beta_{3jk} = \gamma_{30k}$$

$$Level3 : \gamma_{00k} = \lambda_{000} + \lambda_{001} \times Zxsd_k + \lambda_{002} \times Private_k + \lambda_{002} \times Lnsjsr_k + \lambda_{003} \times Locate_k + \xi_{00k}$$

$$\gamma_{01k} = \lambda_{010} + \lambda_{011} \times Zxsd_k + \xi_{01k}$$

$$\gamma_{02k} = \lambda_{020} + \lambda_{021} \times Zxsd_k + \xi_{02k}$$

$$\gamma_{03k} = \lambda_{030} + \lambda_{031} \times Zxsd_k + \xi_{03k}$$

$$\gamma_{10k} = \lambda_{100}$$

$$\gamma_{20k} = \lambda_{200} + \lambda_{201} \times Zxsd_k + \xi_{20k}$$

$$\gamma_{30k} = \lambda_{300} + \lambda_{301} \times Zxsd_k + \xi_{30k}$$

（式 16 - 3）

假设转型试点与学生个体层面的学生参与、毕业/综合实习存在层级交互作用，即层三模型中的转型试点会影响层一模型中学生参与和毕业/综合实习的回归系数。此外，转型试点还影响层二模型的课程设置、教学行为、实践教学的回归系数，即转型试点与课程设置、教学行为、实践教学存在对学生发展影响的层级交互效应。表 16 - 5 为完全模型结果。

表 16 - 5　完全模型结果

固定效应		变量	能力与素质	就业起薪	就业比例	就业对口程度
层三	特征	转型试点	- 0.075 **	- 0.198 ***	0.026	0.023
		私立高校	- 0.065	- 0.486 ***	0.037	- 0.145
		转型试点 & 私立高校	0.033	0.380 ***	- 0.074	0.189 *
	资源	生均收入取对数	0.027	0.106 **	0.089 ***	0.071 *
	地区	中部	0.01	0.017	0.046 **	- 0.145 ***
		西部	0.049	0.07	0.078 ***	- 0.128 ***

续表

固定效应		变量	能力与素质	就业起薪	就业比例	就业对口程度
层二	课程设置	应用实践性	0.095 *	− 0.213 ***	− 0.417 ***	− 0.096
		前沿交叉性	0.038	− 0.749 ***	− 0.134	0.132
		学科理论性	− 0.217 ***	− 0.248 ***	− 0.594 ***	0.087
		职业就业性	0.271 ***	− 0.452 ***	0.02	− 0.100 *
	教学行为	探究引导型	− 0.251 ***	0.004	− 0.635 **	− 0.297 *
		传统教学型	0.238 **	0.666 ***	0.697 ***	0.123
		学以致用型	0.185	0.367 ***	0.761 ***	0.503 **
	实践教学	资源充分性	0.193	0.787 ***	0.604 ***	0.363 ***
		内容质量性	− 0.179 **	0.159	− 0.534 ***	0.327 **
		自主性	0.127	− 0.357 ***	− 0.279 *	− 0.756 ***
		教师应用性	0.306 ***	− 0.309 *	0.853 ***	− 0.450 **
层一	毕业/综合实习	实习指导	0.154 ***	0.023	0.049 ***	0.058 **
		实习制度	0.123 ***	0.018	0.023 **	− 0.005
		实习考评	0.111 ***	0.035 ***	0.034 **	0.023 *
	学生参与	课程参与	0.089 ***	0.003	− 0.026 ***	0.031 **
		规则参与	− 0.008	− 0.02	− 0.018 **	0.003
		活动参与	0.048 ***	− 0.008	0.002	− 0.014
		主动学习	0.053 ***	0.024 ***	− 0.001	0.030
	人口学特征	男性	0.044 ***	0.046 ***	0.037 *	0.009
		汉族	0.008	− 0.011	− 0.019	− 0.063 *
		独生子女	− 0.008	0.004	− 0.009	0.02
		中共党员	− 0.001	− 0.033	− 0.023	− 0.014
		学生干部	0.013	0.032 ***	− 0.060 ***	0.049 ***
	家庭背景	城市	− 0.003	0.002	0.016	− 0.049 **
		父亲初中	− 0.001	− 0.001	0.008	0.015
		父亲高中	0.005	− 0.013	− 0.016	0.027
		父亲大专及以上	− 0.017	− 0.031	0.004	0.016
		母亲初中	0.007	0.026	− 0.009	− 0.001
		母亲高中	− 0.002	0.049	0.005	− 0.020
		母亲大专及以上	0.026	0.062 *	− 0.016	0.025
		家庭 ISEI	0.000	0.000	0.000	0.001 **
		家庭收入高	0.071 ***	0.155 ***	− 0.029	− 0.049

续表

固定效应		变量	能力与素质	就业起薪	就业比例	就业对口程度
层一		家庭收入中	0.013	0.066**	0.023	-0.037*
	高中及入学前特征	高考分数	0.003	0.008	0.001	-0.001
		高中重点	0.015	0.001	0.004	-0.001
		高中理科	0.003	0.058*	-0.004	0.051**
		第一志愿录取	-0.011	-0.027	-0.016	0.068***
层级效应	课程设置	应用实践性×转型试点	-0.012	0.307***	0.679***	-0.127
		前沿交叉性×转型试点	0.026	1.020***	0.636*	-0.491**
		学科理论性×转型试点	0.311***	0.537***	0.794***	-0.158
		职业就业性×转型试点	-0.197**	0.617***	0.191*	-0.127
	教学行为	探究引导型×转型试点	0.401***	-0.574***	0.351	0.623***
		学以致用型×转型试点	-0.088	-0.713***	-0.794***	-0.257
		传统教学型×转型试点	-0.118	-0.760***	-0.830***	-0.113
	实践教学	资源充分性×转型试点	-0.212	-0.074	-0.630***	-0.292*
		内容质量性×转型试点	0.150	-0.214	0.299	-0.240
		自主性×转型试点	-0.119	0.536***	0.241	0.794***
		教师应用性×转型试点	-0.300***	0.423**	-1.035***	0.687***
	毕业/综合实习	实习指导×转型试点	-0.014	-0.013	-0.041***	0.007
		实习制度×转型试点	0.018	-0.019	-0.019	0.021
		实习考评×转型试点	0.023	-0.040***	-0.028**	0.006
	学生参与	课程参与×转型试点	0.016	-0.013	0.032***	-0.022

续表

固定效应		变量	能力与素质	就业起薪	就业比例	就业对口程度
层级效应	学生参与	规则参与 × 转型试点	- 0.015	0.005	0.010	0.013
		活动参与 × 转型试点	0.035 **	0.036 **	0.019 **	- 0.001
		主动学习 × 转型试点	0.024 *	- 0.008	0.007	- 0.039

注:*** $p < 0.01$,** $p < 0.05$,* $p < 0.1$,为节省篇幅,在此没有报告标准误;群组数量,高校层面为16,高校 - 专业类层面为72。

由表 16 - 5 可知,在控制层一、层二和转型试点的交互作用后,转型试点对学生能力与素质和就业起薪都具有显著的负向影响,这部分是由于转型试点对学生发展的影响主要通过转型试点内涵,即高校人才培养过程或学生院校经历来体现,更重要的是相比非转型试点高校,转型试点高校整体上在家庭背景、高中及入学前特征方面相对较弱,而这部分因素对学生就业起薪和总体能力与素质作用明显。结合转型试点对学生就业比例和就业对口程度的影响,在控制转型试点内涵后,可以看到,转型试点对学生总体能力与素质发展和学生就业状况并没有形成如"985"高校的正向"标签效应"。从层一的学生人口学特征、家庭背景和高中及入学前特征来看,各变量的回归系数大小和显著性与表 16 - 4 结果较一致,但在层三、层二变量上差异相对较大。针对没有层级交互作用的变量,表 16 - 5 和表 16 - 4 结果基本保持一致,私立高校平均就业起薪显著更低;高校生均收入越高,学生平均就业起薪越高;中部、西部地区就业比例更高,就业对口程度更低。

对于存在层级交互作用的变量,首先看层二的课程设置。课程设置中的学科理论性和职业就业性对学生总体能力与素质发展均有显著影响,且在与转型试点的交互项上也存在显著影响;转型试点能够减弱学科理论性对学生能力与素质发展的负向影响,并对职业就业性的作用有所减弱,整体上①学科理论性和职业就业性对能力与素质发展均具有显著的正向作用。在就业起薪上,转型试点均能减弱课程设置各维度对就业起薪的负向作

---

① 两者系数相加,下同。

用，且课程设置的各维度均对就业起薪具有显著的正向作用。在就业比例上，课程设置中只有应用实践性和学科理论性具有显著作用，从交互项可以看到，转型试点可以减弱两者的显著负向作用，从而使得课程设置的应用实践性和学科理论性对就业比例具有显著的提高效果。在就业对口程度上，课程设置中职业就业性对此具有负向的显著作用，转型试点的交互项对其影响并不显著。而在转型试点与课程设置的交互项上，课程设置的前沿交叉性显著地降低了就业对口程度。通过交互项可以发现，转型试点高校在课程设置上可能针对就业及学生能力发展进行了一些改革，并取得了一定成效。

在教学行为上，转型试点通过探究引导型教学行为促进学生总体能力与素质和就业对口程度的提高。但是，转型试点和教学行为的交互项系数大多为负，且在就业起薪和就业比例上大多显著，说明转型试点并不能有效通过提升教学行为对学生的就业状况产生正向影响。在实践教学上，实践教学的不同方面影响差异较大，转型试点能够更好地提升实践教学中的学生自主性和教师应用性，从而起到提升学生就业起薪和就业对口程度的作用。

在学生个体层面的毕业/综合实习上，整体上看，转型试点的层级影响作用相对较弱，且大多不显著；整体上，实习指导对学生总体能力与素质发展和就业状况影响更大。在学生个体层面的学生参与上，转型试点能够加强活动参与对就业起薪与就业比例的正向作用，能够减弱课程参与、规则参与对学生就业比例的负向显著作用。整体看，转型试点在一定程度上通过学生个体层面的学生参与、毕业/综合实习经历和专业类层面的课程设置、教学行为和实践教学的层级调节作用对学生发展产生了影响，但其效果则需要具体分析。

四　研究发现与讨论

总的来看，对于学生发展中的能力与素质和就业状况而言，来自高校、专业类和个体等三个层面的差异并不相同，在地方高校中学生发展来自高校层面的差异极为有限，专业类层面发挥主要作用。相较于学生能力与素质发展，学生就业状况受到专业层级的影响更明显。具体而言，在学生发展的各个指标上，就业起薪来自专业类的差异最大，达到 10.25%，其次为就业比例，专业类的跨级系数为 0.0850。在能力与素质及各维度上，相对而言，学生总体能力与素质受到专业类层级的影响最大且显著，跨级系数为 0.0766，而在能力与素质的各个维度上，专业类层面的影响均不到 5% 。从高校层面来看，整体上，各因变量来自高校层面的差异均较小，学生能力与素质中的专业素养与态度来自高校层面的差异相对最大，其次为就业比例和工作总体满意度。就业起薪来自高校层面的差异非常小，只有 0.0086，这与聚合后的样本来自新建本科高校有关，这些高校学生在就业起薪上整体较低且无明显差异。单独选择地方高校中的老本科高校进行零模型分析，结果显示，在老本科高校中，就业起薪来自高校层面的差异达到 0.0890，有可能是高校层次越高，分析的样本高校来自的层次类型越多样，在就业起薪上来自高校层面的差异可能更大。在地方高校，尤其是新建本科试点高校中，高校层面作用的有限说明试点"标签效应"并没有形成。一方面，这与当前无论是在社会上，还是在地方高校中，对转型发展还存在不同声音，地方高校成为试点高校并不能够给高校带来很强的正向社会影响力是一致的；另一方面，即便成为试点高校，校内各专业转型发展的进度差异还很大，这也是为什么专业类层面的变量可能对学生的就业与总体能力与素质的影响更大的原因。

地方高校的转型试点改革对学生发展的作用，表现为课程设置、教学行为、实践教学和毕业/综合实习、学生参与等院校经历对学生发展的影响。在专业类层面上，转型试点通过课程设置的职业就业性、教学行为的探究引导型对学生能力与素质的影响显著，实践教学中的教师应用性和学生的自主性对学生就业起薪、专业对口程度能够起到显著的提高作用。转型试点能减弱课程设置中的学科理论性对学生能力与素质的负面影响，同时还能通过增强课程设置的应用实践性对学生就业比例有显著的促进作用。在学生个体层面上，转型试点可以通过加强学生参与中的主动学习、活动参与对学生总体能力与素质起到促进作用；也能够减弱课程参与对学生就业比例显著的负向作用；还能通过实习指导对学生的就业状况产生一定作用。

第五编

· · · · · ·

总结讨论

第十七章　总结、讨论与展望

一　相关理论问题

1. 地方高校转型发展的核心问题

在地方高校转型发展的过程中，向哪里转、转什么、为什么转、如何转、如何评价转型效果是五个核心问题，地方高校转型发展过程中遇到的主要困惑也多是由这五个问题引起的。厘清与这些问题有关的误区，对于引导转型非常关键。在上述五个核心问题中，关于转型是为建职教体系还是在高教系统内的改革是名实之争；在对转型意义及转型发展空间的认识上，除了将自身定位于区域创新体系的关键角色外，还应该从全球知识经济背景下知识生产模式的转变与高校自身再生产的角度来认识。在地方高校转型发展过程中人才培养模式的变化才是真正转型与否的试金石；转型的关键突破点是产教融合、校企合作；地方高校稳定的可持续的坚强的驾驭核心及相应的组织制度变革对能否成功转型起着决定性作用；地方政府的支持，尤其是良好的政行企校合作关系是地方高校转型的重要推动力；学生能力与素质及就业状况等方面的学生发展是衡量转型效果的重要维度；对于转型的评价既要关注重要的结果、过程和状态指标，还要注意转型的整体性、系统性及机制性的问题，也要考虑重要利益相关者的关切。

2. 什么是一流应用型高校

在双一流高校建设背景下，"一流应用型高校"成为正在转型或即将转型的地方高校普遍关注的话题。关于什么是一流应用型高校和如何建设一流应用型高校，众说纷纭。实际上，国家层次的"双一流"的指标与内涵与应用型高校中的"一流"有根本性的不同：一流大学的指向是世界性的，而一流应用型高校的指向是地方性的。地方性是应用型高校的基本属性，这一属性规制着应用型高校的服务范围、发展目标和发展路径，乃至组织特征。一流的应用型高校应扎根于地方，深深地打上地方的烙印，地方高校面临异质性高的复杂环境，这必然使应用型高校之间的比较变得困难。因此，在界定应用型高校的"一流"的内涵以及评估时应特别突出地方性的维度，特别是突出应用型高校对地方事务的参与度以及知识技术在当地的转化问题，避免简单套用"双一流"指标衡量应用型高校，逐步建立符合应用型高校使命与特点的评价标准。

3. 应用型本科与职业教育本科的关系

地方高校在转型发展过程中，应用型本科与职业教育本科之间的关系历来纠缠不清，特别是在 2019 年 22 所高校成为本科职业教育高校之后，相关的争论较多。探讨应用型本科与职业本科的区别，对于地方高校向应用型深入转型，以及顺利开展职业教育本科试点有着积极意义。本书认为，职业教育本科以高端技能技术人才为培养目标，以职业（工作）标准对从业者素质与能力的要求为教育的逻辑起点，强调在职业（工作）场景进行培养，对学科性和理论性知识的要求高于大专层次，有着特定的教育内涵，可视为应用型高校的一种特殊类型。

4. 专业集群、校地服务与产教融合

地方高校的转型发展意味着人才培养模式要发生变革，也意味着与之相关的组织制度要进行调整，最终是地方高校的组织形态要发生重大的根本性变化。突出表现为产教融合与校企合作成为地方高校的主要活动，专业集群建设、人才培养、应用型科研和为地方服务等均围绕着这一主线展开，学校由封闭办学真正变成开放式办学。要想让产教融合更好地促进地方发展，服务于高校的人才培养，就需要建设地方高校的专业集群，以专业集群服务地方的产业集群。围绕专业集群和产业集群的衔接、融入，相应地建立产业学院、地方创新平台，实现产学研用创的有机结合、政行校企的协同发展。

本书的相关章节从理论角度回答了地方高校的特点以及类型属性，勾画了应用型高校的"型"，建立了地方高校转型发展的分析框架，有效地将应用型本科教育同普通本科教育、职业教育区分开来；对专业集群、产业学院、校地服务和产教融合的相关分析对于地方高校转型发展和应用型高校建设具有重要的意义。

二　实证研究发现

1. 高等教育分层系统中的地方高校

我国高等教育系统具有明显的层级化特征。基于 2014 年"高等教育改革学生调查"数据和 2013 年全国普通本科院校经费基表数据，从资源与规模、生源特征、高校培养过程等方面分析了地方高校在高等教育层级系统中的困境与优势。研究发现，地方高校在资源与规模、生源特征、就业起薪等方面与"985"高校、"211"高校差距明显，且地方高校内部出现老本科高校和新建本科高校的明显分化。不过，地方高校学生能力与素质增值并不一定低，在人才培养过程中，地方高校，尤其是新建本科高校课程设置的实践性、就业导向更明显，教学方式改革成效突出，学生主动参与更积极，显示出这些高校在分类发展上具有较大潜力。地方高校选择分类发展有利于提升其地位，拓展其发展空间，打破已有的分层体系的约束，也有助于打破阶层固化，促进向上的社会流动。

2. 高校教学质量、学生参与与毕业生起薪

高校教学质量与高校毕业生就业这两个本质上有着紧密联系的研究领域长期处于相对隔离状态，有关就业问题的讨论常常陷入个体努力、高校层次与家庭社会经济背景的影响孰强孰弱的争执中，忽视了高校推动内涵发展与提高教学质量对改善毕业生就业状况的增量作用。本书相关章节以北京地区为例探讨高校提供的教学质量、学生的学业参与对毕业生起薪的影响，研究发现高校教学质量中的某些关键因素，如课程的系统性对起薪有着显著影响，学生的学业参与对起薪并没有独立而直接的影响；只有在高校教学质量有保障的前提下，学生的学业参与才能起到倍增器的作用；在学生的各种学业参与方式中，在课堂上积极认真的过程性参与对毕业生起薪影响最大。

研究还发现，学生对教师总体质量的评价在不同类型高校中对毕业生起薪的预测作用存在显著性差异：普通公办本科高校毕业生对教师总体质量的评价与起薪存在负相关；"211"高校和"985"高校大学毕业生对教师总体质量的评价与其起薪呈现负相关；高职院校毕业生对教师总体质量的评价与其起薪呈正相关。该结果反映了不同类型学校教师同劳动力市场的关系以及不同类型学校的学生对教师评价标准的差异。高职高专经过多

年改革，教育教学以就业为导向，教师的双师型比例较高，教师们以教学为主，教师的能力与劳动力市场中工作岗位的能力要求是吻合的，水平越高的教师实践能力越强，对教师总体质量评价越高的毕业生其起薪越高，两者是一致的。地方高校是本科教育的主体，多年来地方高校毕业生就业问题非常突出。要走出发展困境，使教师的质量能够转化为毕业生就业的质量，转型发展对地方高校有重要的现实意义。

3. 地方高校组织转型策略

地方高校转型本质上是从封闭性组织转变为开放性组织，成为开放性组织意味着地方高校要与外部组织进行资源交换。基于全国185名地方高校校级领导的问卷调查发现，我国地方高校转型主要采取缓冲和顺从策略，对环境依赖程度高，但是正在采取"环境管理"策略积极突破。总体上，我国地方高校转型要进一步加强组织领导力建设，增强环境控制和建构能力。

在对175位地方高校校长的调查中发现，地方高校组织结构的不同部分在转型发展过程中发挥着不同功能：地方高校的校级决策主体处于制度层，承担着组织适应的功能；各职能部门构成管理层，主要承担整合和模式维持的功能；二级院系则处于技术层，承担着目标达成的功能。在地方高校转型过程中，战略管理视角还比较缺乏，需要进一步引入，以更好地促进地方高校的转型发展。

4. 地方高校向应用型转型的进展及效果

地方普通本科高校向应用型转型不仅仅意味着教与学方式的变化，其组织制度也要发生相应的改变。基于北京大学教育经济研究所2017年"地方高校转型发展调查"教师数据，研究发现：分高校类型看，新建本科高校在转型方面明显强于非省属重点大学的老本科高校；在地区间，新建本科高校的转型存在不均衡性，东部、中部、西部地区存在明显的"梯度差"或"扩散"现象；在转型层次上，学校和院系的转型深入程度具有较高的一致性，学校层次院系层次组织转型均深入（系统转型）和学校层次院系层次组织转型均不深入（尚未开始/转型初期）的比例较高；在转型效果上，新建本科高校中学校层次院系层次组织转型均深入的院系在校企合作、课程设置及教学行为、应用型科研方面表现得更好。整体上，我国地方普通本科高校向应用型的转变已经度过最初的发动阶段以及之后的试点与推广阶段，现在正逐步进入深度转型阶段，需要区分不同地区不同类型分别施策，以使转型取得更好效果。

5. 地方高校组织转型的校院传导机制

地方高校在转型发展过程中存在"上热中温下冷""头动身不动"的现象，转型更多的是自上而下的变化，让学校的意图有效地传递到二级院系，影响到一线的教师，对转型有重要意义。基于北京大学教育经济研究所 2017 年"地方高校转型发展调查"教师数据，从组织转型的各维度看，学校层次的校企合作制度发挥着关键性的作用，能够有效地促进学校层次和院系层次的转型。因此，学校层次特别要加强对校企合作的指导，将之制度化，使之具有更强的可操作性，以形成对院系和教师的明确指引和有力激励。同时，学校层次还要高度重视办学定位、理念与规划的作用以及资源获得与学校发展目标和发展战略的匹配。

6. 组织转型对校企合作影响的实证分析

校企合作是应用型高校人才培养的重要途径，是地方高校向应用型转型的突破口。基于北京大学教育经济研究所 2017 年"地方高校转型发展调查"教师数据，分析学校层次和院系层次的组织转型对校企合作（状态、形式、合作深度、学校合作能力）的影响。研究发现，学校层次的"校企合作指导及激励"对校企合作的紧密性、稳定性以及相关专业在校企合作中的主导性影响较大；学校层次组织转型对校企合作的影响主要是通过院系层次组织转型的相应维度产生影响，院系层次组织转型的各维度都能显著影响校企合作状态；从转型类型看，学校层次院系层次组织转型均深入的类型，校企合作质量相对更高。地方高校向应用型转型应立足于二级院系应用型的建设，从"大学办学院"向"学院办大学"转变，同时，在组织转型中，要注意处理好学校层次与院系层次的协同关系。

7. 组织转型对应用型师资的提升

"引进来""走出去"是提高教师应用实践能力的主要方式，教师行业企业经验、挂职锻炼时长与培训内容能够反映应用型转型过程中师资力量的建设情况。基于 2017 年"地方高校转型发展调查"教师数据，建立计量模型分析学校和院系组织转型各维度以及组织转型类型对教师与专业相关的行业企业经验、挂职锻炼月数以及开展企业生产实践类培训的影响。研究发现，学校层次的行政强推与严格考核有助于提高教师与专业相关的行业企业经验；院系组织转型维度有助于提高教师挂职锻炼月数，有助于企业生产实践类培训的开展；学校和院系上下协调一致，进行系统转型才能有效提高教师与专业相关的行业企业经验，学校层次院系层次组织转型均深入、仅学校层次组织转型深入的院系教师挂职锻炼时间更长，更多开展企业生产实践类培训。

8. 组织转型对应用型教学科研的影响

应用型教学和应用型科研是地方高校转型发展的重要方面。基于北京大学教育经济研究所 2017 年"地方高校转型发展调查"教师数据，分析发现学校层次的组织转型与院系层次的组织转型对应用型教学和应用型科研的开展起到不同的作用。课程设置的一些特点只有两者都深入转型才能够达成。相对而言，院系层次组织转型对应用型科研和应用型教学的某些方面的影响要更加深入。因此，组织转型应从两个层次入手，并加强组织层次间的协同。

9. 地方高校转型与人才培养模式变革

基于 2016 年北京大学教育经济研究所"地方高校人才培养与就业调查"学生数据，发现在地方高校转型过程中，人才培养模式发生了显著变化，具体表现在课程设置、教学方式、实践教学和毕业/综合实习等方面，在课程设置的应用实践性、教学方式的学以致用型、实践教学的资源充分性和实习考评上表现明显。转型试点高校与非转型试点高校在学生能力与素质增值上存在显著性差异，转型试点高校整体表现较好，但在就业状况上相对较弱，尤其是就业起薪与老本科高校还存在明显差距。

10. 地方高校转型的效果

地方高校向应用型转型是我国高等教育分类管理和高等教育体系重构的关键，学术界对转型的研究多聚焦于转型的必要性、转型的内涵和转型路径的讨论，对转型效果的探讨较少。基于北京大学教育经济研究所 2016 年"地方高校人才培养与就业调查"学生数据，采用倾向值匹配法，对地方高校转型效果进行实证分析。研究发现：高校转型对学生发展具有明显影响；地方高校的转型发展对学生的就业起薪能够起到正向作用；相比对学生就业的影响，高校转型对学生能力与素质，特别是核心非认知能力的促进作用更明显；相比人文社科专业，高校转型对理工科专业学生发展影响更明显；高校转型对公私立高校学生发展的影响有所不同。

11. 地方高校转型能否有效提升学生学业成就

基于北京大学教育经济研究所 2016 年"地方高校人才培养与就业调查"学生数据，从学业成就视角分析地方高校转型的效果。研究发现，在不控制高校转型内涵时，转型试点高校对学生学业成就提升具有显著作用，转型试点高校对学生核心非认知能力提升明显。进一步研究发现，转型试点高校对学生学业成就的影响受到转型内涵，即高校人才培养过程的影响。夏普利值分解显示，院校经历对学生学业成就的解释力度相对较大；相比非转型试点高校，转型试点高校专业类层面对学生学业成就差异的贡献份额更大，而个体特征如家庭背景的作用相对较小。

12. 地方高校转型对学生发展的影响及其机制

基于北京大学教育经济研究所 2016 年"地方高校人才培养与就业调查"学生数据，采用多层模型对地方高校转型对学生发展的影响机制进行分析。结果显示，对于新建本科高校，高校层面影响学生发展非常有限，专业类层面发挥主要作用。转型试点高校在课程设置、教学行为和实践教学上有明显改变，但转型试点高校对学生发展的影响主要是通过专业类层面的课程设置、教学行为和实践教学以及学生个体层面的学生参与和毕业/综合实习来实现的。研究还发现转型试点高校并没有形成"标签效应"。

这些实证研究成果较系统地回答了地方高校为什么转型（等级圈层结构、比较优势）、转什么（培养模式）、如何转型（环境策略、组织结构功能发挥以及组织转型对高校主要方面的主要影响）、转型效果如何评价（培养模式对学生能力与素质、就业等的影响）等地方高校转型发展过程中的关键问题。

三　分析与讨论

1. 地方高校转型发展与我国高等教育体系的重构

对于地方高校转型发展意义的认识仅仅强调解决地方高校毕业生就业难的问题，或者是培养地方需要的应用型人才是不够的，还需要从高等教育体系的分化与重构的角度来理解。在 1999 年高等教育大扩招之前，我国的高等教育是比较单一的体系，基本上是以学科为导向的教育，本科高校千校一面，而专科又是本科的"压缩式饼干"，均呈现一种封闭式办学的状态。高等教育大扩招，促使高等教育为了满足多样化的求学者需求和社会经济发展的多元化需要而发生变化，也就是高等教育要分类发展。最先选择分类发展的是高职教育，从传统的学科性教育的专科，走向了产教融合、校企合作培养高素质的技术技能人才的道路。在本科教育体系中，我国顶尖的一批高校在"985 工程"和"211 工程"的推动下，开始以世界一流高校为标杆，提升高校的科研水平，走科教融合的道路，培养高层次的创新人才，高校的组织形态、组织结构与运行机制有了重大变化。地方高校是走科教融合的道路，还是走产教融合的道路，对于我国高等教育体系的重构来讲有着重要意义。在我国大力发展专业学位研究生教育的情况下，本科层次应用型人才的培养成为关键。地方高校向应用型转型，则很好地上承专业学位研究生教育，下接高素质技术技能型人才的培养，使我国高等教育体系中应用型高等教育这一轨道真正确立起来。

2. 地方高校转型发展的三个层次之间的关系

地方高校转型发展所引起的变化是多方面的，概括起来，这些变化主要发生在三个层次，由内到外依次是：技术核心层、组织支撑层、外围协同层。组织的技术核心层对于高校来讲，主要是人才培养的部分，也就是围绕教与学的活动所产生的相应区域，这里面充满各种教与学的活动，以及与教与学的活动相关的规章制度和各种标准化的程序等。地方普通本科高校向应用型高校的转变首先就是教与学的转变，包括专业设置改变、课程体系改变、课程内容改变、实习实训比重改变、教学方式改变、学习方式改变、考核方式改变等；学校的培养活动和学生的学习活动不再限于校内，而是扩展到了校外，教师的知识与能力结构相应地发生变化，并且来自企业或行业的技术人员可以构成师资队伍的一部分。

应用型高校人才培养的核心特征是把人才培养建立在产教融合和校企合作的平台上，要实现这样的转变，就必须对高校原有的组织制度进行系统的改变，也就是在组织支撑层上要发生重大的，甚至是根本性的改革。原有的组织制度是配合以学科教育为主的封闭式的培养模式的，要适应新的开放式的以应用为导向的人才培养模式就需要建立相应的组织制度。专业集群、产业学院、校企合作等是应用型人才培养的重要方式，专业集群、产业学院如何建设、如何运行，校企合作如何开展，这些问题都需要在学校的组织结构层面上进行明确的规定。

地方高校转型发展不仅需要高校内部发生变化，还需要外部环境的配合与支持。培养应用型人才所需要的资源仅仅依靠高校是不足的，有些关键性的条件和资源还需要外部提供，特别是需要外部的行业企业来提供。同时，地方高校要真正达到转型的目的，转到服务地方社会经济发展上，也需要当地政府、行业和企业的认可与配合。对于如何调动行业企业的积极性，单纯靠学校与行业企业的谈判或相互吸引，可能因为双方的交易成本很高而很难进行。在这个方面，解决制度和政策供给，作为公共产品的重要提供者，地方政府责无旁贷。为此，需要构建政行企校协同育人的宏观架构。这样的建构应该早于，至少是与地方高校转型发展的过程同步，才能够有力地促进地方高校内部的转型。当然，在政行企校关系的构建过程中，高校并不只是被动的，而应该发挥积极主动的作用，这也是高校积极构建、创造有利于自身发展的外部环境的行动。

3. 地方高校转型中的高校领导角色与转型机制

本书分析了培养模式的转变对于学生能力与素质及毕业生就业的影响、高校的组织转型对于人才培养模式变革的促进作用，以及地方高校领导在转型中的角色。实际上，在地方高校转型中，校领导的作用都是不可替代的。从田野调查的案例来看，一些高校在转型过程中实现了跨越式发展，一些高校在转型过程中则犹犹豫豫、摇摇摆摆，错失良机，这些都与校领导的认知水平、决策水平和政策执行能力有很大的关系。同时也要意识到，仅仅依靠校领导是不够的，还应该重视院系领导以及专业负责人的领导力。

从问卷调查和田野调查发现，尽管从整体上看，地方高校的转型发展是一个自上而下的过程，但仍能发现在一些高校，教师转型的积极性强于院系，院系转型的主动性和转型的深入程度要高于学校层次。如果地方高校在转型发展过程中能够充分地调动一线教师和二级院系转型的积极性，鼓励自上而下与自下而上相结合，转型发展的效果可能会更好。

值得注意的是，从田野调查和一些案例研究来看，组织学习仍是转型发展中的重要机制之一。通过组织学习，地方高校能够形成对于转型的统一认识，能够培养教师应用技术的能力。重视各个层次领导的作用，重视组织学习机制的使用，可以在很大程度上解决地方高校在转型发展过程中存在的"头动身不动"或者是"上热中温下冷"的现象。

四　本研究的不足与未来研究的方向

1. 地方高校转型与应用型高校建设需持续关注，并进行追踪研究

地方高校的转型与应用型高校的建设是一个过程，实现全国大批地方普通高校转向应用型是需要较长时间的。一方面，全国各地经济发展水平

和产业发展所处的阶段不同，地方高校转型的条件和资源并不完全相同，地方高校领导者的认知存在较大的差异。目前，地方高校在转型发展中存在明显的区域差异，相对来讲西部地区差距较大；存在新老本科之间的差异；在同一个学校内部，还存在"头动身不动""上热中温下冷"的现象。另一方面，地方高校向应用型转型发展需要良好的外部环境，即政行企校协同育人体系的构建。2019 年 9 月，国家发展改革委等部委发布的《国家产教融合建设试点实施方案》明确提出城市作为节点、行业作为支点、企业作为重点，发挥城市的承载作用、行业的汇聚作用和企业的主体作用。但产教融合型城市、产教融合型行业、产教融合型企业的打造同样需要有一个过程。随着外部环境的变化，地方高校的转型与应用型高校的建设将进入新的阶段，建议教育研究机构仍能持续关注地方高校转型发展与应用型高校建设的问题。

2. 未来研究可关注地方高校转型的社会经济效益

地方高校向应用型转型发展的主要目标有两个，其一是应用型人才的培养，这是地方高校服务社会经济发展的最主要方式，同时也是解决地方高校毕业生就业问题的重要途径。本研究将人才培养模式变革看作地方高校真转型或假转型的试金石，本书的重要内容就是围绕应用型人才培养与学生发展展开的。其二是通过应用型科研，通过为地方产业和企业提供科技成果直接推动当地企业技术的进步和当地产业结构的调整与升级换代。应用型科研是地方高校开展产教融合、校企合作的第二个重点所在。只有通过应用型科研，才能够有效地促进高校与企业的联系，才能为人才培养模式变革以及应用型人才的培养提供渠道、资源与平台。本书在有关章节也特别考察了高校校企合作问题以及教师的应用型科研问题。但是限于时间、资金等原因，本研究虽然关注到地方高校转型的资源条件以及因为资源条件不同而产生的不同的转型方式，但是对于地方高校向应用型转型直接带动当地产业发展的效益并没有进行专门探讨，希望后续有更深入的研究。

五　地方高校转型与应用型高校建设的建议

1. 确立应用型高校评估标准，引导地方高校转型与应用型高校建设

在全国推进高等教育分类管理的过程中，制定应用型高校的评估标准

对于这些地方高校的转型具有极强的引导作用。一些新建本科高校之所以在是否向应用型转型方面犹豫不决，原因之一就是搞不清楚应用型高校的评估标准，担心在现有的评估体系没有重大改变的情况下，转型的高校会处在不利位置。为解决后顾之忧，国家和省级政府应尽快制定并公布应用型高校的设置与评估标准，同时要给予被评估高校自主权，教育行政部门组织的评估应以发展性评估为主，真正做到"用自己的尺子量自己"。

随着职业教育本科高校的设立，社会上和媒体上出现了一种认为地方高校转型不成功，甚至失败的声音。这种声音会干扰地方高校向应用型转型。因此，尽快明确应用型高校的标准，也有利于澄清地方普通本科、应用型本科和职业教育本科之间的区别，坚定地方普通本科高校向应用型转型的决心。

在制定设置和评估标准时，要特别关注地方高校应用型转型的关键指标，如人才培养模式是否真正发生了变化，即学生应用技术能力的培养是否建立在校企合作的平台上，课程是否体现了应用技术的导向和侧重，课堂的教与学方式是否紧密地围绕应用能力的培养，教师应用技术的能力与素质是否有了真正提高；还需要重点考察实训实习环节，这些环节在培养流程中是否达到了较高比例，实训实习质量是否得到切实提高，学生实习的企业是否真正能给学生以技术指导，毕业论文选题在多大程度来自企业的实践；还需要考察教师在校企合作、校地合作中的表现，以及相应的科研成果是否转化为教学内容。另外，需要强调的是，地方高校的转型是一个整体、系统性的变化，组织的各个部分之间存在紧密的联系。一些高校可能为了顺应转型的大形势而被迫做样子，刻意突出应用型转型的某些指标，如与企业合作、与地方政府合作等横向应用型课题的获得，或者只是加强校内实训基地建设，增加学生在校内实训的机会和次数，或是简单地拉一些企业组建专业指导委员会或者是董事会，其他主要环节仍保持不变，这样的做法更多是点缀性的、盆景式的、拼凑式的。这些方面的成果在非转型普通高校中也是可以做到的，甚至可能会把一些指标做得更好，如在应用型科研课题的获得方面，在与企业和政府的合作方面，在实训条件的建设方面，但这些方面是否构成了一个有机的整体，各个环节是否为联通的，而不是片段状、裂片式的，这是在评估中需要特别给予关注的。

应用型高校设置与评估标准的制定要考虑到状态、过程、结果、机制等方面。所谓状态是指高校构成要素的基本情况，如生源质量、师资结构与水平、应用性专业设置、实训课程占比、校企合作校地合作数量、横向课题数量及占比等。状态指标有助于判断学校在什么样的程度上是一所普通的学科导向的本科高校，还是一所应用导向的本科高校。过程指标则要对转型过程的变化进行测量，主要是教学与科研过程以及具体的活动性支持，如教学方式、校内实训活动和校外的实习活动等。结果评估可以从学生、教师、组织等多个方面来设计指标。在学生方面，可以测量毕业生在劳动力市场中的竞争能力，如求职时间、起薪高低、工作满意度，以及那些难以通过短期的劳动力市场检验的能力与素质等；在教师方面，可以测量教师在应用型教学和应用型科研方面的能力与素质的变化，相应的科研成果等；在学校的组织方面，主要考虑组织的成长以及组织影响力的变化、资源获取方式的变化等。机制评估则要关注学校作为一个整体各个部分之间以及各种活动之间的内在联系。

2. 以高水平应用型高校建设项目为牵引，持续推动地方高校的深度转型和应用型高校的建设

在相当长一段时间内，专项的设立与执行对我国相应行业或领域的改革发展都起到了非常重要的推动作用，因此出现了"项目治国"的现象，教育领域也不例外。就高等教育系统来看，国家推出了"双一流建设计划"，取代之前的"985工程"和"211工程"，鼓励一批研究力量雄厚的大学瞄准国际一流大学和一流学科进行建设，主要群体是老本科高校中原来的"985"高校"211"高校。对于专科院校，主要是职业教育，推出了"双高计划"，希望打造世界水平的高职院校和专业集群。

主要由新建本科高校构成的地方应用型高校却缺乏相应的项目，在某种程度上使得新建本科高校向应用型高校的转型成为高校自愿的选择，这种状况不利于调动地方高校的积极性。在国家确定分类建设世界一流高校的决策后，应用型高校作为我国高等教育系统中的一种重要类型，教育部提出了建设一流应用型本科高校的要求。在"十三五"期间，地方高校向应用型转型初见成效，300所左右的地方高校以各种形式参加了转型试点工作，新建本科高校普遍接受了应用型理念，在人才培养、产教融合、校企合作等方面进行了很多尝试。"十四五"期间是地方高校向应用型高校深度转型的关键时期，已转为应用型的高校也需要进一步提升办学水平，冲击国家水准。为促进这些应用型高校的发展，一些省份，如安徽省、吉林省等已推出了相应的高水平应用型大学项目。如果国家层次能够针对转型高校推出"高水平应用型大学"项目，更能有力地引起各省的重视，各省也会进一步加大对这些高校的投入和引导力度，应用型高校的建设速度会进一步加快，质量也会进一步提升，能够更好地实现我国高等教育体系分类发展的目标。

3. 切实加快国家产教融合相关方案的落实

产教融合是应用型高校建设的载体和基本条件，产教融合做得深入，就能够为应用型转型提供更多的资源和保障。深度的产教融合仅仅依靠高校是不够的，国家在"十三五"期间密切出台关于深化产教融合的意见和政策就是希望地方政府、行业、企业发挥联动的作用。在政行企校的关系上，政府在相当大的程度上起着主导的作用，能够有效地协调相关的行业和企业；建设产教融合型城市，没有政府的积极作为，是不可能实现的。"十四五"期间，是落实国家深化产教融合相关方案的重要时期，相关政策越早落地，地方高校向应用型转型的条件和环境越好，就越能促进这些高校的转型和应用型高校的高质量发展。

参考文献

阿伯特，2016，《职业系统：论技术技能的劳动分工》，李荣山译，商务印书馆。

埃德加·沙因，2009，《沙因组织心理学》（第三版），马红宇、王斌译，中国人民大学出版社。

鲍威，2007，《学生眼中的高等院校教学质量——高校学生教学评估的分析》，《现代大学教育》第4期。

鲍威，2008，《高等院校教学质量与教育成果及其关联性的实证研究——基于北京市高校学生学业状况的调研》，《大学》（研究与评价）第3期。

鲍威，2014，《高校教师教学方法的范式转换及其影响因素》，《教育学术月刊》第3期。

鲍威，2015，《大学生学业成就增值效应研究》，《江苏高教》第1期。

鲍威、张晓玥，2012，《中国高校学生学业参与的多维结构及其影响机制》，《复旦教育论坛》第6期。

比彻、特罗勒尔，2008，《学术部落及其领地：知识探索与学科文化》，唐跃勤、蒲茂华、陈洪捷译，北京大学出版社。

别敦荣，2015，《战略规划与高校的转型发展》，《现代教育管理》第1期。

伯顿·克拉克，2003，《建立创业型大学：组织上转型的途径》，王承绪译，人民教育出版社。

伯恩鲍姆，2003，《大学运行模式：大学组织与领导的控制系统》，别敦荣等译，中国海洋大学出版社。

曹勇安，2016，《高校转型抓住课程建设牛鼻子》，《中国教育报》10月18日第7版。

陈飞，2012，《国际高等教育标准分类新调整对我国技术本科教育发展的启示》，《现代教育科学》第7期。

陈华，2018，《广东省高职院校开展四年制本科专业人才的可行性方案研究》，《当代教育实践与教学研究》第 12 期。

陈亮、王光雄，2015，《论地方高校转型背景下的教师专业发展路径优
　　化》，《教师教育研究》第 6 期。

陈强，2010，《高级计量经济学及 Stata 应用》，高等教育出版社。

陈清森，2018，《应用型高校青年教师科研能力发展实证研究》，《中国成人
　　教育》第 11 期。

陈新民，2009，《新建本科院校转型研究》，《教育发展研究》第 1 期。

陈亚兰，2018，《应用型民办本科院校科研现状分析》，《江苏科技信息》，
　　第 34 期。

储召生，2015，《地方本科高校转型应走出身份困惑》，《中国教育报》6
　　月 17 日。

崔志莉，2020，《应用技术型高校科研提升路径研究》，《职业》第 5 期。

达睿，2012，《学生参与视角下学生干部经历对学生发展影响的实证研究》，
　　硕士学位论文，北京大学。

邓峰，2013，《高等教育质量与高校毕业生起薪差异分析》，《教育研究》
　　第 9 期。

费显政，2005，《资源依赖学派之组织与环境关系理论评介》，《武汉大学
　　学报》（哲学社会科学版）第 4 期。

冯军，2007，《高校科研的作用及其影响》，《武汉科技学院学报》第 2 期。

葛倩，2014，《教育部：211 和 985 名校也可能转为职教》，科学网，6 月
　　27 日，https://news. sciencenet. cn/htmlnews/2014/6/297599. shtm。

耿雪玉、李恒强、耿喜华，2020，《职业本科人才培养》，《中国冶金教育》
　　第 3 期。

顾永安，2016，《应用本科专业集群：地方高校转型发展的重要突破口》，
　　《中国高等教育》第 22 期。

郭建如，2014，《高职培养模式变革与毕业生就业：一项实证研究》，《华
　　中师范大学学报》（人文社会科学版）第 4 期。

郭建如，2015，《高职教育的办学体制、财政体制与政校企合作机制——
　　对浙江省高职教育资源获取的制度分析》，《高等教育研究》第 10 期。

郭建如，2017，《地方高校转型发展中的核心问题探析》，《黄河科技大学
　　学报》第 1 期。

郭建如，2018，《一流应用型高校建设刍议》，《北京教育》（高教）第 10 期。

郭建如、邓峰，2013，《高职教育培养模式变革、就业市场变化与毕业生就业概率分析》，《高等教育研究》第 10 期。

郭建如、邓峰，2014，《院校培养、企业顶岗与高职生就业能力增强》，《高等教育研究》第 4 期。

郭建如、邓峰，2015，《高职院校培养模式变革与毕业生起薪差异的实证研究》，《社会发展研究》第 4 期。

郭建如、刘彦林，2020，《地方本科院校组织转型对校企合作影响的实证分析》，《江苏高教》第 11 期。

郭建如、刘彦林，2021，《地方高校向应用型转变中的校院关系与传导机制探析》，《国家教育行政学院学报》第 1 期。

郭建如、刘彦林，2021，《地方普通本科院校向应用型转型的进展及其效果——基于组织转型的视角》，《职业技术教育》第 9 期。

郭建如、吴红斌，2017a，《地方本科院校转型对学生发展的影响路径分析》，《国家教育行政学院学报》第 11 期。

郭建如、吴红斌，2017b，《地方本科院校转型与人才培养模式变革》，《中国高教研究》第 11 期。

郭建如、吴红斌，2018，《地方本科院校转型对学生发展的影响及其机制分析——基于多层模型的分析》，《国家教育行政学院学报》第 7 期。

郭建如、周志光，2014，《项目制下高职场域的组织学习、能力生成与组织变革》，《北京大学教育评论》第 2 期。

郭梦蝶，2015，《新建地方本科院校转型发展中的师资队伍建设问题研究》，河南大学硕士学位论文。

郭树东、吕秋君、赵莉莉、岳彩霞、路晓鸽、王宇鹏，2017，《地方本科院校应用型人才培养的实践与探索——以黑龙江工程学院转型发展培养应用型人才实践为例》，《黑龙江工程学院学报》第 1 期。

韩长日、杨秀英，2020，《职业教育本科的思考与探索》，《海南师范大学学报》（自然科学版）第 2 期。

韩民，2010，《构建"立交桥"完善终身学习体系》，《中国教育报》3 月 28 日。

何倩、叶芳，2015，《高等工程教育与高等技术教育课程设置的比较与分析：以美国普渡大学为例》，《职业教育研究》第 10 期。

和震、李玉珠，2014，《基于〈国际教育标准分类法（2011）〉构建中国现代职业教育体系》，《首都师范大学学报》（社会科学版）第 3 期。

贺蓉蓉，2014，《论新建本科院校向职业本科院校的转型战略》，《教育与职业》第 17 期。

侯长林，2020，《本科层次职业教育："谁来办"和"怎么办"》，《中国青年报》6 月 29 日。

胡天佑，2013，《建设"应用型大学"的逻辑与问题》，《中国高教研究》第 5 期。

黄东升，2018，《新建本科高校如何实现科研转型》，《中国高校科技》第 10 期。

黄琳、文东茅，2008，《大学生独生子女与非独生子女学业状况比较》，《教育学术月刊》第 2 期。

黄洋，2015，《本科院校进职业教育体系：不是国际经验而是中国创造》，《江苏教育》第 4 期。

Isabe，R.，and Frank，Z.，2017，《高校应用型特色的可视化——以多维全球大学排名（U-Multirank）为比较视角》，陈颖译，《应用型高等教育研究》第 2 期。

吉本斯、利摩日、诺沃提尼、施瓦茨曼、斯科特、特罗，2011，《知识生产的新模式：当代社会科学与研究的动力学》，陈洪捷、沈文钦等译，北京大学出版社。

贾春增，2008，《外国社会学史》（第三版），中国人民大学出版社。

姜大源，2013，《德国"双元制"职业教育再解读》，《中国职业技术教育》第 33 期。

蒋承、范皑皑、张恬，2014，《大学生就业预期匹配程度研究：以北京市为例》，《高等教育研究》第 3 期。

杰弗里·菲佛、杰勒尔德·R. 萨兰基克，2006，《组织的外部控制：对组织资源依赖的分析》，闫蕊译，东方出版社。

井美莹、杨钋，2016，《以应用研究指导地方本科院校科研的转型——来自欧洲应用科技大学的经验和启示》，《教育学术月刊》第 10 期。

黎冬楼，2019，《航海类职业本科教育改革的思考》，《河北职业教育》第 6 期。

李宝银，2014，《地方新建本科高校转型发展的背景与路径——以武夷学院为例》，《武夷学院学报》第 1 期李博，2017，《日本高职本科专业课程建设研究及启示——以长冈技术科学大学为例》，《南通职业大学学报》第 1 期。

李春玲，2015，《学校组织变革的理论与实践》，浙江大学出版社。

李宏彬、孟岭生、施新政、吴斌珍，2012，《父母的政治资本如何影响大学生在劳动力市场中的表现？——基于中国高校应届毕业生就业调查的经验研究》，《经济学》（季刊）第 3 期。

李剑平，2014，《教育部高教司司长张大良否认"高校转型说"》，《中国青年报》11 月 25 日，第 3 版。

李柯，2020，《地方高师院校的转型现状与发展对策——以 L 师范学院为例》，《中国职业技术教育》第 25 期。

李璐，2016，《高校组织氛围与教师科研生产力——基于组织场域的研究视角》，博士学位论文，北京大学。

李攀，2015，《地方本科院校转型背景下校企合作办学模式研究》，硕士学位论文，河北科技师范学院。

李星婷，2017，《重庆市高校将分四类发展》，《重庆日报》12 月 16 日。

李玉兰、练玉春，2017，《地方本科院校转型为何犹豫不决》，《光明日报》2 月 23 日。

连玉君、苏治、谷月东，2009，《股权激励有效吗？——来自 PSM 的新证据》，中国金融学年会论文。

梁艳清、杨朝晖、侯维芝，2010，《关于发展本科层次高等职业教育的几点思考》，《教育与职业》第 26 期。

刘春侠，2017，《地方转型发展本科院校双师双能型教师队伍建设研究》，《教育教学论坛》第 30 期。

刘晶晶、和震，2019，《现代职业教育体系建设的中国方案》，《中国教育报》10 月 22 日，第 10 版。

刘精明，2014，《能力与出身：高等教育入学机会分配的机制分析》，《中国社会科学》第 8 期。

刘延东，2013，《加快发展现代职业教育 为实现中国梦提供人才支撑——在 2013 年全国职业院校技能大赛闭幕式上的讲话》，《中国职业技术教育》第 22 期。

刘彦林、郭建如，2021，《院校组织转型对"双师型"教师队伍建设的影响研究——基于地方新建本科院校调查数据的实证分析》，《湖南师范大学教育科学学报》第 5 期。

刘燕、曹卫兵、谢祥，2014，《国外高校发展协同创新的经验借鉴》，《中国高校科技》第 8 期。

刘永鑫、鞠丹，2015，《应用型转型背景下教师实践教学能力缺失及对策研究》，《视听》第 7 期。

刘匀伽，2018，《关于应用型高校科研管理的探索》，《教育现代化》第 31 期。

刘振天，2014，《地方本科院校转型发展与高等教育认识论及方法论诉求》，《中国高教研究》第 6 期。

罗国强、左文涛、李家华，2020，《职业技术大学"计算机应用工程"学科专业建设的研究与探讨——以广州科技职业技术大学为例》，《电脑与电信》第 5 期。

马莉萍、管清天，2016，《院校层次与学生能力增值评价——基于全国 85 所高校学生调查的实证研究》，《教育发展研究》第 1 期。

马作宽，2009，《组织变革》，中国经济出版社。

孟大虎、苏丽锋、施璐璐，2012，《人力资本、社会资本与大学生就业研究综述》，《经济学动态》第 1 期。

聂永成，2018，《实然与应然：新建本科高校转型分流的价值取向研究》，华中师范大学出版社。

帕森斯，2012，《社会行动的结构》，张明德、夏遇南、彭刚译，译林出版社。

潘懋元、车如山，2009，《略论应用型本科院校的定位》，《高等教育研究》第 5 期。

潘懋元、肖海涛，2008，《中国高等教育大众化结构与体系变革》，《高等教育研究》第 5 期。

潘小娴、汪永贵，2018，《地方高校科研发展的瓶颈及对策探析》，《闽南师范大学学报》（自然科学版）第 2 期。

彭光斌，2020，《职业本科教育专业发展路径研究》，《天津中德应用技术大学学报》第 2 期。

彭军志，2020，《应用型本科院校土木工程专业校企合作、产教融合实践研究》，《吉林农业科技学院学报》第 1 期。

彭宇玲、左文涛，2020，《德、日两国职业教育对我国职业本科教育发展的启示》，《北京工业职业技术学院学报》第 3 期。

钱平凡，1999，《组织转型》，浙江人民出版社。

屈潇潇，2019，《地方高校应用转型发展的路径特征分析——基于 173 名校级领导的问卷调查》，《国家教育行政学院学报》第 10 期。

阙明坤，2016，《民办本科院校向应用技术大学转型的困境与策略——基于全国 141 所民办本科院校的实证调查》，《复旦教育论坛》第 2 期。

任玉珊，2010，《应用型工程大学的组织转型》，《高等工程教育研究》第 6 期。

沙鑫美，2016，《应用技术型大学学科专业建设的三个基本问题》，《中国大学教学》第 12 期。

石卫林，2012，《本科院校教学质量改进路径研究》，《高教发展与评估》第 4 期。

石中英，2016，《大学办学院，还是"学院办大学"》，《光明日报》5 月 10 日，第 13 版。

宋俊骥，2015，《高职（专科）院校转型研究》，博士学位论文，华中师范大学。

宋平，2017，《新建应用型本科院校科研管理的新途径》，《中国高校科技》第 12 期。

宋征征，2016，《河南省地方本科院校转型问题研究》，郑州大学硕士学位论文。

孙长远、齐珍，2014，《应用型本科发展的历史脉络、困厄与出路》，《河北师范大学学报》（教育科学版）第 5 期。

孙慧娟，2017，《高职本科"3＋2"分段培养的模式之探析》，《唐山职业技术学院学报》第 4 期。

孙进，2013，《德国高等教育机构的分类与办学定位》，《中国高教研究》第 1 期。

孙善学，2016，《高校转型的语境整合与路径选择》，《中国职业技术教育》第 18 期。

檀祝平、杨劲松，2014，《高职与应用型本科衔接试点问题的再思考》，《职教论坛》第 4 期。

田海洋、张蕾，2016，《新建应用型本科院校的职业化转型——基于路径依赖理论的视角》，《黑龙江高教研究》第 5 期。

田金莹，2016，《浅析应用型高校教师队伍建设——建立"双师双能"型教师队伍》，《科教文汇》（下旬刊）第 11 期。

W. 理查德·斯科特，2010，《制度与组织——思想观念与物质利益》（第 3 版），姚伟、王黎芳译，中国人民大学出版社。

W. 理查德·斯科特、杰拉尔德·F. 戴维斯，2011，《组织理论——理性、自然与开放系统的视角》，高俊山译，中国人民大学出版社。

王宝玺、迪尔特·欧拉，2015，《什么是欧洲应用科技大学——瑞士圣加仑大学迪尔特·欧拉教授访谈录》，《高校教育管理》第 4 期。

王俊，2010，《芬兰高等教育质量保障与评估的特点与启示》，北京教育科学研究院 2010 年学术年会论文。

王鹏，2017，《高校转型背景下应用型本科院校实践教学体系研究》，西安建筑科技大学硕士学位论文。

王鑫、温恒福，2014，《新建本科高校向"应用技术大学"转型发展的模式及要素分析》，《教育科学》第 6 期。

王雅婷，2016，《地方本科院校转型中的教师教学发展现状调查研究》，云南大学硕士学位论文。

王志刚，2004，《论地方高校科研的定位》，《高等教育研究》第 1 期。

魏莉、赵纯坚，2015，《基于地方高校转型发展的校企合作应用技术人才培养的研究与实践》，《高教学刊》第 23 期。

温福星，2009，《阶层线性模型的原理与应用》，中国轻工业出版社。

吴红斌、郭建如，2018，《地方本科院校转型对毕业生就业影响的实证分析——基于全国地方本科院校人才培养与就业调查数据》，《教育与经济》第 2 期。

吴红斌、郭建如，2018，《地方本科院校转型能否有效提升学生学业成就——基于 2016 年全国地方本科院校人才培养与就业调查数据的分析》，《教育发展研究》第 5 期。

吴洁，2016，《浅析新建应用型本科院校青年教师实践能力提升研究——以浙江水利水电学院为例》，《高教学刊》第 10 期。

吴晓刚，2009，《1990－2000 年中国的经济转型、学校扩招和教育不平等》，《社会》第 5 期。

吴岩，2018，《合作教育视角下应用型院校校企合作机制探析》，《教育与职业》第 24 期。

夏建国，2007，《技术本科教育的理论与实践》，博士学位论文，华东师范大学。

肖攀、苏静，2016，《转型背景下地方本科院校实践教学体系的改革与设计》，《科技经济导刊》第 2 期。

谢俐，2020，《补短板、激活力、强内涵、增效益：努力办好公平有质量的职业教育》，《中国职业技术教育》第 27 期。

解瑞卿，2014，《高等职业教育学位授予的障碍排除——以制度合法性为主要观察视角》，《职教论坛》第 22 期。

谢晓雪，2015，《基于双师型视角的山东省地方本科院校教师在职培训研究》，硕士学位论文，山东师范大学。

邢晖、郭静，2015，《经济新常态背景下地方高校转型发展的调查与建议——基于全国 27 个省份 86 名地方高校校级领导的调研》，《重庆高教研究》第 5 期。

徐纯，2015，《德国应用技术大学应用型科研发展研究》，《中国成人教育》第 6 期。

徐国庆、陈素菊、匡瑛、贺艳芳、苏航，2020，《职业本科教育的内涵、国际状况与发展策略》，《机械职业教育》第 3 期。

徐愫芬，2015，《转型背景下新建地方本科院校应用型课程体系的建构》，《职业技术教育》第 35 期。

闫慧、余显显，2017，《地方本科院校实践教学质量监控体系的构建》，《教育教学论坛》第 10 期。

严世良、夏建国、李小文，2019a，《战后日本技术教育体系构建的历史沿革、现状特色及启示——以"高等专门学校–技术科学大学"技术教育体系为例》，《教育发展研究》第 Z1 期。

严世良、夏建国、李小文，2019b，《日本本科层次职业教育发展历史研究——以技术科学大学为例》，《中国高等教育》第 Z2 期。

阎凤桥，2006，《大学组织与治理》，同心出版社。

杨佩月、周政阳，2020，《基于产教融合模式下的职业本科高校技术技能型人才培养模式探索》，《现代职业教育》第 36 期。

杨钋、井美莹，2015，《荷兰应用科技大学的发展经验及对我国的启示》，《高等教育评论》第 1 期。

杨钋、井美莹、蔡瑜琢、阿鲁·李迪纳、赛博·霍达，2015，《中国地方本科院校转型的国际经验比较与启示》,《国家教育行政学院学报》第 2 期。

杨钋、许申,2010,《本专科学生能力发展的对比研究——基于"2008 年首度高校学生发展状况调查"相关数据的分析》,《教育发展研究》第 5 期。

杨秀英、张小莹、谢林,2020,《职业本科课程建设的研究与探索——以海南科技职业大学为例》,《中国高校科技》第 Z1 期。

姚吉祥,2010,《应用型本科院校教师实践教学能力培养的对策研究——以安徽省应用本科院校为例》,合肥工业大学硕士学位论文。

姚捷,2016,《甘肃省地方本科院校转型发展研究》,兰州大学硕士学位论文。

姚寿广,2011,《德国两类技术型大学的比较与启示》,《中国大学教学》第 3 期。

叶晓阳、丁延庆,2015,《扩张的中国高等教育:教育质量与社会分层》,《社会》第 3 期。

应卫平,2017,《"应用大学排行"偷梁换柱误导公众》,《中国教育报》3 月 25 日。

应用技术大学(学院)联盟、地方高校转型发展研究中心,2013,《地方本科院校转型发展实践与政策研究报告》,http://www. moe. gov. cn/ewebeditor/uploadfile/2014/01/07/20140107102329855. doc。

于淞波、吴娅平、田志远,2017,《基于职业本科特点的独立学院人才培养模式初探——源自中国地质大学长城学院的实践》,《高教学刊》第 13 期。

余祖光,1998,《新〈国际教育标准分类法〉与职业教育学制》,《中国职业技术教育》第 11 期。

袁松鹤,2011,《欧洲学分体系中 ECTS 和 ECVET 的分析与启示》,《中国远程教育》第 5 期。

原春琳,2012,《教育部副部长:有的高校领导一年也没听过一次课 不为教学操心的校长不是好校长》,《中国青年报》8 月 27 日,第 3 版。

曾令奇,2015,《职业导向:地方高校转型发展的现实途径》,《群言》第 5 期。

张春梅,2015,《欧洲应用科技大学科研发展研究》,硕士学位论文,华中科技大学。

张春月，2014，《欧洲应用科技大学的科学研究及启示》，《浙江树人大学
　　学报》（人文社会科学版）第 3 期。

张红兵，2018，《应用型大学教学与科研"相长"的对策研究》，《大学教
　　育》第 3 期。

张洁，2018，《江西应用型高校校企合作问题及对策研究》，硕士学位论
　　文，南昌大学。

张恺，2016，《城乡背景给高校毕业生带来了什么？——就业差异的实证
　　研究》，博士学位论文，北京大学教育学院。

张蕾、田海洋，2015，《近年来我国新建应用型本科院校发展模式研究述
　　评》，《池州学院学报》第 2 期。

张伟、张茂聪，2017，《地方高校转型发展中政府行为逻辑及现实隐忧》，
　　《江苏高教》第 5 期。

张艳，2013，《论高职院校独立举办高职本科层次教育的必要性》，《教育
　　教学论坛》第 15 期。

张应强，2014，《从政府与大学的关系看地方高校转型发展》，《江苏高教》
　　第 6 期。

张永宏，2007，《组织社会学的新制度主义学派》，上海人民出版社。

张泽一、王树兰，2012，《构建应用型高校产学研合作的长效机制》，《中
　　国高校科技》第 Z1 期。

张兆诚、曹晔，2020，《应用技术型高校"双师型"教师标准：现状、问
　　题与对策》，《职教论坛》第 9 期。

赵晓阳，2013，《基于学生参与理论的高校学生发展及其影响因素研究》，
　　博士学位论文，天津大学。

郑文，2020，《本科应用型教育还是本科职业教育：历史演进与现实选
　　择》，《高教探索》第 1 期。

郑永进，2011，《应用型高校"双师型"教师培养研究》，《河南科技学院
　　学报》第 4 期。

钟秉林、王新凤，2016，《我国地方普通本科院校转型发展实践路径探析》，
　　《高等教育研究》第 10 期。

周春平，2014，《人力资本结构对高校毕业生就业的影响——江苏 5 所地
　　方高校 2012 届毕业生的实证分析》，《人口与社会》第 3 期。

周廷勇、周作宇，2012，《高校学生发展影响因素的探索性研究》，《复旦教育论坛》第 3 期。

周雪光，2003，《组织社会学十讲》，社会科学文献出版社。

朱红，2010，《高校学生参与度及其成长的影响机制——十年首都大学生发展数据分析》，《清华大学教育研究》第 6 期。

朱红，安栋，2016，《教学行为对本科生创新能力影响的实证研究——基于理科与其他学科的比较》，《教育学术月刊》第 1 期。

朱红、陈晓宇、鲍威、熊煜，2015，《学生视角下的高等理科人才培养：问题与挑战》，《中国大学教学》第 6 期。

朱利平，1999，《普通工科院校举办高等职业本科教育的探索与研究》，《江苏理工大学学报》（社会科学版）第 4 期。

朱士中，2010，《论应用型高校师资队伍的转型发展》，《当代教育科学》第 9 期。

邹建国、言捷智，2017，《地方本科院校转型发展背景下人才培养模式的困境与出路》，《高教学刊》第 4 期。

Astin，A. W. 1985. "Achieving Educational Excellence." *Priorities & Practices in Higher Education* 182（1）：1 – 12.

Astin，A W. 1991. *Assessment for Excellence：The Philosophy and Practice of Assessment and Evaluation in Higher Education.* Macmillan Publishing Co.

Beer，M.，and Nohria，N. 2001. *Breaking the Code of Change.* Harvard Business School Press.

Carbonaro，W. 2005. "Tracking，Students' Effort，and Academic Achievement." *Sociology of Education* 78（1）：27 – 49.

Cohen，J. D.，et al. 1988. "Statistical Power Analysis for the Behavioral Science." *Journal of the American Statistical Association* 84（334）：19 – 74.

Cooper，W. W.，Leavitt，H. J.，and Shelly，M. W. 1964. "New Perspectives in Organization Research." *Journal of the Operational Research Society* 17（1）：216 – 217.

Etzkowitz，H. 2018. "The Triple Helix：University-Industry-Government Innovation in Action." *Papers in Regionalence* 90（2）：441 – 442.

Kotter，J. P. 2009. "Leading Change：Why Transformation Efforts Fail." *IEEE Engineering Management Review* 37（3）：42 – 48.

Kyvik, S. and Lepori, B. , eds. , 2010. "The Research Mission of Higher Education Institutions Outside the University Sector: Striving for Differentiation. " *Springer*: 295 – 316.

Leavitt, H. J. 1964. *New Perspectives in Orgasation Research* . New York: Wiley.

Lyytinen, A. 2011. *Finnish Polytechnics in the Regional Innovation System——Towards New Ways of Action.* Tampere University Press.

Meyer, J. W. , Ramirez, F. O. , Frank, D. J. , and Schofer, E. 2007. "Higher Education as an Institution. " In *Sociology of Higher Education: Contributions and Their Contexts.* pp. 187 – 221.

Ormel, B. J. B. , Roblin, N. N. P. , and Mckenney, S. E. , et al. 2012. "Research-Practice Interactions as Reported in Recent Design Studies: Still Promising, Still Hazy. " *Educational Technology Research & Development* 60 (6): 967 – 986.

Pascarella, E. T. , and Terenzini P. T. 2005. *How College Affects Students: A Third Decade of Research.* Jossey-Bass.

Porras, J. I. , and Silvers, R. C. 1991. "Organization Development and Transformation. " *Annual Review of Psychology* 42 (1): 51 – 78.

Powell, J. J. W. , and Solga, H. 2010. "Analyzing the Nexus of Higher Education and Vocational Training in Europe: A Comparative-Institutional Framework. " *Studies in Higher Education* 35 (6): 705 – 721.

Powell, J. J. W. , and Solga, H. 2011. "Why Are Higher Education Participation Rates in Germany So Low? Institutional Barriers to Higher Education Expansion. " *Journal of Education and Work* 24 (1 – 2): 49 – 68.

Powell, J. J. W. , Bernhard, N. , and Graf, L. 2012. "The Emergent European Model in Skill Formation: Comparing Higher Education and Vocational Training in the Bologna and Copenhagen Processes. " *Sociology of Education* 85 (3): 240 – 258.

Smith, D. G. , and Morrison, D. E. 1994. "College as a Gendered Experience. " *Journal of Higher Education* 65 (6): 696 – 725.

Stokes, D. E. 2011. *Pastur's Quadrant: Basic science and Technological Innovation.* Brookings Institution Press.

Weert, E. D. 1970. "Transformation or Systems Convergence?" In J. Enders,

H. F. Boer, & D. F. Westerheijden (eds.), *Reform of Higher Education in Europe*. Sense Publishers Rotterdam.

Westlund, H. 2006. "The Social Capital of Regional Dynamics: A Policy Perspective." *CIRJE F-Series* 35 (5): 121 – 141.

Yang, P., Cai, Y., Lyytinen, A., and Höltta, S. 2016. "Promoting University and Industry Links at the Regional Level: Comparing China's Reform and International Experience." *Chinese Education & Society*, *Revised and Resubmitted* 49 (3): 121 – 138.

后 记

　　本书是国家社会科学基金教育学重点课题"地方高校转型发展研究"的重要成果。地方高校转型发展是我国高等教育体系重构的主要构成部分，引起了各方面的关切，课题开展过程中得到了各方面的大力支持。教育部规划司规划处的相关领导、教育部学校规划建设中心的领导，都对此课题的开展给予了指导和帮助，尤其令我感动的是作为转型主体的地方普通本科高校，相关领导给予课题以极大帮助。特别是合肥学院时任党委书记蔡敬民教授、商丘师范学院时任书记介晓磊教授、南阳师范学院时任校长卢志文教授、宁波工程学院时任书记苏志刚教授、洛阳理工学院时任校长屈凌波教授、许昌学院时任校长赵继红教授、铜仁学院校长侯长林教授……课题在开展过程中，一些高校邀请我到校交流、做报告，安徽合肥学院、河南黄淮学院、山东协和学院等还邀请我担任学校的客座教授，给予我在研究中的许多便利。在撰写本书时，我眼前不断地浮现着到这些高校进行访谈调研、学习交流的情景。

　　这本书凝聚着课题组每位成员的心血和智慧。课题组负责人由我担任，课题组的主要成员有北京大学教育学院、教育经济研究所的杨钋长聘副教授，国家教育行政学院的井美莹副研究员、陈霞玲副研究员和屈潇潇副研究员，以及我所指导的当时在北京大学教育学院、教育经济研究所攻读博士学位的吴红斌和刘彦林两位同学。围绕课题，课题组每位主要成员进行了卓有成效的研究，实现了高效的分工合作。

　　本书的序言与后记由我完成，本书第一编"转型背景"的第一章由我和博士生吴红斌完成，第二章由我和邓峰完成；第二编"理论探讨"的第三、四、五章由我完成；第三编"组织转型"的第六、七章由陈霞玲和屈潇潇完成，第八、九、十、十一、十二章由我和博士生刘彦林完成；第四编"培养模式变革"的第十三、十四、十五、十六章由我和博士生吴红斌完成；第五编"总结讨论"的第十七章由我完成。

　　课题的开展得到了课题组所在单位北京大学教育学院、北京大学教育经济研究所的大力支持。课题组每年召开的关于应用型大学的研讨活动还得到了北京大学中国教育财政科学研究所的大力支持，应用型高校论坛成为北京大学中国教育财政科学研究所每年举办的大规模的中国教育财政学术年会的固定内容。在此一并致以诚挚的感谢！

　　特别值得一提的是，在课题开展过程中，我发起建立了500人的"应用型院校建设与应用型人才培养"微信群，来自全国各地的地方高校的领导和学者们经常就应用型高校的信息进行分享，就感兴趣的话题开展交流。2022年初，"应用型院校建设与应用型人才培养"微信群在线上举办了为期两天的高水平应用型大学建设研讨会，将地方高校转型与应用型高校建设的研究持续地往前推进。

　　本书是国家社会科学基金重点课题"地方高校转型发展研究"的收官之作，与课题在前期和同期出版的其他三本著作（吴红斌的《地方本科院校转型与学生发展》，社会科学文献出版社，2020；刘彦林的《组织转型与新建本科院校教学科研变革》，中国社会科学出版社，2022；井美莹的《平等而不同：芬兰应用技术大学的科研发展》，社会科学文献出版社，2022）共同构成了一个完整的研究系列。我们深深地认识到，课题结项、论文发表和著作出版远不是研究的终点。对于我以及我所在的研究团队来讲，对应用型高校建设和应用型人才培养的研究都还只是刚刚开始。从全国来看，地方普通本科高校转型发展的过程还在持续和深化，应用型高校的建设还在不断地深入，许多省份和许多高校提出了高水平应用型大学的建设目标。对于地方高校的深度转型和高水平应用型大学建设，我和我所在的研究团队将会持续关注和持续研究，希望本书和本系列其他三本著作的出版，能够起到抛砖引玉的作用，期待有更多学界同行加入，共同推动这一重要领域的研究。

图书在版编目（CIP）数据

中国地方高校转型发展的逻辑／郭建如等著. —— 北
京：社会科学文献出版社，2022.11
ISBN 978 - 7 - 5228 - 0701 - 0

Ⅰ.①中…　Ⅱ.①郭…　Ⅲ.①地方高校 - 教育改革 -
研究 - 中国　Ⅳ.①G649.21

中国版本图书馆 CIP 数据核字（2022）第 170551 号

中国地方高校转型发展的逻辑

著　　者／郭建如 等

出 版 人／王利民
责任编辑／杨桂凤
文稿编辑／杨　莉
责任印制／王京美

出　　版／社会科学文献出版社·群学出版分社（010）59366453
　　　　　　地址：北京市北三环中路甲 29 号院华龙大厦　邮编：100029
　　　　　　网址：www. ssap. com. cn
发　　行／社会科学文献出版社（010）59367028
印　　装／三河市尚艺印装有限公司

规　　格／开　本：787mm × 1092mm　1/16
　　　　　　印　张：17　字　数：280 千字
版　　次／2022 年 11 月第 1 版　2022 年 11 月第 1 次印刷
书　　号／ISBN 978 - 7 - 5228 - 0701 - 0
定　　价／128.00 元

读者服务电话：4008918866

▲▲ 版权所有 翻印必究